KB052705

내 운명이 보인다

여는 글

'돈이나 그에 상당하는 물건을 받고 다른 사람의 신수점을 치는 사람'이 점쟁이다. 아주 오래 전에는 이들이 신(神)의 목소리를 대변하여, 나라나 각 개인의 길흉을 예시하여 주기도 하였다. 그런 점에서 그들은 고대 사회 때부터 특별한 존재로 대우받기에 이르렀다.

이들은 주로 하늘의 기운을 읽어내는 천문자(天文者)의 역할이었으므로 미래의 길흉화복을 꿰뚫어 예언을 하는 능력이 뛰어났다. 이러한 천문자의 직능은 신라시대에는 천문박사였으며, 미래의 예언자적 기능을 가진 이들은 주로 산목(算木;산가지)·점서(占筮;괘를 그린 조각)를 이용하였으므로 봉공복사(奉供卜師)라 불렀다. 이와 때를 같이하여 민간에서는 무당이 생겨났고 중국의 복서(卜書;점술서)를 이용한 점쟁이들이 나타났다.

『패림(稗林)』이라는 책에 의하면, 우리나라 사람으로서 점법이 몹시 빼어나 중국에까지 알려진 인물을 소개하고 있다. 홍계관(洪繼寬)을 비롯하여 유은태(劉殷泰)·함순명(咸順命) 등이 그들이다.

이들은 신점(神占)을 치기도 했지만, 관상법 등을 애용하기도
하였다. 관상은 얼굴 생김이나 안면 근육 등의 여러 가지를 살펴
장차 다가올 흉한 일을 예측해 내는 법술이다. 즉,『달마상법』이
나『마의상법』 등이 여기에 속한다. 이러한 인상학(人相學)은 그
시초를 주(周)나라 때로 거슬러 올라가지만, 이후 남북조와 송나
라를 거치면서 장족의 발전을 해온 것은 부인할 수 없는 점이다.

그런가하면『수경집(水鏡集)』이나『신상전편』·『풍감원리』등
도 결코 앞서의 책들과 어깨를 나란히 할 책들로 본서에서는 장
점만을 가려뽑아 실어보았다.

본서의 근간이 되는『당사주(唐四柱)』는 당나라 때에 이허중
(李虛中)이라는 이가 하늘에 있다고 하는, 천귀(天貴)·천액(天
厄)·천권(天權)·천파(天破)·천간(天干)·천문(天文)·천복(天
福)·천역(天驛)·천고(天孤)·천인(天刃)·천예(天藝)·천수(天
壽)의 12성(星)에 인간의 생년월일시와 관련시켜 길흉을 판단하
는 방법이다.

이러한『당사주』는 송나라 때에 서자평(徐子平)이라는 이가
이허중의『당사주』에 간지·오행의 상생과 상극의 길흉을 가미
시켜『연해자평(淵海子評)』을 지었는데 이것은 나중에 당사주와
분리되어 발전되었다.

이러한 사주법이 우리나라에 들어와서는 좀더 쉽게 설명되어
민간에 퍼져나갔다. 다시 말해 어느 누구든 설명문을 읽고 그대
로 짚어나간다면 어렵지 않게 자신의 일생운을 알아낼 수 있게
만들어진 것이다.

이 책은 조선 후기에 들어와 모두 14장으로 나뉘어졌다. 이를
테면 총론·12성론·인명골격론·유년행운론·심성론·십이살
론·육친론·직업론·길흉론·가택론·신상론·소아관살론·

수명론 · 명부전 등이다.

<총론>은 사주의 기본을 정한 것이며, <십이성론>은 인생의 운명을 초· 중 · 말 · 총운의 4단계로 나누어 설명한다. <인명골격론>은 태어난 달에 따라 12지의 짐승의 골격에 비유하여 설명한다. 그런가하면 <유년행운론>은 골격의 판단에 따라 운의 유행이 다름을 설명하고, <길흉론>은 일생에 다가오는 길흉의 차이를, <육친론>은 형제와 자식의 수, 그리고 부부간의 관계 등을 설명한 것이다.

이밖에도 <수명론>, <소아관살론> 등이 있으며『육임(六壬)』이나『구성술(九星術)』을 이용한『궁합(宮合)』,『관상학(觀相學)』,『택일법(擇日法)』,『성명학(姓名學)』,『가상법(家相法)』등을 실어 삶의 전반을 거울처럼 들여다 볼 수 있게 하였다.

<부록>으로는 이사할 때에 방위를 잡는 법과 지방 쓰는 법을 첨가하였다.

많은 사람들이 이 책을 통하여 '즐거운 인생'과 '행복한 생활'을 꾸리는 데 일조할 것을 의심치 않으며 덕이 있는 분들에게 감히 상재하는 바이다.

汝海 姜永洙 識

내 운명이 보인다 / 목차

내 운명이 보인다

제1부 사주(四柱)

사주란 사람이 태어난 해(年)·달(月)·날(日)·시(時)를 간지 (干支)로 계산하여 길흉화복을 점 치는 법이다. 이것은 사람을 하나의 집으로 비유하고 생년·생월·생일·생시를 그 집의 네 기둥이라고 보아 붙여진 이름으로, 이것은 간지 두 글자씩을 여 덟 자로 나타내므로 흔히 '팔자(八字)'라 부른다.

그러므로 '사주팔자'라고 했을 때엔 그 사람의 타고난 사주로 팔자를 알 수 있으므로 '운명'이니 '숙명'의 대변자처럼 생각할 수 있다. 그런가하면 '간(干)'은 열 가지이므로 십간이라 하는데 이 것은 사주의 윗글자에 쓰이므로 천간(天干)이라 칭한다. 또한 '지 (支)'는 열두 가지이므로 12지(支)라고 하며 사주의 아래글자에 쓰이므로 지지(地支)라고 한다.

천간의 배속과 지지의 배속

천간의 종류는 갑(甲)·을(乙)·병(丙)·정(丁)·무(戊)·기 (己)·경(庚)·신(辛)·임(壬)·계(癸)의 열 가지이며, 지지는 자

(子) · 축(丑) · 인(寅) · 묘(卯) · 진(辰) · 사(巳) · 오(午) · 미(未) · 신(申) · 유(酉) · 술(戌) · 해(亥)의 열두 가지다. 천간과 지지는 한결같이 음양과 오행으로 분류되며 방위와 계절을 나타낸다. 그런가하면 지지는 절후(節候) · 동물(띠) · 달(月) · 시각 등을 나타낸다.

천간배속표

구분\천간	甲	乙	丙	丁	戊	己	庚	申	壬	癸
음 양	양	음	양	음	양	음	양	음	양	음
오 행	목		화		토		금		수	
방 위	동		남		중 앙		서		북	
계 절	춘		하		(사계)		추		동	

이러한 사주는 어떤 원칙을 세우기 힘드므로 일반적으로『만세력(萬世曆)』을 이용한다.『만세력(萬歲曆)』안에는 100년에 걸쳐 태세(太歲) · 월건(月建) · 일진(日辰)이 육갑으로 적혀 있으므로 찾아보기가 편리하다.

지지배속표

구분\지지	子	丑	寅	卯	辰	巳	午	未	申	酉	戌	亥
음 양	양	음	양	음	양	음	양	음	양	음	양	음
오 행	수	토	목		토		화	토	금		토	수
방 위	북	중	동		중		남	중	서		중	북
계 절	동		춘			하			추			동
동물(띠)	쥐	소	범	토끼	용	뱀	말	양	원숭이	닭	개	돼지
일(음력)	11	12	1	2	3	4	5	6	7	8	9	10
시 각	23~1	1~3	3~5	5~7	7~9	9~11	11~13	13~15	15~17	17~19	19~21	21~23
절 기	대설 소설	소한 동지	입춘 대한	경칩 우수	청명 춘분	입하 곡우	망종 소만	소서 하지	입추 대서	백로 처서	한로 추분	입동 상강

위의 표를 참조 하여 예를 들면 다음과 같다. 즉,『만세력』에 따라 사주를 세우는 데에 문제가 생기는 부분이다. 예를 들면 역법(易法)에서는 입춘을 기점으로 새해가 시작되고 있다. 우리나라의 경우, 비록 설을 쇠었다해도 입춘 전이라면 당연히 묵은 해의 태세로 연주(年柱)를 삼는다.

제1장 당사주(唐四柱)의 풀이

당사주는 사람의 생년이나 생월, 생일, 생시처럼 하늘에서 운행되는 12성에 따라 인생을 점치는 방법이다. 그러므로 일반 사주와 보는 방법이 다를 수밖에 없다.

일반 사주는 생년월일시에 해당하는 간지의 상생과 상극, 오행의 강약, 대운과 세운(歲運)의 순환에 따라 길흉을 결정하지만, 당사주에서는 간지의 상생과 상극에는 관계가 없는 반면 오로지 12성의 조우(遭遇)만으로 길흉을 판단하게 된다.

왜 '당사주'인가?

이 점법은 고대로부터 있어온 것이 아니고 당(唐)나라 때에 이허중(李虛中)이라는 이가, 인간의 복록이 하늘에서 정해진다는 것으로 보고 하늘에 있는 천귀(天貴)·천액(天厄)·천권(天權)·천파(天破)·천간(天奸)·천문(天文)·천복(天福)·천역(天驛)·천고(天孤)·천인(天刃)·천예(天藝)·천수(天壽)의 12성을 인간의 생년월일시에 관련시켜 길흉을 판단하였다. 그러므로 이 사주법을 당사주(唐四柱)라 불렀다.

이러한 '당사주'는 송(宋)나라 때에 이르러 서자평(徐子平)이라는 이가 이허중의 설에 간지와 오행의 상생·상극을 가미시켜 『연해자평(淵海子平)』을 지었는데, 이러한 법술은 나중에 당사주와 사주로 분리되어 발전하였다.

당사주법의 특징

이러한 당사주법이 우리나라에 들어와 약간의 변화를 모색하였다. 즉, 민간의 신앙으로 발전하면서 이허중의 원문에 삽화를 곁들여 알기 쉽게 만든 것이다. 이러한 당사주법에 따르면 사람의 일생을 초년과 중년, 말년과 평생 등의 네 단계로 나눈다. 여기에는 인명(人命)·골격(骨格)·유년행운(流年行運)·심성(心性)·12살(殺)·부모·형제·부부·자녀·직업·길흉·가택·신상·관살(關殺)·수명 등의 인간이 생활하는 것과 직접 또는 간접으로 관계가 있는 사항이 첨가되어 있다.

육십갑자

갑자 甲子	을축 乙丑	병인 丙寅	정묘 丁卯	무진 戊辰	기사 己巳	경오 庚午	신미 辛未	임신 壬申	계유 癸酉	갑술 甲戌	을해 乙亥
병자 丙子	정축 丁丑	무인 戊寅	기묘 己卯	경진 庚辰	신사 辛巳	임오 壬午	계미 癸未	갑신 甲申	을유 乙酉	병술 丙戌	정해 丁亥
무자 戊子	기축 己丑	경인 庚寅	신묘 辛卯	임진 壬辰	계사 癸巳	갑오 甲午	을미 乙未	병신 丙申	정유 丁酉	무술 戊戌	기해 己亥
경자 庚子	신축 辛丑	임인 壬寅	계묘 癸卯	갑진 甲辰	을사 乙巳	병오 丙午	정미 丁未	무신 戊申	기유 己酉	경술 庚戌	신해 辛亥
임자 壬子	계축 癸丑	갑인 甲寅	을묘 乙卯	병진 丙辰	정사 丁巳	무오 戊午	기미 己未	경신 庚申	신유 辛酉	임술 壬戌	계해 癸亥

시각표

자시 子時	오전 11시~ 오전 1시	진시 辰時	오전 7시~ 오전 9시	신시 申時	오후 3시~ 오후 5시
축시 丑時	오전 1시~ 오전 3시	사시 巳時	오전 9시~ 오전 11시	유시 酉時	오후 5시~ 오후 7시
인시 寅時	오전 3시~ 오전 5시	오시 午時	오전 11시~ 오후 1시	술시 戌時	오후 7시~ 오후 9시
묘시 卯時	오전 5시~ 오전 7시	미시 未時	오후 1시~ 오후 3시	해시 亥時	오후 9시~ 오후 11시

제1절 전생록(前生錄)

생월 생년	봉황 鳳凰	사자 獅子	금계 金鷄	노치 老雉	연자 燕子	홍곡 鴻鵠	백록 白鹿	공작 孔雀	적구 赤鳩	주작 朱雀	청학 靑鶴	앵무 鸚鵡
子(자)	正	二	三	四	五	六	七	八	九	十	十一	十二
丑(축)	二	三	四	五	六	七	八	九	十	十一	十二	正
寅(인)	三	四	五	六	七	八	九	十	十一	十二	正	二
卯(묘)	四	五	六	七	八	九	十	十一	十二	正	二	三
辰(진)	五	六	七	八	九	十	十一	十二	正	二	三	四
蛇(사)	六	七	八	九	十	十一	十二	正	二	三	四	五
午(오)	七	八	九	十	十一	十二	正	二	三	四	五	六
未(미)	八	九	十	十一	十二	正	二	三	四	五	六	七
申(신)	九	十	十一	十二	正	二	三	四	五	六	七	八
酉(유)	十	十一	十二	正	二	三	四	五	六	七	八	九
戌(술)	十一	十二	正	二	三	四	五	六	七	八	九	十
亥(해)	十二	正	二	三	四	五	六	七	八	九	十	十一

　　이것은 우리 인간이 이승에서 무엇을 했으며 저 세상에서는 무슨 일을 할 것인가를 알아보는 것으로 십이금수(十二禽獸)에 비교하여 인간의 성격 및 골격의 귀천을 논술한 것이다. 찾아보

는 방법은 자기가 출생한 해의 띠와 자기가 출생한 달을 맞추어
그 해설을 보며 된다.

□ **봉황**(鳳凰)

前生鼠子(전생서자) 전생에는 쥐였으나
今變鳳凰(이변봉황) 이생에는 봉황이니
聰明正直(총명정직) 총명하고 정직하니
布德四方(포덕사방) 그 덕이 사방이 떨치누나
末路逢旺(말로봉왕) 말년에 기운이 왕성하니
財路亨通(재로형통) 재물은 형통하고
文藝出衆(문예출중) 글과 기예 또한 뛰어나니
安過平生(안과평생) 평생을 편히 지낼 수 있다

□ **사자**(獅子)

前生牛子(전생우자) 전생에는 소였으나
今變獅子(금변사자) 이생에는 사자니
性守固執(성수고집) 고집스러운 성격이니
間有口舌(간유구설) 가끔 구설수가 따르리라
高山植水(고산식수) 높은 산에 나무를 심으니
積少成大(적소성대) 점차 자라 크게 이루리라
農業軍人(농업군인) 농사꾼이나 직업군인이 좋으며
土建之業(토건지업) 토건업도 이롭다

□ **금계**(金鷄)

虎變金鷄(호변금계) 호랑이가 금계로 변하니
先困後吉(선곤후길) 처음엔 어려우나 나중엔 길하다

古土不利(고토불리)   고향은 이로움이 없으니
移鄕大吉(이향대길)   고향을 떠나면 성공하리라
一呼百諾(일호백락)   한 번 부르면 백이 대답하니
到處多福(도처다복)   여러 곳에 복이 있도다
酒類料食(주류요식)   술장사나 요리업이 좋고
會社職員(회사직원)   회사 직원도 무난하다

□ **노치**(老雉)
前生兎子(전생토자)   전생에는 토끼였으나
今變老雉(금변노치)   이생에는 노치로 변하였다
知足多謀(지족다모)   지혜와 꾀가 많으나
每事中折(매사중절)   하는 일이 모두 중도에 꺾인다
若無身欠(약무신흠)   만약 몸에 모자람이 없으면
一經重病(일경중병)   한번은 중한 병을 겪으리라
製品理髮(제품이발)   제조업과 이용업에 좋으며
行商亦吉(행상역길)   행상을 해도 좋다

□ **연자**(鷰子)
前生龍子(전생용자)   전생에는 용이었으나
今變鷰子(금변연자)   이생에는 제비로 변하였다
才藝出衆(재예출중)   재주와 기예가 뛰어나니
到處貴人(도처귀인)   여러 곳에 귀인이 있구나
若非重病(약비중병)   만약 중병이 아니라면
手足有欠(수족유흠)   수족에 흠이 생기리라
酒商官吏(주상관리)   술장사나 관리가 좋으며
旅館適業(여관적업)   여관업도 적당하다

□ **홍곡**(鴻鵠)

前生巳子(전생사자)	전생에는 뱀이었으나
今變鴻鵠(금변홍곡)	이생에는 기러기로 변하였다
若非官祿(약비관록)	만약 관록이 아니면
虛度歲月(허도세월)	세월을 헛되이 보낼 것이다
自勤自務(자근자무)	자기가 부지런히 힘써 일하면
衣食平平(의식평평)	옷과 먹을 것이 예사롭다
雜貨衣商(잡화의상)	잡화상이나 옷장사가 좋고
收金員吉(수금원길)	수금원도 좋다

□ **백록**(白鹿)

前生馬子(전생마자)	전생에는 말로 태어났으나
今變白鹿(금변백록)	이생에는 백록으로 변하였다
到處多友(도처다우)	도처에 친구가 많으니
變化無窮(변화무궁)	변화가 끝이 없다
早子難養(조자난양)	일찍 난 아들은 기르기 어려우니
七星有功(칠성유공)	칠성님께 공을 드려라
漢醫羊醫(한의양의)	한의사나 양의사도 좋으며
官祿大吉(관록대길)	관직에 나가도 좋다

□ **공작**(孔雀)

前生羊子(전생양자)	전생에는 양으로 태어나
今變孔雀(금변공작)	이생에는 공작으로 변하였다
善心積德(선심적덕)	착한 마음으로 공덕을 쌓으니
後必富貴(후필부귀)	나중엔 반드시 부귀하리라
古基不利(고기불리)	고향은 이롭지 아니하니

迎風離他(영풍이타) 바람 속에 타향으로 떠나리라
美術技藝(미술기예) 미술이나 기예업이 좋고
出版紙物(출판지물) 출판이나 종이 장사도 좋다

□ 적구(赤鳩)
前生猿子(전생원자) 전생에 원숭이로 태어나
今變鳩子(금변구자) 이생에 비둘기로 변하였다
天地無德(천지무덕) 천지가 덕이 없으니
赤手成家(적수성가) 맨손으로 성취하리라
忠言逆耳(충언역이) 충언은 귀에 거슬리니
與人不和(여인불화) 나를 좋아하는 사람이 없구나
料食欲業(요식욕업) 요리업과 목욕업이 좋으며
聲樂亦吉(성악역길) 또한 성악을 하면 좋다

□ 주작(朱雀)
前生鷄子(전생계자) 전생에는 닭이었으나
今變朱雀(금변주작) 이생에는 주작으로 변하였다
出外多猜(출외다시) 밖에 나가면 시기가 많으니
間有口說(간유구설) 간간이 소문이 있으리라
井後五六(정후오륙) 사십 오륙세가 되면
貴人來助(귀인내조) 귀인이 와서 도와줄 것이다
養魚養鷄(양어양계) 고기를 잡거나 닭을 길러도 좋고
工業大吉(공업대길) 공업을 해도 길하다

□ 청학(靑鶴)
狗變爲鶴(구변위학) 개로 태어나 학으로 변하니

一身自閑(일신자한)　일신이 스스로 한가하다
淸直生活(청직생활)　청렴하고 정직한 생활을 하니
名高利薄(명고이박)　이름은 높으나 이익은 적다
運回禽年(운회금년)　운이 오십에 돌아오니
幽谷回春(유곡회춘)　깊은 산골에 봄이 돌아오누나
言論詩人(언론시인)　언론가나 시인이 좋으며
敎師大吉(교사대길)　교사가 되어도 아주 좋다

□ 앵무(鸚鵡)
猪變鸚鵡(저변앵무)　돼지가 변하여 앵무가 되었으니
性直淸白(성직청백)　성정은 곧고 창렴결백하다
言辯過人(언변과인)　말하는 재주가 사람을 능가하니
好辯之客(호변지객)　가히 능변가라 하겠다
財祿有餘(재록유여)　재물과 녹이 넉넉하니
更無風波(갱무풍파)　다시는 풍파가 없을 것이다
醫師術業(의사술업)　의사나 기술업이 좋고
辯護士吉(변호사길)　변호사도 좋다

제2절 유년골격론(流年骨格論)

유년골격론은 쥐(子)·소(丑)·범(寅)·토끼(卯)·용(辰)·뱀(巳)·말(午)·양(未)·원숭이(申)·닭(酉)·개(戌)·돼지(亥)의 십이수(十二獸)에 비교하여 성품과 골격을 나타낸다. 유년이란 일생을 살아가면서 교차되는 길흉의 오고감을 설명한 것이다. 인생에는 12년을 1기(期)로 삼아 3년씩 3재(災)가 들게 되므로 좋은 해는 아홉 해(9년)며 나쁜 해는 세 해(3년)인 셈이다. 그런가

하면 1년 중 달에 따라 팔패살(八敗殺)과 망신살(亡身殺)이 들게
되므로 각별히 조심하여야 한다. 찾아보는 방법은 자신의 띠를
찾으면 된다.

□ 쥐띠(子生)

쥐띠는 호랑이(寅)·토끼(卯)·용(辰)의 해가 돌아오면 갖가지
재난이 오게 되므로 매사에 주의하여야 한다. 10세 이내에는 태
평한 시간을 보내며, 17세에는 경사가 있고 25~26세에는 고통을
겪는다. 32~33세 때엔 가산이 윤택하여 지고 47~48세 때에는
고목이 봄을 만나는 격이며, 60세부터는 모든 일이 순조로워 순
풍에 돛을 단 격이다.

□ 소띠(丑生)

소띠는 돼지(亥)·쥐(子)·소(丑) 해에 삼재팔난(三災八難)이
오게 된다. 당연히 매사에 조심하여야 하며, 10세 이전에 조실부
모할 운수이며 그렇게 되지 않으면 몸에 큰 병이 온다. 14~15세
에는 학업을 중단할 운이며 28~29세 때에는 고기가 물을 얻는
격이므로 가산은 늘어간다. 40세에 실패가 있으며 67~68세 때에
는 평안한 생활을 얻는다. 또한 7월에는 망신살이 있으니 조심하
여야 한다.

□ 범띠(寅生)

범띠는 원숭이(申)·닭(酉)·개(戌)의 해에 삼재팔난이 오게
된다. 이를 만나는 해에는 여러 가지 어려운 일이 닥친다. 20세
이내에는 귀하게 자라며 34~35세에는 마른 나무가 봄을 만난
격이 된다. 그런가하면 50세 때에는 상당한 자산을 모은다. 월별

로 살피면 10월과 11월 달에 팔패살이 들고 4월달에 망신살이 있으므로 조심하여야 한다.

□ **토끼띠**(卯生)

토끼띠는 뱀(巳)·말(午)·양(未)의 해에 삼재팔난이 겪게 되므로 조심하여야 한다. 7~8세에 가산이 탕진되고 집안이 몹시 소란하다. 24~25세 때부터 기초를 잡아 가산이 늘어나는 데 43~44세에 한 차례 실패를 한다. 다시 50세 때에 재산에 살이 붙는다. 월별로 살피면 10월, 11월에 팔패살이 들고 1월에 망신살이 있으므로 조심하여야 한다.

□ **용띠**(辰生)

용띠는 범(寅)·토끼(卯)·용(辰)의 해에 삼재팔난이 온다. 화재가 일어나고 도난을 당할 수 있다. 3세나 4세 때에는 물을 조심하고 8세 때에는 낙상수가 있다. 19세에는 영화 수가 있으며 28세에는 직업 변동수가 있다. 30세부터는 재산이 불어나고 48~49세에 모든 일이 중단되다가 50세 후에는 부자가 된다. 월별로 살피면 4월과 8월에 팔패살이 있고 10월에 망신살이 있다.

□ **뱀띠**(巳生)

뱀띠는 돼지(亥)·쥐(子)·소(丑)의 해에 삼재팔난이 있으므로 조심하여야 한다. 어려서부터 총명하게 잘 자라나 7~8세 때에는 끝이 날카로운 연장을 가지고 놀지 말아야 한다. 15~16세 때에는 꽃이 3월을 만난 격이나 25세 때에는 좋은 직장을 얻게 된다. 45~46세 때에는 다른 사람과는 금전 관계에 얽히지 말아야 한다. 월별로 살피면 4월과 8월에 팔패살이 있고, 7월에 망신살이 있다.

□ **말띠**(午生)

말띠는 원숭이(申)·닭(酉)·개(戌)의 해에 삼재팔난이 있음에 유의하여야 한다. 3~4세에 병고를 치르며 12~13세에 수액을 당할 운수가 있다. 24~25세 때에 직장을 얻고 45~46세 때에 가산이 넉넉해 진다. 52세에는 친구를 너무 믿다가 실패할 수가 있다. 월별로 살피면 10월과 11월에 팔패살이 있고 4월에 망신살이 있다.

□ **양띠**(未生)

양띠는 뱀(巳)·말(午)·양(未)의 해에 삼재팔난이 있다. 2~3세 때에 병액을 당하게 되고 열일곱 살 때에 귀인의 도움을 얻는다. 31~32세에 구름을 헤치며 달을 보는 격이며 45~46세에 고배를 마신다. 살림은 60세가 넘어야 불어난다. 이때부터 자손들이 성공하여 편하게 된다. 월별로 살피면 10월과 11월에 팔패살이 있고, 1월에 망신살이 있다.

□ **원숭이띠**(申生)

원숭이띠는 범(寅)·토끼(卯)·용(辰)의 해에 삼재팔난이 들어온다. 5월과 7월에 팔패살이 있으며 망신살은 10월에 있다. 어렸을 때에는 고생이 심하고 17~18세 때에는 학업을 중단하고 고향을 떠날 운이다. 34~35세에 일시적으로 파산수가 있으나 40세가 넘어 회복수가 있으며 50세가 지나 자손의 덕으로 편하게 된다.

□ **닭띠**(酉生)

닭띠는 돼지(亥)·쥐(子)·소(丑)의 해에 삼재팔난이 온다. 5월과 7월에 팔패살이 있으며 7월에는 망신살도 있다. 7~8세에는 끝이 뾰족한 연장을 조심해야 하고 10세가 지나 가정에 소란이 따른다. 15~16세에 학업을 중단할 운수가 있으며 30세가 넘어서야 자수성가의 길로 들어선다. 그러나 47~48세에 손재수가 따르고 50세가 넘어야 잘 살게 된다.

□ **개띠**(戌生)

개띠는 원숭이(申)·닭(酉)·개(戌)의 해에 삼재팔난이 온다. 1월과 2월에 팔패살이 있으며 4월에 망신살이 있다. 특히 이 기간에는 금전거래를 삼가야 한다. 13~14세 때에 낙상수가 있으며 20세에 경사가 있다. 35~36세에 횡재수가 있으며 57~58세에 이사를 하여 재산이 늘어나 잘 살게 된다.

□ **돼지띠**(亥生)

돼지띠는 뱀(巳)·토끼(卯)·양(未)의 해에 삼재가 온다. 1월과 2월에 망신살이 있으니 조심하여야 한다. 4~5세 때엔 유행병을 조심하여야 하며 20세 전까지는 화려한 생활을 하다가 23~24세에 고통을 겪는다. 27~28세 때에 반가운 소식을 들으며 36~37세에 경사가 생긴다. 43~44세에 재물을 탕진하며 48~49세에 회복되어 50세가 넘어 60세가 넘도록 호의호식한다.

제3절 **십이살론**(十二殺論)

인간이 세상에 태어날 때에 하늘에서 살성이 비치면 조실부모(早失父母)하거나 불구자가 되는 등 신병(身病)이 있게 된다. 그러나 길성이 비치면 풍파없이 부귀공명을 누린다. 십이살론(十二殺論)은 겁살(劫殺)·재살(災殺)·천살(天殺)·지살(地殺)·년살(年殺)·월살(月殺)·망신살(亡身殺)·장성(將星)·반안살(攀鞍殺)·역마살(驛馬殺)·육해살(六害殺)·화개살(華蓋殺)이라하여 사람이 하늘로부터 명을 받아 연월일시의 여러 살을 논하는 것이다.

살성 생월 생년	劫殺	災殺	天殺	地殺	年殺	月殺	亡身殺	將星	攀鞍	驛馬	六害	華蓋
사유축(巳酉丑)	一	二	三	四	五	六	七	八	九	十	十一	十二
해묘미(亥卯未)	七	八	九	十	十一	十二	一	二	三	四	五	六
신자진(申子辰)	四	五	六	七	八	九	十	十一	十二	一	二	三
인오술(寅午戌)	十	十一	十二	一	二	三	四	五	六	七	八	九

□ **겁살**(劫殺)

劫殺入命(겁살입명)　겁살이 명에 있으니
早失父母(조실부모)　어려서 부모를 잃게 되리라
性急如火(성급여화)　성격이 급한 것은 불과 같으니
祖業必難(조업필난)　조상의 가업을 잇기 어렵구나
腹部有疾(복부유질)　복부에 질환이 있게 되거나
精神錯亂(정신착란)　정신착란을 일으킬 수가 있다
自手成家(자수성가)　빈손으로 가업을 이루니
衣食自足(의식자족)　의식은 스스로 넉넉하도다

□ **재살**(災殺)

命入災殺(명입재살)　명에 재살이 들었으니

刑厄愼之(형액신지)   형액을 당할 수 있으니 신중하라
天地情少(천지정소)   천지에 정이 적으니
世業難守(세업난수)   가업을 잇기가 어렵구나
莫近酒色(막근주색)   무릇 술과 여인을 가까이 말라
糖尿侵入(당뇨침입)   당뇨병에 걸리게 된다
勞而無功(노이무공)   노력은 있으나 공이 없으며
一時之厄(일시지액)   한순간에 재앙을 만나게 된다

□ 천살(天殺)

天殺照命(천살조명)   천살이 명에 비쳤으니
先折竹杖(선절죽장)   아버지를 잃고 죽장을 짚으리라
雁宮無德(안궁무덕)   안궁에 덕이 없으니
一身孤獨(일신고독)   일신이 고독하구나
外親內疎(외친내소)   겉으론 친한 척 안으로는 멀리하며
枝葉偏多(지엽편다)   소소한 일에 치우침이 많다
酒色不愼(주색불신)   술과 여자를 삼가지 않으면
短命招來(단명초래)   단명을 초래할 것이다

□ 지살(地殺)

地殺入命(지살입명)   지살이 명에 들었으니
先折梧枝(선절오지)   어머니를 먼저 잃겠구나
家庭風波(가정풍파)   가정에 풍파가 있으니
心身不安(심신불안)   몸과 마음이 편치 못하다
古基不利(고기불리)   고향은 이로움이 없으니
必是他鄕(필시타향)   반드시 타향으로 떠나라
突發事故(돌발사고)   돌발적인 사고로 인하여

急死危險(급사위험) 갑자기 목숨을 잃을 위험이 있다

□ **연살**(年殺)

年殺入命(연살입명) 연살이 명에 들어 있으니
術業得名(술업득명) 빼어난 재주가 이름을 얻겠구나
衣食雖足(의식수족) 의식은 비록 넉넉하나
兄弟有厄(형제유액) 형제에게 재앙이 있도다
若無謹身(약무근신) 만약 몸을 삼가지 않으면
花柳之病(화류지병) 화류계병으로 고생하리라
無依無托(무의무탁) 몸을 맡기고 의지할 곳이 없으니
悲哀之事(비애지사) 슬픈 일만 오게 된다

□ **월살**(月殺)

月殺入命(월살입명) 월살이 명에 들었으니
家宅不安(가택불안) 집안이 편치 않으리라
旬九冠三(순구관삼) 19세나 23세에
大厄當頭(대액당두) 큰 액이 닥쳐오리라
孤獨災難(고독재난) 고독과 재난이 있으니
失敗招來(실패초래) 실패를 초래하게 된다
不勝困苦(불승곤고) 곤고함을 이기지 못하여
無後奉祀(무후봉사) 결국은 제사가 그치리라

□ **망신살**(亡身殺)

亡身入命(망신입명) 망신살이 명에 들어오니
色情愼之(색정신지) 남녀간에 정욕을 멀리하라
官災口舌(관재구설) 관재와 구설수는

間間有之(간간유지) 간간이 있을 것이다
雖多努力(수다노력) 비록 노력은 많아도
不伸不成(불신부성) 힘을 못쓰고 이루지를 못한다
長生同帶(장생동대) 장생을 한 가지로 띠면
貴人之格(귀인지격) 모름지기 귀인의 격이로다

□ 장성(將星)
將星入命(장성입명) 장성이 명에 들어오니
立身出世(입신출세) 크게 출세할 운이다
女則孤寡(여측고과) 여자라면 외로운 과부가 되고
南則揚名(남측양명) 남자라면 이름을 날리리라
雖有譽聲(수유예성) 비록 명예는 있으나
胸中有愁(흉중유수) 가슴 속에 근심이 있구나
大人進祿(대인진록) 대인은 갈수록 녹이 더하고
小人吉運(소인길운) 소인은 좋은 운이 오리라

□ 반안살(攀鞍殺)
命入攀鞍(명입반안) 명에 반안이 들어있으니
每事好轉(매사호전) 매사에 호전되리라
性情淳厚(성정순후) 타고난 본성이 순박하니
行裝最吉(행장최길) 행장이 아주 길하리라
山明水麗(산명수려) 산 좋고 물이 맑으니
風塵不侵(풍진불침) 속세의 일을 만나지 않는다
如加冠帶(여가관대) 여기에 벼슬길에 나아가면
子孫榮華(자손영화) 자손은 영화를 누리리라

☐ 역마살(驛馬殺)

命入驛馬(명입역마)	명에 역마가 들어왔으니
移徙頻煩(이사빈번)	자주 이사를 하게 되리라
君子成名(군자성명)	군자는 이루어
加官爵祿(가관작록)	벼슬의 관작과 녹을 더하리라
人生如流(인생여류)	인생은 흐르는 물과 같으니
多成多敗(다성다패)	성공도 많고 실패도 많도다
迎風離地(영풍이지)	바람을 맞으며 고향을 떠나니
雁宮西北(안궁서북)	안궁은 서북에 있구나

☐ 육해살(六害殺)

六害入命(육해입명)	육해가 명에 들어왔으니
不意災厄(불의재액)	느끼지 못하는 사이에 재앙이 온다
早別父母(조별부모)	일찍 부모를 여의고
奔走四方(분주사방)	분주히 사방으로 다니도다
童鬼作害(동귀작해)	동자귀가 해를 끼치니
每事衰敗(매사쇠패)	일마다 쇠하여 패망하도다
實小虛大(실소허대)	실은 적고 허는 크니
外富內貧(외부내빈)	밖으론 부자이나 안으론 가난하다

☐ 화개살(華蓋殺)

華蓋入命(화개입명)	화개살이 명에 들어오니
智足多謀(지족다모)	지혜와 꾀가 많을 것이다
大人爲福(대인위복)	대인은 복이 되고
庶民爲殺(서민위살)	서민은 살이 되리라
若非山僧(약비산승)	만일 중이 되지 않으면

技藝之人(기예지인) 기술자나 예술가가 되리라
若逢印授(약봉인수) 만약인수를 만나면
必生貴子(필생귀자) 반드시 귀한 자식을 낳으리라

제2장 십이성혼(十二星論)

십이성은 십이지(十二支)에 '십이천성(十二天星)'을 붙인 것을 말한다. 쥐(子)·소(丑)·범(寅)·토끼(卯)·용(辰)·뱀(巳)·말(午)·양(未)·원숭이(申)·닭(酉)·개(戌)·돼지(亥)의 지지를 가리킨다. 여기에 십이천성을 붙여보면 자(子)에는 천귀성(天貴星)·축(丑)에는 천액성(天厄星)·인(寅)에는 천권성(天權星)·묘(卯)에는 천파성(天破星)·진(辰)에는 천간성(天奸星)·사(巳)에는 천문성(天文星)·오(午)에는 천복성(天福星)·미(未)에는 천역성(天驛星)·신(申)에는 천고성(天孤星)·유(酉)에는 천인성(天刃星)·술(戌)에는 천예성(天藝星)·해(亥)에는 천수성(天壽星)이 붙게 된다. 이를테면 무진년(戊辰年) 생이라면 천간성(天奸星)에 해당된다. 이렇듯 사람은 하늘의 기운을 받고 태어났으므로 좋은 별의 기운을 받았으며 부귀공명을 얻고, 나쁜 별을 만나면 곤궁하게 된다. 보는 법은 자신의 생년월일시에 해당되는 천성에 맞추어 자기 운명의 길흉을 헤아린다.

제1절 초년운(初年運;太歲)

초년운은 생후 20세 전까지의 운이다. 이것은 생년으로 보는

것이니 무진년(戊辰年) 생이면 천간성(天奸星)이니 이에 해당하
는 년천간(年天奸)으로 초년운을 본다.

子	丑	寅	卯	辰	巳	午	未	申	酉	戌	亥
年天貴	年天厄	年天權	年天破	年天奸	年天文	年天福	年天驛	年天孤	年天刃	年天藝	年天壽

□ 연천귀(年天貴)

年入貴星(연입귀성) 년에 천귀성이 드니
少年榮華(소년영화) 소년 시절에 영화롭다
言語忠直(언어충직) 언어는 충성스럽고 바르니
少有固執(소유고집) 적으나마 고집이 있다
聰明多智(총명다지) 총명하고 지혜가 많으니
一聞千悟(일문천오) 한 번 들으면 천을 깨닫누나
先困後泰(선곤후태) 먼저는 피곤하고 나중에 편하니
晚年太平(만년태평) 늙어서 평안하리라

□ 연천액(年天厄)

年上厄星(년상액성) 년에 액성이 있으니
初年多厄(초년다액) 초년에 액이 많을 것이다
祖業難守(조업난수) 조상 대대로의 것을 지키기 어렵고
損財頻煩(손재빈번) 손재로 마음이 산란할 것이다
古土不利(고도불리) 옛터는 이롭지 못하니
離鄕八字(이향팔자) 고향을 떠날 팔자로다
若無厄禍(약무액화) 만약 재앙이 없으면

疾病早失(질병조실) 질병이 오거나 부모를 일찍 여윈다

□ 연천권(年天權)

年上權星(연상권성) 년에 권성이 있으니
少年奔走(소년분주) 소년 때에 분주하리라
不然二母(불연이모) 그렇지 않으면 두 어머니에
養子八字(양자팔자) 양자가 될 팔자다
若勤學問(약근학문) 학문을 부지런히 배우면
官祿之人(관록지인) 관록을 먹으리라
天性淸活(천성청활) 천성이 맑고 드넓어
有人自從(유인자종) 사람들이 스스로 따를 것이다

□ 연천파(年天破)

年上破星(년상파성) 년에 파성이 있으니
初年成敗(초년성패) 초년은 성패로다
莫信人言(막신인언) 다른 사람의 말을 무조건 믿지 말아라
有害無益(유해무익) 해가 있을 뿐 이익이 없다
所爲之事(소위지사) 일의 되어가는 형편은
有頭無尾(유두무미) 머리는 있고 꼬리는 없으니
平生所恨(평생소한) 평생의 한이
心中不離(심중불리) 마음 깊숙한 곳에서 떠나지 않는다

□ 연천간(年天奸)

年上奸星(년상간성) 년에 간성이 드니
多謀之人(다모지인) 꾀가 많은 사람이로다
以才成功(이재성공) 재주로 성공하여

名振四方(명진사방) 이름을 사방에 떨치리라
出入公門(출입공문) 관청 문에 출입을 하면
偶得錢財(우득전재) 우연히 돈을 얻으리라
好從他人(호종타인) 다른 사람을 잘 따라
作事巧妙(작사교묘) 일을 만드는 것이 교묘하다

□ **연천문**(年天文)
年上文星(연상문성) 년에 문성이 있으니
名播遠近(명파원근) 이름이 원근각처에 퍼지다
琴瑟和樂(금슬화락) 금슬은 화평하고 즐거우나
一有離別(일유이별) 한 번은 이별할 수로다
容貌端正(용모단정) 용모가 바르고 단정하니
可記姓名(가기성명) 가히 성과 이름을 기록하도다
妻宮有殺(처궁유살) 처첩궁에 살이 있으니
早妻不利(조처불리) 일찍 얻은 아내는 이롭지 못하다

□ **연천복**(年天福)
年上福星(년상복성) 년에 복성이 드니
早年富貴(조년부귀) 일찍 부귀하리라
旬之七八(순지칠팔) 17~18세 때에는
月娥有祿(월아유록) 항아 같은 여자와 인연을 맺으리라
冠之七八(관지칠팔) 27~28세 때에는
素服之數(소복지수) 소복을 입을 수로다
莫犯重逢(막봉중범) 거듭 만남을 범하지 말라
反不利身(반불이신) 반대로 몸을 이롭게 하지 않으리라

□ 연천역(年天驛)

年上驛星(년상역성)   년에 역성이 있으니
初年奔走(초년분주)   초년에 분주하도다
在家有憂(재가유우)   집에 있으면 근심이 있고
出則生財(출측생재)   밖에 나가면 재물이 생길 것이다
到處有權(도처유권)   가는 곳마다 권세가 있으니
名振四方(명진사방)   이름을 사방에 떨치리라
心中有苦(심중유고)   마음에 괴로움이 있으니
世事浮雲(세사부운)   세상 일이 뜬 구름같다

□ 연천고(年天孤)

年上孤星(연상고성)   년에 고성이 있으니
兄弟分離(형제분리)   형제가 헤어지리라
塞北歸雁(새북귀안)   북녘 길이 막힌 기러기니
秋月孤飛(추월고비)   가을 달밤에 외로이 날도다
榮中有苦(영중유고)   영화 가운데 괴로움이 있으니
移居太平(이거태평)   이사를 하면 태평하리라
若無身厄(약무신액)   만약 몸에 재앙이 없으면
早失父母(조실부모)   일찍이 부모를 잃으리라

□ 연천인(年天刃)

年上刃星(연상인성)   년에 인성이 있으니
切親避去(절친피거)   절친함을 피해 가리라
生少用大(생소용대)   적게 벌어서 많이 쓰니
損財之數(손재지수)   손재수가 있으리라
若無身病(약무신병)   만약 신병이 없으면

山中作僧(산수작승)　산중이 중이 되리라
平生隱愁(평생은수)　평생에 숨은 근심을
傍人何知(방인사지)　곁에 사람이 어찌 알리요

□ **연천예**(年天藝)
年上藝星(연상예성)　년에 예성이 있으니
自手成家(자수성가)　스스로 이루리라
衣食有足(의식유족)　의식이 넉넉하니
安過歲月(안과세월)　편안한 세월을 보내리라
手巧心仁(수교심인)　손이 교묘하고 마음이 어지니
每好親舊(매호친구)　매양 친구가 좋더라
順有春風(순유춘풍)　순하면 춘풍이요
逆利秋霜(역리추상)　거스리면 가을 서리로다

□ **연천수**(年天壽)
年上壽星(년상수성)　년에 수성이 있으니
百年孤單(백년고단)　백년이 외로움이라
若非孤單(약비고단)　만일 독신이 아니면
許多風霜(허다풍상)　바람과 서리가 허다하다
性雖無僞(성수무위)　성품은 비록 거짓이 없으나
口舌損財(구설손재)　구설과 손재수가 있으리라
寸人耕之(촌인경지)　열사람이 밭을 갈아
一人食之(일인식지)　한 사람이 먹도다

제2절 중년운(中年運;月建)

중년운은 20세 이후 40세 이전까지 운이다. 초년운에 생월을 더하여 보는 것이다. 초년운이 무진년(戊辰年)이면 연천간(年天奸)이다. 여기에서 생일이 6월이면 유(酉)이니 월천인(月天刃)이다.

子	丑	寅	卯	辰	巳	午	未	申	酉	戌	亥
月天貴	月天厄	月天權	月天破	月天奸	月天文	月天福	月天驛	月天孤	月天刃	月天藝	月天壽

□ **월천귀**(月天貴)

月上貴星(월상귀성) 달에 귀성이 드니
井後榮華(정후영화) 40세 이후에 영화가 있도다
口辯出衆(구변출중) 말솜씨가 몹시 뛰어나니
到處生財(도처생재) 가는 곳마다 재물이 늘어난다
祖業不守(조업불수) 집안의 가업은 지키지 못하고
赤手成家(적수성가) 맨손으로 성취하리라
此人居地(차인거지) 이 사람의 거처는
平野大吉(평야대길) 평야에서 사는 것이 좋다

□ **월천액**(月天厄)

月上厄星(월상액성) 달에 액성이 있으니
立前見害(입전견해) 30세 이전에 나쁜 일을 당하리라
性多固執(성다고집) 성품은 자신의 고집을 지키니
親入自疎(친입자소) 친한 사람이 멀어진다
春草漸長(춘초점장) 봄풀이 점점 자라나고

陽回大地(양회대지)   해가 대지에 들어오는 격이다
之東之西(지동지서)   동으로 가거나 서로 가거나
風霜重重(풍상중중)   바람과 서리가 겹겹이로다

□ 월천권(月天權)

月上權星(월상권성)   월에 권성이 있으니
權多處處(권다처처)   권세가 곳곳에 많도다
好施何人(호시하인)   어느 누구에게나 좋게 대하나
善供無德(선공무덕)   아무리 힘을 써도 소득이 없다
千金家産(천금가산)   천금의 가산이
榮華無窮(영화무궁)   영화기 한이 없도다
雖有六親(수유육친)   비록 육친이 있다고 하나
反不如人(반불여인)   오히려 남보다 못하다

□ 월천파(月天破)

月上破星(월상파성)   달에 파성이 있으니
兄弟無托(형제무탁)   형제가 의지할 곳이 없다
官厄常隨(관액상수)   관액이 항시 따르니
勿事經率(물사경솔)   경솔한 일을 삼가라
早失父母(조실부모)   일찍 부모를 여의지 않으면
不然移鄕(불연이향)   고향을 떠나게 될 것이라
先敗後成(선패후성)   먼저 실패하고 나중에 이루니
一身事煩(일신사번)   몸에 닥치는 일이 번거롭구나

□ 월천간(月天奸)

月上奸星(월상간성)   달에 간성이 있으니

中年多厄(중년다액) 중년에 액이 많도다
少年之時(소년지시) 소년 시절에는
花逢三月(화봉삼월) 꽃이 3월을 만난 것 같다
雖無敗殺(수무패살) 비록 패살은 없으나
千金自散(천금자산) 천금이 스스로 헤어지도다
性急如火(성급여화) 성품이 급하기는 불같으나
解如春雪(해여춘설) 풀리는 것이 봄눈 같도다

□ 월천문(月天文)
月入天文(월입천문) 달에 천문성이 드니
文筆有餘(문필유여) 문필이 뛰어나도다
三六之歲(삼육지세) 3세나 6세가 되었을 때
絶處逢生(절처봉생) 빈궁한 중에 살 길이 생긴다
若無榮華(약무영화) 만약 영화가 없으면
揮淚配宮(휘루배궁) 눈물을 배궁에 뿌리리라
權多處處(권다처처) 권세가 곳곳에 많으니
衣食自足(의식자족) 의식이 족하도다

□ 월천복(月天福)
月上福星(월상복성) 달이 복성에 있으니
處處倉庫(처처창고) 곳곳이 창고로다
大難之中(대난지중) 크게 어려운 중에도
貴人扶助(귀인부조) 귀인이 도와주게 된다
中年之數(중년지수) 중년의 신수는
財源如泉(재원여천) 재물이 샘과 같으니라
莫嘆不往(막탄불왕) 왕래가 안됨을 탄식하지 말라

越津乘船(월진승선) 나루를 지나 배를 탈 것이다

□ 월천역(月天驛)

月上驛星(월상역성) 달이 역성에 있으니
虛度世事(허탁세사) 세상 일을 헛되이 헤아리네
居家不安(거가불안) 집에 거하면 불안하고
出他心閑(출타심한) 출타하면 마음이 한가롭다
有順逢順(유순봉순) 순한 것이 있어 순하게 만나니
到處春風(도처춘풍) 가는 곳마다 봄바람이라
一見榮華(일견영화) 한 번의 영화를 보니
必財必祿(심재필록) 반드시 재물과 녹을 얻는다

□ 월천고(月天孤)

月上孤星(월상고성) 달에 고성이 드니
兄弟分離(형제분리) 형제가 헤어지리라
三歲五歲(삼세오세) 3세에서 5세 사이에
水火愼之(수화신지) 불이나 물을 조심하라
梧桐秋夜(오동추야) 오동나무가 가을밤에
孤立月下(고립월하) 외로이 달 아래 서 있구나
六親無德(육친무덕) 육친의 덕이 없으니
一身孤單(일신고단) 온몸이 고단하구나

□ 월천인(月天刃)

月上刃星(월상인성) 달에 인성이 드니
少年敗家(소년패가) 소년 때에 집안이 크게 어려워 지리라
武術專攻(무술전공) 무술을 전공하면

名振四海(명진사해) 이름을 사해에 떨치리라
平生之事(평생지사) 평생의 하는 일은
有頭無尾(유두무미) 머리는 있되 꼬리는 없구나
手足無欠(수족무흠) 손발에 흠이 없으면
累次重病(누차중병) 때때로 중병을 앓으리라

□ **월천예**(月天藝)
月上藝星(월상예성) 달에 예성이 있으니
早得人心(조득인심) 인심을 일찍 얻는다
手巧過人(수교과인) 손재주가 여러 사람을 뛰어넘으니
以此得名(이차득명) 이로써 이름을 얻는다
暗裏得燭(암리득촉) 어두운 밤에 촛불을 얻으니
意氣揚揚(의기양양) 뜻과 기운이 크게 일어난다
藝術生涯(예술생애) 생애를 예술로
安過平生(안과평생) 평생을 편안히 지내게 된다

□ **월천수**(月天壽)
月上壽星(월상수성) 달에 수성이 있으니
東西奔走(동서분주) 동서로 분주하리라
初年安樂(초년안락) 어려서 편하고 즐겁다가
中運失敗(중운실패) 중년에 실패수가 있도다
親人爲敵(친인위적) 친한 사람이 적이 되니
一被其害(일피기해) 한 번은 그 해를 입을 것이다
若非二母(약비이모) 만약 두 어머니가 아니면
無後奉祀(무후봉사) 제사를 잇지 못하리라

제3절 말년운(末年運;日辰)

사람들의 일생 운수에서 가장 중요한 것이 말년 운이다. 보는
법은 40세 이후의 길흉(吉凶)을 중년운에서 생일을 더하여 본다.
만약 무진년(戊辰年) 6월 26일 생이면, 초년운은 연천간(年天奸)
이오, 중년운은 생월인 6월을 더하면 월천인(月天刃)이다. 여기
에서 생일인 26을 더하면 천예성(天藝星)이니 일천예(日天藝)가
되는 것이다.

子	丑	寅	卯	辰	巳	午	未	申	酉	戌	亥
日	日	日	日	日	日	日	日	日	日	日	日
天	天	天	天	天	天	天	天	天	天	天	天
貴	厄	權	破	奸	文	福	驛	孤	刃	藝	壽

□ 일천귀(日天貴)

日上貴星(일상귀성)	날에 귀성이 있으나
千金復來(천금복래)	천금이 다시 오도다
每當危處(매당위처)	항상 위태로움에 처하니
變化無窮(변화무궁)	변화가 끝이 없구나
必有固執(필유고집)	반드시 고집은 있으나
心直口快(심직구쾌)	마음은 곧고 입은 쾌할 것이다
商業從事(상업종사)	상업에 종사하면
大賈得名(대고득명)	큰장사로 이름을 얻을 것이다

□ 일천액(日天厄)

日上厄星(일상액성)	날에 액성이 있으니

中年身病(중년신병) 중년에 신병이로다
登舟必愼(등주필신) 배에 오르기를 삼가라
難免水厄(난면수액) 수액을 면하기가 어렵다
托身公門(탁신공문) 몸을 나라에 맡기니
喜事重重(희사중중) 기쁜 일이 겹겹이로다
明珠沈解(명주침해) 밝은 구슬이 바다에 잠겼으니
失意之嘆(실의지탄) 실의에 빠져 탄식하도다

□ **일천권**(日天權)
日上權星(일상권성) 날에 권성이 드니
處處多權(처처다권) 곳곳에 권세가 많도다
君前受命(군전수명) 임금 앞에서 명을 받았으니
文武之才(문무지재) 문무겸존의 인재로다
江山相隔(강산상격) 강산이 서로 막혔으니
兄弟相離(형제상리) 형제가 서로 떨어질 수로다
旱苗逢雨(한묘봉우) 메마른 싹이 단비를 만났으니
其色更新(기색갱신) 그 빛이 날로 새로워 지리라

□ **일천파**(日天破)
日上破星(일상파성) 날에 파성이 있으니
困窮可知(곤궁가지) 곤궁을 가히 알것이로다
事不如意(사불여의) 일이 뜻과 같이 아니되니
心思不閑(심사불한) 마음이 한가롭지 못하다
活人救濟(활인구제) 사람을 살려 구제 하였으나
養虎爲患(양호위환) 범을 길러 우환을 근심하리라
平生之事(평생지사) 평생의 일은

善無功德(선무공덕)　착한 일에도 공덕이 없으리라

□ 일천간(日天奸)

日上奸星(일상간성)　날에 간성이 드니
坐謀平生(좌모평생)　앉아서 평생을 꾀하리라
天恩厚重(천은후중)　하늘의 은혜가 두텁고 무거우니
必及高官(필급고관)　반드시 고관에 미칠 것이다
雖非遠行(수비원행)　비록 먼길은 가는 것이 아니나
雲路好踏(운로호답)　구름 길을 좋게 밟아 가는 구나
用謀奇妙(용모기묘)　지략을 쓰는 것이 기묘하니
非常之人(비상지인)　참으로 비상한 사람이구나

□ 일천문(日天文)

日上文星(일상문성)　날에 문성이 드니
膝下見榮(슬하견영)　슬하에 영화를 보리라
用心正直(용심정직)　마음을 정직하게 쓰니
世稱君子(세칭군자)　군자라고 세상에 말하리라
莫嘆親愁(막탄친수)　어버이의 근심을 탄식하지 말라
平生奈何(평생내하)　평생이라 어찌할까
若不登科(약불등과)　만약에 과거에 급제를 않으면
妻宮不利(처궁불리)　처첩궁에 이롭지 않으리라

□ 일천복(日天福)

日上福星(일상복성)　날에 복성이 드니
一身榮貴(일신영귀)　일신에 영화롭고 귀하다
才藝非常(재예비상)　재능과 기예가 비상하니

必爲大人(필위대인) 반드시 대인이 되리라
商賈爲業(상고위업) 장사를 하는 업은
手弄千金(수롱천금) 손으로 천금을 희롱하리라
井後之數(정후지수) 사십 이후의 수는
獨守空房(독수공방) 독수공방할 것이다

□ **일천역**(日天驛)
日上驛星(일상역성) 날에 역성이 드니
商業大利(상업대리) 상업은 큰 이익을 얻으리라
在家不利(재가불리) 집에 있으면 이롭지 못하고
出則快樂(출즉쾌락) 출타하면 기쁘고 즐거우리라
莫貪過慾(막탐과욕) 지나치게 탐욕을 부리지 말라
反爲損財(반위손재) 오히려 손재할 것이다
夫婦相別(부부상별) 부부가 이별을 하나
後必相逢(후필상봉) 후에 반드시 상봉하리라

□ **일천고**(日天孤)
日上孤星(일상고성) 날에 고성이 드니
多族若無(다족약무) 친족은 많아도 없음만 같다
有誰相論(유수상론) 누구와 서로 상의할까 하니
春林獨鳥(춘림독조) 봄 수풀의 외로운 새로다
才智聰明(재지총명) 재주와 지혜가 총명하니
每嘆失數(매탄실수) 하는 일마다 실수함을 탄식하리라
終鮮兄弟(종선형제) 형제가 다하여 없어지니
一身無依(일신무의) 한몸 의지할 곳도 없으리라

□ 일천인(日天刃)

日上刃星(일상인성)　날에 인성이 드니
傷刃手足(상인수족)　수족이 상하리라
蒙人之害(몽인지해)　남의 어리석음으로 해를 입으니
累年風波(누년풍파)　여러 해 풍파로다
祖基不利(조기불리)　고향은 이롭지가 못하니
離鄕爲好(이향위호)　고향을 떠나야 좋을 것이다
出入酒肆(출입주사)　술 가게를 드나드니
損財不少(손재불소)　재산의 손해가 적지 않으리라

□ 일천예(日天藝)

日上藝星(일상예성)　날에 예성이 드니
井後成家(정후성가)　40세 후에 일가를 이루리라
神通之才(신통지재)　재주가 신통하여
經國濟世(경국제세)　나라와 세상을 다스릴 것이다
晚得富貴(만득부귀)　늦게 부귀를 얻으나
家內多厄(가내다액)　집안에 재앙이 많으리라
莫誇多子(막과다자)　아들이 많다고 자랑마라
或疑爲僧(혹의위승)　혹여 중이 될까 의심하도다

□ 일천수(日天壽)

日上壽星(일상수성)　날에 수성이 드니
獨守空房(독수공방)　독수공방하리라
天上得罪(천상득죄)　하늘 위에서 죄를 얻었으니
人間謫下(인간적하)　하늘 아래 인간에게 꾸짖었다
若非空房(약비공방)　만약 방이 비지 않으면

　魂飛靑山(혼비청산)　혼이 청산에 날으리라
　兄耶弟耶(형야제야)　형과 아우가 누가 잘 났느냐
　爭則必損(쟁즉필손)　그것을 다투면 손해 보리라

제4절 총운(總運;時間)

　총운은 초년에서부터 말년까지를 총체적으로 보는 것을 가리킨다. 이것은 말년운에 생시(生時)를 더하여 본다. 말년운이 일천예(日天藝)니 술시(戌時)를 더하면, 시천고(時天孤)가 된다.

子	丑	寅	卯	辰	巳	午	未	申	酉	戌	亥
時天貴	時天厄	時天權	時天破	時天奸	時天文	時天福	時天驛	時天孤	時天刃	時天藝	時天壽

□ 시천귀(時天貴)
　時上貴星(시상귀성)　시에 귀성이 드니
　老去榮華(노거영화)　늙어서 영화로다
　雲捲靑天(운권청천)　구름이 걷히고 하늘이 푸르니
　日月更明(일월갱명)　해와 달이 다시 밝아지도다
　秋鼠入倉(추서입창)　가을 쥐가 창고에 드니
　衣食豐足(의식풍족)　의식이 풍족하다
　老年之運(노년지운)　노년의 운수는
　屋上加屋(옥상가옥)　옥상에 집을 더하는 격이다

□ 시천액(時天厄)

時入天厄(시입천액)　시에 천액성에 드니
東西奔走(동서분주)　동서로 분주하도다
他人成親(타인성친)　타인이 친함을 이루니
以後被害(이후피해)　이로 인해 해를 입으리라
寒谷回春(한곡회춘)　찬 골짜기에 봄이 돌아오니
衣食有餘(의식유여)　의식은 넉넉하리라
世事不多(세사불다)　세상 일이 많지 아니하니
畵中之餠(화중지병)　그림에 그려진 떡이로다

□ 시천권(時天權)
時上權星(시상권성)　시에 권성이 드니
以商爲業(이상위업)　장사로써 업을 삼으리라
身出馭路(신출어로)　몸이 다스릴 길에 나오니
權在四方(권재사방)　권세가 사방에 있도다
武官之職(무관지직)　무관의 자리를 얻게 되면
名振四海(명진사해)　이름을 널리 떨치게 된다
不屈人下(불굴인하)　남에게 굽히려 하지 않으므로
處世多難(처세다난)　처세에 어려움이 많다

□ 시천파(時天破)
時上破星(시상파성)　시에 파성에 드니
難得交易(난득교역)　교역을 하는 것이 어렵다
以沙防川(이사방천)　모래로써 내를 막으려니
虛費心力(허비심력)　공연히 마음만 허비하였다
初中之年(초중지년)　초년과 중년 사이에
幾敗家産(기패가산)　몇번이나 집안을 파하리라

閱盡百首(열진백수)　흰머리 보기를 다하니
風霜如夢(풍상여몽)　풍상이 꿈만 같도다

□ 시천간(時天奸)
時上奸星(시상간성)　시에 간성이 드니
多無稱寃(다무칭원)　원통함을 칭함이 많지 않다
少年之事(소년지사)　소년 시절의 일은
有名無實(유명무실)　이름만 있을 뿐 실속이 없다
商業從事(상업종사)　상업에 종사하면
衣食豊足(의식풍족)　의식이 풍족하리라
黑雲滿天(흑운만천)　검은 구름이 하늘에 가득하니
日月不明(일월불명)　해와 달이 밝지 아니하도다

□ 시천문(時天文)
時上文星(시상문성)　시에 문성이 드니
無後奉祀(무후봉사)　후손이 없어 제사를 받들지 못하리라
三人同行(삼인동행)　세 사람이 같이 가는데
二人盜者(이인도자)　두 사람이 도적놈이다
官口愼之(관구신지)　관재와 구설수에 조심하라
刑厄之數(형액지수)　형액수가 있게 된다
若非官祿(약비관록)　만일 관록이 아니면
妻憂子患(처우자한)　아내와 자식이 근심이다.

□ 시천복(時天福)
時上福星(시상복성)　시에 복성이 드니
末年富貴(말년부귀)　말년은 부귀하도다

前後露積(전후노적) 앞뒤에 노적이 쌓였으니
食客數千(식객수천) 식객이 수천이나 된다
雖有譽群(수유예군) 비록 명예는 있으나
一有疾厄(일유질액) 한때는 질병의 액화가 있으리라
晩年榮華(만년영화) 만년에 영화를 보니
有子得貴(유자득귀) 아들을 귀하게 얻을 것이다

□ **시천역**(時天驛)
時上驛星(시상역성) 시에 역성이 드니
商業大利(상업대리) 장사업이 크게 이롭다
欲渡江河(욕도강하) 강과 하천을 건너고자 하나
臨津無船(임진무선) 나루에 배가 없는 격이다
六親無德(육친무덕) 육친에 덕이 없거나
不然叩盆(불연고분) 그렇지 않으면 상처하리라
移舍亦造(이사역조) 집을 옮기어 또 지으니
先山累遷(선산누천) 선산을 여러번 옮기도다

□ **시천고**(時天孤)
時上孤星(시상고성) 시에 고성이 있으니
末年孤單(말년고단) 말년에 고단하도다
每事多魔(매사다마) 매사에 마귀가 많으니
無情歲月(무정세월) 무정한 세월이구나
形影相依(형영상의) 형상과 그림자가 의지하니
何人來助(하인내조) 누가 와서 도와 주겠는가
夜拜北斗(야배북두) 밤에는 북두칠성에 절하고
朝祈佛前(조기불전) 아침에는 부처님께 기도하리라

□ **시천인**(時天刃)

時上刃星(시상인성) 시에 인성이 드니

一時求乞(일시구걸) 한때는 구걸하리라

信斧割足(신부할족) 믿는 도끼에 발등이 찍힌 격이니

莫信他人(막신타인) 타인을 결코 믿지 말라

遍踏江山(편답강산) 강산을 널리 돌아다니며

天地爲家(천지위가) 천지로 집을 삼으리라

彌勒獻功(미륵헌공) 미륵보살에 공을 들이면

必成大功(필성대공) 반드시 큰 공을 이르리라

□ **시천예**(時天藝)

時上藝星(시상예성) 시에 예성이 드니

卒然成敗(졸연성패) 갑자기 이루거나 실패하리라

用謀非常(용모비상) 지략을 쓰는 것은 비상하나

重重損財(중중손재) 겹겹이 손재수로다

六親無德(육친무덕) 육친 간에 덕이 없으니

赤手成家(적수성가) 맨손으로 성취하리라

托身公門(탁신공문) 몸을 공문에 받치니

以才成功(이재성공) 재주로써 성공하리라

□ **시천수**(時天壽)

時上壽星(시상수성) 시에 수성이 드니

白首閑暇(백수한가) 늙어서 한가롭다

一時露宿(일시노숙) 한때는 가난하게 지냈으나

天地爲家(천지위가) 하늘과 땅으로 집을 삼았다

無事無愁(무사무수) 아무탈 없고 근심이 없으니

壽到八十(수도팔십)　수가 80세에 이르리라
若有農業(약유농업)　만약 농사를 지으면
大富之命(대부지명)　큰 부자가 될 것이다

제3장 육친론(六親論)

　육친(六親)이란, 부모와 형제·처자를 일컫는 말이다. 이것은 역술(易術)에서 점괘로 풀이할 때는 통상적으로 부모(父母)·형제(兄弟)·처재(妻財)·자손(子孫)·관귀(官鬼)·세응(世應)의 여섯 자리를 뜻한다.

제1절 형제궁(兄弟宮;雁宮)

生月 / 生時 / 星	十一月	十二月	一月	二月	三月	四月	五月	六月	七月	八月	九月	十月
포(胞)	卯	辰	巳	午	未	申	酉	戌	亥	子	丑	寅
태(胎)	辰	巳	午	未	申	酉	戌	亥	子	丑	寅	卯
양(養)	巳	午	未	申	酉	戌	亥	子	丑	寅	卯	辰
생(生)	午	未	申	酉	戌	亥	子	丑	寅	卯	辰	巳
욕(浴)	未	申	酉	戌	亥	子	丑	寅	卯	辰	巳	午
대(帶)	申	酉	戌	亥	子	丑	寅	卯	辰	巳	午	未
관(冠)	酉	戌	亥	子	丑	寅	卯	辰	巳	午	未	申
왕(旺)	戌	亥	子	丑	寅	卯	辰	巳	午	未	申	酉
쇠(衰)	亥	子	丑	寅	卯	辰	巳	午	未	申	酉	戌
병(病)	子	丑	寅	卯	辰	巳	午	未	申	酉	戌	亥
사(死)	丑	寅	卯	辰	巳	午	未	申	酉	戌	亥	子
장(葬)	寅	卯	辰	巳	午	未	申	酉	戌	亥	子	丑

형제궁에서는 형제의 많고 적음과 서로 헤어짐과 우애를 말하는 데 옛글에는 '기러기가 줄지어 나는 것'을 빗대어 형제를 안행(雁行)이라 칭하였다. 찾아보는 방법은 자신의 생월의 줄에서 생시를 찾으면 형제궁을 알 수 있다.

□ 포성(胞星)

胞爲絶也(포위절야)	포라는 것은 끊기는 것이니
衰弱之象(쇠약지상)	쇠약해 지는 형상이다
洞庭秋月(동정추월)	동정호의 가을 달밤에
三雁雙飛(삼안쌍비)	기러기 셋이 쌍으로 나는구나
水碧沙明(수벽사명)	물은 푸르고 모래는 맑은데
何事獨飛(하사독비)	무슨 일로 홀로 나는가
六親無德(육친무덕)	육친의 덕이 없으니
誰助我身(수조아신)	누가 나를 도와줄 것인가

□ 태성(胎星)

在於胎中(재어태중)	태 속에 있는 격이니
未出之象(미출지상)	아직은 나오지 못한 격이다
洞庭秋月(동정추월)	동정호 가을 달밤에
二雁各飛(이안각비)	기러기 두 마리가 서로 날도다
或多兄弟(혹다형제)	혹여 형제의 수가 많게 되면
異腹之人(이복지인)	배다른 형제가 있으리라
佛前弟子(불전제자)	부처님을 섬기는 제자로
還生今世(환생금세)	금세에 환생하였도다

□ 양성(養星)

養字之意(양자지의)   기를 양 자의 뜻은
茂盛之象(무성지상)   무성하여 지는 상이다
雖日二三(수일이삼)   2~3일 사이에
必有相別(필유상별)   반드시 이별을 하리라
自然家內(자연가내)   한 집안에 있어도 자연이
骨肉相爭(골육상쟁)   골육간에 다투게 되리라
古土無緣(고토무연)   고향은 본시 인연이 없으니
移去他鄕(이거타향)   타향으로 떠나야 좋다

☐ 생성(生星)
生字之意(생자지의)   생의 뜻은 살아 있음이니
榮華可期(영화가기)   영화로움을 기약한다
洞庭秋月(동정추월)   동정호에 가을 달이 떠 있고
四雁各飛(사안각비)   기러기 넷이 서로 날도다
雖有多雁(수유다안)   비록 기러기가 많으나
二雁有期(이안유기)   두 기러기만 기약하도다
龍宮致誠(용궁치성)   용궁에 정성을 다하면
兄弟同榮(형제동영)   형제가 함께 영화를 보리라

☐ 욕성(浴星)
浴字之意(욕자지의)   욕 자의 뜻을 살피면
破敗之象(파패지상)   파괴하고 패하는 모습이다
雖多兄弟(수다형제)   비록 형제가 많다 하여도
中途散盡(중도산진)   중도에 모두 흩어져 버린다
古基不利(고기불리)   옛터는 이롭지 못하니
他鄕顯達(타향현달)   타향이라야 입신 출세한다

龍王致誠(용왕치성) 용왕에 정성을 다하면
永受福祿(영수복록) 영원한 복록을 받으리라

☐ **대성**(帶星)
帶字之意(대자지의) 대 자의 뜻을 살피면
長成之象(장성지상) 장성하여 진다는 상이다
三雁得氣(삼안득기) 삼형제가 기운을 얻었으니
和氣滿堂(화기만당) 온화한 기색이 가득하도다
莫恨孤獨(막한고독) 고독함을 탄식하지 마라
末年爲富(말년위부) 말년에 부자가 되리라
上下和合(상하화합) 위 아래가 화합하니
一家太平(일가태평) 한 집안이 태평하도다

☐ **관성**(冠星)
冠字之意(관자지의) 관 자의 뜻을 살피면
大成之象(대성지상) 크게 이루어질 상이다
若有雁二(약유안이) 만약 기러기 두 마리가 있다면
高飛秋天(고비추천) 높이 가을 하늘을 날리라
心事虛浪(심사허랑) 마음이 허랑하다면
頻見成敗(빈견성패) 자주 이루고 패함을 보리라
兄弟之間(형제지간) 형제 지간에
意思不合(의사불합) 의사가 맞지 아니하리라

☐ **왕성**(旺星)
前生罪人(전생죄인) 전생의 죄인이
還生今世(환생금세) 금세에 환생하도다

少則二三(소즉이삼)　형제는 적어도 두서넛이고
多則四五(다즉사오)　많다면 네 다섯이다
月白風情(월백풍정)　달은 밝고 바람은 정겨운데
三雁和音(삼안화음)　삼형제가 소리를 화하리라
末年之運(말년지운)　말년의 운에 이르면
各分東西(각분동서)　동서로 각각 나누어진다

□ 쇠성(衰星)
佛前弟子(불전제자)　불전의 제자가
還生此世(환생차세)　이 세상에 환생하였도다
三湘夜月(이상야월)　삼상의 달밤에
二雁孤飛(이안고비)　두 기러기가 외로이 날도다
天地無情(천지무정)　하늘과 땅이 무정하니
早別父母(조별부모)　일찍이 부모를 이별하리라
在家多煩(재가다번)　집에 있으면 번거로움이 많고
出外心活(출외심활)　외출하면 마음이 넓어진다

□ 병성(病星)
三五其夜(삼오기야)　음력 보름날 밤에
月明深園(월명심원)　그윽한 동산에 달이 밝도다
若有兄弟(약유형제)　만약 형제가 있다 하여도
秋風落葉(추풍낙엽)　가을 바람에 떨어지는 낙엽 같도다
天性論之(천성논지)　천성을 논의하자면
必有固執(필유고집)　반드시 고집이 있으리라
仁兄賢弟(인형현제)　어진 형과 현명한 동생이
分手相別(분수상별)　서로 떨어져 이별하리라

□ **사성**(死星)

異腹則三(이복즉삼)	배가 다르면 삼형제요
不然獨身(불연독신)	그렇지 않으면 독신이다
少年困苦(소년곤고)	소년 때에는 고생을 하고
早別父母(조별부모)	일찍이 부모를 이별하리라
風霜累經(풍상누경)	풍상이 여러 번 지나니
親戚反害(친척반해)	친척이 오히려 해를 끼친다
掘地得金(글지득금)	땅을 파서 금을 얻으니
勞力成功(노력성공)	노력으로 성공하리라

□ **장성**(葬星)

異腹則三(이복즉삼)	배가 다르면 삼형제요
不然一二(불연일이)	그렇지 않으면 혼자로다
人德稀薄(인덕희박)	인덕이 희박하기에
信斧割足(신부할족)	믿는 도끼에 발이 찍힌다
之東之西(지동지서)	동쪽이나 서쪽으로 가도
別無好事(별무호사)	좋은 일이라곤 없구나
晚得旺運(만득왕운)	늦게 왕운을 얻으면
友愛之人(우애지인)	우애있는 사람이로다

제2절 부부궁(夫婦宮)

부부궁은 행과 불행·금슬의 길흉과 이별 처첩 등의 유무를 말해준다. 보는 법은 생년과 생월로 본다.

예를 들어 진년(辰年) 6월이면 부부궁은 구자(求子)에 해당된다.

生年 生月 夫婦宮	子	丑	寅	卯	辰	巳	午	未	申	酉	戌	亥
화합(和合)	七	四	一	十	七	四	一	十	七	四	一	十
상량(商量)	八	五	二	十一	八	五	二	十一	八	五	二	十一
오역(忤逆)	九	六	三	十二	九	六	三	十二	九	六	三	十二
보수(保守)	十	七	四	一	十	七	四	一	十	七	四	一
입사(入舍)	十一	八	五	二	十一	八	五	二	十一	八	五	二
이처(離妻)	十二	九	六	三	十二	九	六	三	十二	九	六	三
중부(重夫)	一	十	七	四	一	十	七	四	一	十	七	四
중처(重妻)	二	十一	八	五	二	十一	八	五	二	十一	八	五
극자(剋子)	三	十二	九	六	三	十二	九	六	三	十二	九	六
상혐(相嫌)	四	一	十	七	四	一	十	七	四	一	十	七
격산(隔山)	五	二	十一	八	五	二	十一	八	五	二	十一	八
구자(求子)	六	三	十二	九	六	三	十二	九	六	三	十二	九

□ 화합(和合)

夫婦和合(부부화합) 부부간에 화합을 하게 되니

一家太平(일가태평) 가정이 태평하다

夫唱婦隨(부창부수) 남편은 부르고 아내가 따르니

百年琴瑟(백년금슬) 백년을 함께 할 금슬이다

天然相逢(천연상봉) 하늘의 인연으로 서로 만나니

致富之命(치부지명) 재물을 모아 부자가 될 상이다

井之以後(정지이후) 40세 이후에는

渴馬逢川(갈마봉천) 목마른 말이 냇물을 만날 것이다

□ 상량(商量)

夫婦之意(부부지의) 부부의 뜻이

各自有異(각자유이) 각자 다름이 있으리라

前妻死別(전처사별)　전처가 죽어 이별하게 되니
新妻結緣(신처결연)　새 부인과 인연을 맺도다
凡事商量(범사상량)　모든 일을 헤아려 보면
有吉無凶(유길무흉)　길은 있으나 흉은 없도다
早婚不利(조혼불리)　조혼은 이롭지 못하나
晚娶則吉(만취즉길)　혼인을 늦게 하면 좋으리라

□ 오역(忤逆)
夫言不信(부언불신)　지아비의 말을 믿지 아니하니
諸事多忤(제사다오)　모든 일에 거슬림이 많도다
若不有亂(약불유란)　만약 난이 있지 않으면
別離可知(별리가지)　이별을 가히 주장하리라
事事不成(사사불성)　하는 일마다 이루어지지 않으니
難成家業(난성가업)　가업을 이루기 어려우리라
夫君何故(부군하고)　남편은 무슨 연고로
外房蕩情(외방탕정)　첩의 방에서 방탕한 정이더냐

□ 보수(保守)
夫婦偕老(부부해로)　부부가 해로하게 되니
子孫滿堂(자손만당)　자손이 집안이 가득하리라
不愛不厭(불애불염)　사랑스럽거나 싫지도 않으니
常時淡淡(상시담담)　언제나 담담하게 살리라
井之五七(정지오칠)　45~47세 때에는
年運大通(연운대통)　크게 운이 열리리라
天緣同居(천연동거)　하늘의 인연이 함께 하니
致富之命(치부지명)　크게 치부할 것이다

□ 입사(入舍)
流離他鄉(유리타향)　타향을 떠돌아 다니다보니
夫婦各分(부부각분)　부부가 서로 떨어지게 되리라
百年恨情(백년한정)　백년을 한탄할 사랑을
再娶安康(재취안강)　재취하면 평안을 얻으리라
出外成功(출외성공)　밖에 나가서 성공을 하여
錦衣還鄉(금의환향)　출세하여 고향에 돌아오리라
一夜狂風(일야광풍)　하룻밤 광풍에
花蝶各飛(화접각비)　꽃과 나비가 각각 날으리라

□ 이처(離妻)
命入華蓋(명입화개)　명에 화개살이 들었으니
削髮出家(삭발출가)　머리를 깎고 출가하리라
此人之性(차인지성)　이 사람의 성정은
每好閑寂(매호한적)　한적한 곳을 좋아하더라
晩年榮華(만년영화)　만년의 영화는
子孫之運(자손지운)　자손의 운이로다
一讀仙書(일독선서)　한 번 신선의 글을 읽은 후
又飮淸水(우음청수)　또 맑은 물을 마신다

□ 중부(重夫)
男則傷妻(남즉상처)　남자는 상처할 수요
女則喪夫(여즉상부)　여자는 상부하리라
子孫無德(자손무덕)　자손의 덕이 없으니
悲淚難禁(비루난금)　슬픔의 눈물을 금하기 어려워라
峻嶺一越(준령일월)　험한 고개를 넘으니

高山疊疊(고산첩첩)   높은 산이 첩첩이 쌓였구나
莫恨初年(막한초년)   초년 운을 탄식치 말라
中後太平(중후태평)   중년 후에는 태평하리라

□ **중처**(重妻)
花柳春城(화류춘성)   화류계의 여자를 좋아하니
到處春風(도처춘풍)   가는 곳마다 봄 바람이 분다
桃花重犯(도화중범)   도화가 거듭 범하니
兩妻分明(양처분명)   두 아내가 분명하도다
此人平生(파인평생)   이 사람의 평생 운은
酒色失敗(주색실패)   술과 계집으로 실패하리라
早婚不利(조혼불리)   조혼은 이롭지 못하나
晩娶則吉(만취즉길)   늦게 얻으면 길하리라

□ **극자**(剋子)
子女剋貴(자녀극귀)   자녀가 극히 귀하니
妻妾多多(처첩다다)   처첩이 많고 많으리라
丹楓秋色(단풍추색)   단풍이 든 가을빛에
泛舟赤壁(범주적벽)   배를 적벽에 띄우도다
名山祈禱(명산기도)   이름난 산에 기도를 드리면
可免此厄(가면차액)   이 액을 면할 것이로다
末年之數(말년지수)   말년의 운수는
一身太平(일신태평)   일신이 태평하리라

□ **상혐**(相嫌)
五鬼滿林(오귀만림)   다섯 귀신이 숲에 가득하니

每事破敗(매사파패)　모든 일에 파패수가 있다
若不死別(약불사별)　만약 죽음의 이별이 없어도
生離可畏(생리가외)　생이별을 할까 두렵도다
夫有疑妻(부유의처)　남편은 처의 행실을 의심하고
妻有疑夫(처유의부)　처는 남편을 의심한다
若過厄年(약과액년)　만약 액년이 다 지나면
末年和平(말년화평)　말년에 태평하리라

□ **격산**(隔山)

夫婦隔山(부부격산)　산이 부부를 막고 있으니
消息杳然(소식시연)　소식이 전혀 없게 되리라
金錢去來(금전거래)　금전을 거래하다가
信斧割足(신부할족)　믿는 도끼에 발이 찍힌다
四十平生(사십평생)　사십평생을 지내는 동안
虛送歲月(허송세월)　허송세월만 보내개 된다
獨守多年(독수다년)　독수공방 긴긴세월에
古梅回春(고매회춘)　옛 매화에 봄이 왔도다

□ **구자**(求子)

正室不足(정실부족)　본처가 부족하니
妾爲正堂(첩위정당)　첩이 정실이 되도다
原無子運(원무자운)　본래 자식 운이 없으면
生而多失(생이다실)　낳더라도 실패가 많다
惡殺作害(악살작해)　악한 살이 해를 끼치니
獻功七星(헌공칠성)　칠성에 공을 드려야 하리
百年之宮(백년지궁)　백년의 금슬은

鴛鴦不和(원앙불화) 원앙이 화목치 않으리라

제3절 자손궁(子孫宮;蘭宮)

사주에 있어서 자손궁은 자녀의 많고 적음과 자손궁을 해하는 살(殺)의 유무 및 도액(禱厄)에 관한 것을 설명한 것이다. 보는 방법은 생월로써 생시와 대조하여 교란(橋欄)을 찾으면 된다. 이를테면 유월(六月) 해시(亥時)라면 4교(橋)가 된다.

項目\生時\生月	一橋	二橋	三橋	四橋	五橋	六橋	七橋	八橋	九橋	十橋	十一橋	十二橋
일월(一月)	亥	子	丑	寅	卯	辰	巳	午	未	申	酉	戌
이월(二月)	申	酉	戌	亥	子	丑	寅	卯	辰	巳	午	未
삼월(三月)	巳	午	未	申	酉	戌	亥	子	丑	寅	卯	辰
사월(四月)	寅	卯	辰	巳	午	未	申	酉	戌	亥	子	丑
오월(五月)	亥	子	丑	寅	卯	辰	巳	午	未	申	酉	戌
유월(六月)	申	酉	戌	亥	子	丑	寅	卯	辰	巳	午	未
칠월(七月)	巳	午	未	申	酉	戌	亥	子	丑	寅	卯	辰
팔월(八月)	寅	卯	辰	巳	午	未	申	酉	戌	亥	子	丑
구월(九月)	亥	子	丑	寅	卯	辰	巳	午	未	申	酉	戌
시월(十月)	申	酉	戌	亥	子	丑	寅	卯	辰	巳	午	未
십일월(十一月)	巳	午	未	申	酉	戌	亥	子	丑	寅	卯	辰
십이월(十二月)	寅	卯	辰	巳	午	未	申	酉	戌	亥	子	丑

□ 일교(一橋)
此人之命(차인지명) 이 사람의 운은
一子之數(일자지수) 자식이 하나 뿐이라
獻誠北斗(헌성북두) 북두칠성에 정성을 드리면
三子可期(삼자가기) 삼형제를 가히 얻게 되리라

諸殺入門(제살입문)　모든 살이 문에 들었으니
除殺大吉(제살대길)　살을 제거하면 길하리라
種蘭石田(종란석전)　난초를 돌밭에 심은 격이니
枝葉難長(지엽난장)　가지와 잎사귀가 뻗기 어렵다

□ 이교(二橋)
此人之命(차인지명)　이 사람의 운명은
二子之數(이자지수)　아들 형제를 둘 수로다
美哉子宮(미재자궁)　아름다운 자식궁이니
何羨荀龍(하선순용)　어찌 순용이 부러우리요
天寒地凍(천한지동)　하늘은 차갑고 땅은 얼었으니
晚得回春(만득회춘)　봄이 늦게 돌아오게 되도다
此人運命(차인운명)　이 사람의 운명은
一子終身(일자종신)　아들 하나가 종신하리라

□ 삼교(三橋)
此人運命(차인운명)　이 사람의 운명은
三子之數(삼자지수)　삼형제를 둘 운이다
甘雨一過(감우일과)　단비가 한 번 지나가니
萬物茂盛(만물무성)　만물이 무성하도다
北斗主命(북두주명)　북두칠성에게 주인의 명운을
宜精獻功(의정헌공)　마땅히 정성들여 헌공하라
天狗作害(천구작해)　천구살이 해를 끼치니
蘭宮不利(난궁불리)　난궁이 불리하도다

□ 사교(四橋)

此人運命(차인운명) 이 사람의 운명은
四子之數(사자지수) 자식 넷을 둘 운이다
一天二地(일천이지) 한 하늘 아래 땅이 둘이니
異腹可期(이복가기) 배다른 형제가 있으리라
黃陵古廟(황릉고묘) 황릉의 옛사당에
孤鬼常泣(고귀상읍) 외로운 귀신이 항상 울도다
一洽甘雨(일흡감우) 한 번에 젖은 단비에
百花爛漫(백화난만) 백화가 만발하여 화려하도다

□ 오교(五橋)
此人運命(차인운명) 이 사람의 운명은
五子之數(오자지수) 다섯 형제를 둘 운이다
心志高潔(심지고결) 마음과 뜻이 높고 고결하니
月白風淸(월백풍청) 달이 희고 바람이 맑도다
生而多失(생이다실) 자식을 두어도 실패가 많으니
間間悲淚(간간비루) 때때로 눈물을 흘리도다
若不穰星(약불양성) 만약 칠성에 공이 부족하면
早子難養(조자난양) 일찍 난 아들은 기르기 어렵다

□ 육교(六橋)
或有二三(혹유이삼) 간혹은 둘이나 셋을 두어도
早子難養(조자난양) 일찍 난 아들은 기르기 어렵다
平生所忌(평생소기) 평생 동안 꺼려야 할 것은
狗肉不食(구육불식) 개고기를 먹지 말아라
風臨樹枝(풍림수지) 바람이 나무 가지에 이르니
其實飄零(기실표령) 그 열매가 표연히 떨어진다

種德百年(종덕백년) 백년을 쌓은 조상의 음덕으로
枝葉茂盛(지엽무성) 그 자손이 번성하리라

□ **칠교**(七橋)
此人之運(차인지운) 이 사람의 운수는
七子之數(칠자지수) 자식을 일곱 둘 운이다
天狗來侵(천구래침) 천구가 침노하니
早爲防厄(조위방액) 액을 미리 막아라
日暖風和(일난풍화) 바람은 부드럽고 따뜻한 날에
花逢春節(화봉춘절) 꽃이 봄철을 만났도다
七星有功(칠성유공) 칠성이 공을 드리면
可保子孫(가보자손) 가히 자손을 보전하리라

□ **팔교**(八橋)
晚得兩男(만득양남) 늦게 두 아들을 두어
一子可貴(일자가귀) 한 아들은 귀하게 되리라
名山祈禱(명산기도) 명산에 기도를 하고
佛前致誠(불전치성) 부처님께 정성을 다하리라
上下相應(상하상응) 위 아래가 서로 응하니
和氣自生(화기자생) 화기가 스스로 나게 되리라
五辛狗肉(오신구육) 다섯 종류의 매운 것과 개고기는
切忌勿食(절기물식) 한결같이 꺼려 먹지를 말아라

□ **구교**(九橋)
子宮有厄(자궁유액) 자궁에 액이 있으니
早子難養(조자난양) 일찍 난 아들은 기르기 어렵다

千里沙漠(천리사막)   천리길의 사막이니
前途茫然(전도망연)   앞길이 아득하고 멀구나
此人之運(차인지운)   이 사람의 운은
九子之數(구자지수)   자식을 아홉을 둘 수다
天狗作害(천구작해)   천구가 해를 부리면
僅保一二(근보일이)   겨우 하나 둘만 보전하리라

□ 십교(十橋)
此人之運(차인지운)   이 사람의 운은
十子之數(십자지수)   자식 열 명을 둘 팔자다
雖多子息(수다자식)   비록 많은 자식이 있어도
途中損失(도중손실)   중도에 손실이 있으리라
枯木生芽(고목생아)   말라 죽은 나무에 싹이 돋으니
本求難得(본구난득)   뿌리와 잎이 모두 약하리라
至誠禱來(지성도래)   지성으로 액을 빌면
可得一子(가득일자)   가히 자식 하나를 얻으리라

□ 십일교(十一橋)
此人之運(차인지운)   이 사람의 운은
十一子數(십일자수)   자식 열 명을 둘 팔자다
雖多子息(수다자식)   비록 많은 자식이 있으나
終得二子(종득이자)   마지막에는 자식이 둘 뿐이다
種豆石田(종두석전)   콩을 돌밭에 심어놓으니
其何托根(기하탁근)   그 어찌 뿌리를 뻗겠는가
井後命前(정후명전)   사십 이후 오십 이전에는
大運當到(대운당도)   대운이 당도하리라

□ **십이교**(十二橋)

此人之運(차인지운) 이 사람의 운은
十二子數(십이자수) 자식 열 둘을 둘 팔자다
一子榮貴(일자영귀) 한 아들은 높고 귀하니
桂花折揷(계화절삽) 계수나무에 꽃이 피리라
一到殺星(일도살성) 한 번 살성이 오면
秋風落葉(추풍낙엽) 가을 바람에 낙엽이 떨어지리라
弱馬任重(약마임중) 약한 말에 짐이 무거우니
雪上加霜(설상가상) 눈 위에 서리를 더한 격이다

제4장 직업과 길흉 그리고 성질

제1절 직업론(職業論)

職業 生月 生年	관인 官人 농업 農業	도재 屠宰 어상 魚商	수재 秀才 조금 造金	타철 打鐵 이상 履商	사술 師術 도기 陶器	주관 酒舘 운수 運輸	음악 音樂 걸인 乞人	복술 卜術 포수 捕獸	승도 僧道 상선 商船	재봉 裁縫 교사 教師	미상 米商 무협 武俠	수작 修作 수조 垂釣
갑년(甲年)	一	二	三	四	五	六	七	八	九	十	十一	十二
을년(乙年)	二	三	四	五	六	七	八	九	十	十一	十二	一
병년(丙年)	三	四	五	六	七	八	九	十	十一	十二	一	二
정년(丁年)	四	五	六	七	八	九	十	十一	十二	一	二	三
무년(戊年)	五	六	七	八	九	十	十一	十二	一	二	三	四
기년(己年)	六	七	八	九	十	十一	十二	一	二	三	四	五
경년(庚年)	七	八	九	十	十一	十二	一	二	三	四	五	六
신년(辛年)	八	九	十	十一	十二	一	二	三	四	五	六	七
임년(壬年)	九	十	十一	十二	一	二	三	四	五	六	七	八
계년(癸年)	十	十一	十二	一	二	三	四	五	六	七	八	九

사회는 더욱 복잡해지고 있다. 늘어나는 인구에 맞춰 직업도 수만 가지에 달한다. 이러한 직업을 자기의 운명에 맞추는 것도 매우 중요한 일이다.

위의 표를 참조하면 자신의 직업에 맞는 것을 쉽게 찾아볼 수 있다. 예를 들어 무진년(戊辰年) 6월이면 도재(屠宰)·어상(魚商)을 참조하면 된다.

□ 관인(官人)

身登靑雲(신등청운)   몸이 벼슬길에 오르니
金冠玉帶(금관옥대)   금관에 옥대를 하였구나
一呼百諾(일호백락)   한 번 부르면 백이 대답하니
萬人仰視(만인앙시)   만인이 우러러 보리라
若非官祿(약비관록)   만일 관록이 아니면
反爲下賤(반위하천)   오히려 천한 사람이 되리라
和氣萬堂(화기만당)   따스한 기운이 집에 가득하니
子孫有慶(자손유경)   자손에게 경사가 있으리라

□ 농업(農業)

門土沃土(문토옥토)   문앞에 옥토가 있으니
生涯豐足(생애풍족)   살아가는 데는 풍족하리라
百穀有利(백곡유리)   온갖 곡식이 이로우니
農業最吉(농업최길)   농업이 가장 길하리라
春播秋收(유파추수)   봄에 씨 뿌려 가을에 거두니
多大收穫(다대수확)   많고 큰 수확을 하리라
富貴多男(부귀다남)   부귀와 아이가 많으니
多福之人(다복지인)   다복한 사람이다

□ 도재(屠宰)

水把金斧(수파금부)	손에 쇠도끼를 잡고
每日殺牛(매일살우)	매일 소를 죽이는 구나
身雖賤職(신수천직)	비록 천한 직에 종사하나
食祿有餘(식록유여)	먹을 것은 넉넉하리라
凶殺人命(흉살인명)	흉한 살이 명에 들었으니
祈禱解殺(기도해살)	기도하면 살이 풀리리라
吉星並照(길성병조)	길한 별이 아울러 비친다면
高官大爵(고관대작)	직위가 높아지는 벼슬길에 이르리라

□ 어상(魚商)

路上去來(노상거래)	노상에서 거래를 하니
行商八字(행상팔자)	행상을 할 팔자로다
若非行商(약비행상)	만약 행상이 아니라면
魚物有利(어물유리)	어물 장사가 이득이 있으리라
日中爲市(일중위시)	한낮에 시장을 세우니
來客類類(내개유류)	오는 손님이 참으로 많구나
魚網之商(어망지상)	고기잡는 그물 장사도 좋고
般業亦吉(반업역길)	선박 사업도 좋으리라

□ 수재(秀才)

音樂藝術(음악예술)	음악이나 예술이 좋으며
美術科學(미술과학)	미술이나 과학도 좋다
家近三山(가근삼산)	집이 세 개의 산과 가까우니
可活人命(가활인명)	가히 인명을 살리리라
用錢如水(용전여수)	돈을 쓰는 것이 물 같으니

朝聚暮散(조취모산) 아침에 모아 저물면 쓰리라
之東之西(지동지서) 동이나 서쪽도
萬人歡迎(만인환영) 모든 사람이 환영하리라

□ **조금**(造金)
此人職業(차인직업) 이 사람의 직업은
技術成功(기술성공) 기술로 성공하리라
手才巧妙(수재교묘) 손재주가 교묘하여
才勝薄福(재승박복) 재주는 있으나 복이 적다
金銀百工(금은백공) 금과 은의 온갖 공정으로
衣食豊足(의식풍족) 의식이 풍족하리라
欲速不達(욕속부달) 급히 서두르면 오히려 못하니
大成難望(대성난망) 크게 되기를 바라는 것은 어렵다

□ **타철**(打鐵)
以小成大(이소성대) 적은 것으로 크게 이루니
以鐵成器(이철성기) 쇠로써 그릇을 이루리라
日就月將(일취월장) 날로 달로 진보하니
名聲藉藉(명성자자) 명성이 자자 하리라
千里他鄕(천리타향) 천리 타향에서
自手成家(자수성가) 자수성가할 운수로다
身在富名(신재부명) 부자의 이름으로 들으니
可笑石崇(가소석숭) 석숭같은 부자를 비웃으리라

□ **이상**(履商)
履商爲業(이상위업) 장사를 할 수업을 하고 있으나

困苦難免(곤고난면) 어려움을 면하기는 어려우리라
終日勞力(종일노력) 종일토록 노력을 해도
別無所得(별무소득) 별로 소득이 없으리라
心雖衝天(심수충천) 마음은 비록 하늘을 찌르나
每事中折(매사중절) 하는 일마다 중도에 꺾이리라
何以薄福(하이박복) 어찌하여 복이 적은가 하면
食根不足(식근부족) 밥줄이 부족한 탓이다

□ 사술(師術)
能通五行(능통오행) 능히 오행을 통하니
頭腦發達(두뇌발달) 두뇌가 발달했구나
此人實業(차인실업) 이 사람의 실업은
敎訓子弟(교훈자제) 자제를 교훈하리라
才藝出衆(재애출중) 재예가 뛰어나니
用錢如水(용전여수) 돈을 쓰는 게 물 같구나
先生之風(선생지풍) 선생의 바람은
山高水長(산고수장) 산이 높고 물이 긴것과 같다

□ 도기(陶器)
此人職業(차인직업) 이 사람의 직업은
以土成器(이토성기) 흙으로 그릇을 만들도다
泥土成器(니토성기) 진흙으로 그릇을 만드니
手巧過人(수교과인) 묘한 솜씨가 뛰어났구나
中年當限(중년당한) 중년에 가서야
大財入手(대재입수) 큰 재물을 얻게 되리라
洋銀取扱(양은취급) 양은을 취급하거나

貴金屬類(귀금속류) 귀금속 장사도 좋다

□ 주관(酒舘)

君之八字(군지팔자) 그대의 팔자는
酒商生涯(주상생애) 술 장사로 팔아가리라
旅館之業(여관지업) 여관업을 하여도 좋으며
茶房亦宜(다방역의) 다방업도 좋다
用錢如水(용전여수) 돈을 물 같이 쓰니
人稱豪傑(인칭호걸) 가히 호걸이라 일컬으리라
無情歲月(무정세월) 덧없이 흘러가는 세월이
去如流波(거여유파) 흐르는 물결같이 지나가는 도다

□ 운수(運輸)

此人實業(차인실업) 이 사람의 실업은
運輸得利(운수득리) 운수업에서 이득을 있으리라
早失父母(조실부모) 일찍이 양친을 잃으니
學文難成(학문난성) 학문을 배우기가 어렵다
南北千里(남북천리) 남북의 천리에
奔走不可(분주불가) 분주하여 한가하지가 않다
中年運回(중년운회) 중년의 운이 있으면
家産漸增(가산점증) 가산이 점점 많아지리라

□ 음악(音樂)

若非官位(약비관위) 만약 벼슬을 못하면
風流歲月(풍류세월) 풍류로 세월을 보내리라
花柳春城(화류춘성) 꽃과 버들이 봄에 만발하니

優遊自足(우유자족)　스스로 즐기며 놀고 있구나
雖謂聞人(수위문인)　누군가 이런 사람에 들으면
外面春風(외면춘풍)　겉으로 보기에도 봄바람이로세
若非此運(약비차운)　만약 이 운이 아니라면
身命有害(신명유해)　몸과 마음에 해가 있으리라

□ 걸인(乞人)
東西爲衆(동서위중)　동서를 집으로 여기니
門前乞食(문전걸식)　문앞에서 빌어 먹으리라
四方求財(사방구재)　사방에서 재물을 구하여
僅僅衣食(근근의식)　근근이 의식하도다
早別家族(조별가족)　일찍이 가족과 이별하니
天地無情(천지무정)　하늘과 땅도 정이 없어라
獻功石佛(헌공석불)　돌부처에게 공을 들이면
可免此厄(가면차액)　이 액을 가히 면하리라

□ 복술(卜術)
卜術之業(복술지업)　복술업을 하여도 좋고
紹介事業(소개사업)　소개업을 하여도 좋으리라
或爲地師(혹위지사)　혹은 지관이 될 것이오
以下幽宅(이하유택)　음택이나 양택도 잘 하리라
善導人間(선도인간)　선으로 사람을 인도하여
濟濟蒼生(제제창생)　널리 세상 사람을 구하리라
名聲藉藉(명성자자)　명성이 자자하니
人人願見(인인원견)　사람마다 우러러 보리라

□ 포수(捕獸)

徘回山野(배회산야)	산과 들을 돌아다니니
捕獸爲業(포수위업)	사냥을 업으로 삼으리라
放砲一聲(방포일성)	방포 일성에
禽獸皆驚(금수개경)	금수가 모두 놀라리라
大人逢此(대인봉차)	큰 사람이 운을 만나면
百萬大將(백만대장)	백만의 대장이 되리라
子孫多剋(자손다극)	자손에게 상극이 많으니
悲淚難免(비루난면)	슬픈 눈물을 면하기 어려워라

□ 승도(僧道)

棄墳離親(기분이친)	묘를 버리고 친척을 이별하며
身依山門(신의산문)	몸을 절에 의지하도다
空山月夜(공산월야)	빈 산의 달 밝은 밤에
念佛送日(염불송일)	염불로써 세월을 보내리라
其性也虛(기성야허)	그 천성이 허하니
閑靜爲主(한정위주)	한가하고 고요함이 주 되리라
濟導蒼生(제도창생)	많은 사람들을 잘 인도하여
布德四海(포덕사해)	덕이 사방으로 퍼지리라

□ 상선(商船)

滿船積載(만선적재)	배에 물건을 가득 싣고서
每日運搬(매일운반)	날마다 운반을 하리라
蒼波萬里(창파만리)	바다는 넓고 물길은 만리니
白鷗爲友(백구위우)	흰갈매기와 벗 하리라
秋月春風(추월춘풍)	가을 달과 봄 바람에

酒家送日(주가송일) 술로 세월을 보내리라
順風掛帆(순풍괘범) 순풍에 돛을 달았으니
安如盤石(안여반석) 반석같이 편하리라

□ 재봉(裁縫)
裁縫爲業(재봉위업) 바느질로 업을 삼으니
食少事煩(식소사번) 일은 많고 먹을 것은 적다
食祿有餘(식록유여) 식록에 많음이 있으니
富名之人(부명지인) 부자가 될 사람이라
勞力成功(노력성공) 노력하여 성공을 하니
積少大成(적소대성) 적은 것이 쌓여 대성하리라
女子到此(여자도차) 여자가 이에 이르면
針刺成功(침자성공) 바느질과 자수로 성공하리라

□ 교사(教師)
教育事業(교육사업) 가르치는 것을 업으로 하니
淸職生活(청직생활) 맑고 깨끗한 생활을 하리라
山下精舍(산하정사) 산 아래 정사가 있으니
山明水麗(산명수려) 산은 깨끗하고 물은 맑구나
慈善事業(자선사업) 자선 사업을 하니
活人功德(활인공덕) 사람을 살려 공덕을 쌓누나
爲人淸高(위인청고) 사람됨이 맑고 고결하여
才多薄福(재다박복) 재주는 많으나 복이 적구나

□ 무협(武俠)
心剛口直(심강구직) 마음이 강하고 일이 곧으니

不屈他人(불굴타인)　타인에게 굴하지 아니하리라
十年受苦(십년수고)　십년을 괴로움을 받다가
一朝成功(일조성공)　하루 아침에 성공 하리라
武藝出衆(무예출중)　무예가 출중하니
手執兵權(수집병권)　손에 병권을 쥐리라
到處有功(도처유공)　이르는 곳마다 공이 있으니
功名赫赫(공명혁혁)　공명이 빛이 나리라

□ 수작(修作)
手藝出衆(수예출중)　수예가 뛰어나니
非但凡人(비단범인)　결코 평범한 사람이 아니어라
平生所業(평생소업)　평생을 업으로 하는 일은
無所不爲(무소불위)　하지 못하는 것이 없도다
木石善治(목석선치)　목석을 잘 다스리니
日日興財(일일흥재)　날마다 재물이 일어나도다
若非手財(약비수재)　만약 수재가 아니면
利在杏幕(이재행막)　이로운 것이 행막에 있도다

□ 수조(垂釣)
閑坐垂釣(한좌수조)　한가롭게 앉아 낚시줄을 드리우니
風塵不侵(풍진불침)　속된 세상이 침범치를 않누나
一片孤舟(일편고주)　한 조각 외로운 배에
垂釣閑翁(수조한옹)　낚시줄을 드리운 늙은 낚시꾼이라
莫嘆浮萍(막탄부평)　부평같은 신세를 한탄하지 말라
後分成功(후분성공)　늙어서의 운수는 성공하리라
七星有功(칠성유공)　칠성에 공을 드리면

富貴可亨(부귀가형) 가히 부귀 공명을 누리리라

제2절 길흉론(吉凶論)

一. 길복궁(吉福宮)

길복궁은 사주 가운데 길운(吉運)을 논하는 것이다. 이것은 하늘이 내린 것과 개인의 노력에 의하여 얻는 것이 합해진 것이다. 찾아보는 방법은 생년과 생시로 보는 데 출생하는 해가 무진년(戊辰年)이고 생시가 술시(戌時)면 복궁(福宮)은 거부(巨富)이다.

福宮 生時 生年	福 官	貴 藝	旺 極	合 乙	食 增	印 門	巨 富	武 庫	出 河	官 印	施 橫	財 庫
갑년(甲年)	酉	辰	子	子	子	子	丑	巳	午	卯	卯	丑
을년(乙年)	申	巳	午	亥	亥	亥	寅	丑	未	寅	寅	辰
병년(丙年)	卯	未	酉	卯	卯	卯	辰	巳	午	亥	酉	酉
정년(丁年)	亥	申	卯	寅	寅	寅	巳	未	丑	子	申	申
무년(戊年)	卯	未	巳	午	午	午	辰	巳	午	酉	亥	亥
기년(己年)	寅	申	午	巳	巳	巳	巳	未	丑	申	子	子
경년(庚年)	寅	戌	寅	午	午	酉	未	亥	子	未	卯	卯
신년(辛年)	午	亥	亥	巳	巳	巳	申	丑	未	辰	寅	寅
임년(壬年)	巳	丑	巳	酉	酉	酉	戌	亥	子	酉	午	午
계년(癸年)	午	寅	申	寅	寅	寅	亥	子	亥	戌	巳	巳

□ 복관(福官)
柱臨福官(주임복관) 사주가 복관에 임하니
富豪之命(부호지명) 부호가 될 명운이로다
四方有祿(사방유록) 사방에 녹이 있으니

到處得罪(도처득죄)   도처에서 재물을 얻을 것이라
之南之北(지남지북)   남이나 북으로 가더라도
頭領之運(두령지운)   우두머리가 될 운이다
一生大吉(일생대길)   일생이 대길하니
幸福之人(행복지인)   행복한 사람이구나

□ 귀예(貴藝)
周遊四方(주유사방)   사방을 두루 다니며
流離之士(유리지사)   유리하는 선비로다
橫財有數(횡재유수)   횡재수가 있으니
千金自來(천금자래)   천금이 스스로 오도다
外人之財(외인지재)   다른 사람의 재물은
必是妻家(필시처가)   반드시 처가의 덕이니라
聞一知十(문일지십)   하나를 들으면 열을 알듯이
百事敏捷(백사민첩)   모든 일에 민첩하도다

□ 왕극(旺極)
高臺廣室(고대광실)   크고 좋은 집에서
侍位君王(시위군왕)   군왕을 모시게 되리라
財旺身旺(재왕신왕)   재물과 몸이 왕성하니
子孫滿堂(자손만당)   자손이 집안에 가득하리라
一呼百諾(일호백락)   한 번 부르면 백이 대답하니
食客數千(식객수천)   식객이 수천 명이라
萬里無情(만리무정)   만리에 구름이 없으니
海天一碧(해천일벽)   바다와 하늘이 같이 푸르다

□ 합을(合乙)

命入合乙(명입합을)　명이 합이 들었으니
時雨滋苗(시우자묘)　때맞춘 비에 싹을 키운다
長安大道(장안대도)　장안의 큰 길에
日傘浮前(일산부전)　큰 양산이 앞에 떴도다
順風掛帆(순풍괘범)　순풍에 돛을 달았으니
安樂太平(안락태평)　안락하고 태평하리라
文學有能(문학유능)　문학에 유능하며
爲人淸秀(위인청수)　사람됨이 밝고 준수하다

□ 식증(食增)

命入增食(명입증식)　명이 증식이 들어있으니
衣食豐足(의식풍족)　의식이 풍족하리라
渴馬得水(갈마득수)　목마른 말이 물을 얻은 격이니
意外生光(의외생광)　의외로 빛이 나도다
名播四方(명파사방)　이름이 사방에 퍼지니
萬人仰視(만인앙시)　수많은 사람이 우러러 보리라
每事有順(매사유순)　모든 일이 순조로우니
不勞自得(불로자득)　힘들이지 않고 얻으리라

□ 인문(印門)

獨坐高風(독좌고풍)　홀로 높은 바람에 앉았으니
萬人仰視(만인앙시)　만인이 우러러 보았다
暗中行人(암중행인)　어두운 밤에 다니는 사람이
偶得明燭(우득명촉)　우연히 밝은 촛불을 얻었다
山積文書(산적문서)　산같이 쌓여있는 문서를

每日處決(매일처결) 　매일 결정하여 조처하리라
此人之事(차인지사) 　이 사람의 일은
由妻敗家(유처패가) 　처로 말미암아 패가 하리라

□ 거부(巨富)
陰陽相和(음양상화) 　음양이 서로 화합하니
夫婦百年(부부백년) 　부부가 한평생을 같이 하리라
忠義之士(충의지사) 　충성과 신의가 있는 선비이니
名傳千秋(명전천추) 　이름이 오랜 세월 전해 지더라
日暖風和(일난풍화) 　따뜻한 날 바람도 온화하니
百花爭發(백화쟁발) 　온갖 꽃이 다투어 피리라
萬難克服(만난극복) 　수많은 어려움을 극복하여
不屈人下(불굴인하) 　남에게 굽히지 아니하리라

□ 무고(武庫)
命入武庫(명입무고) 　명에 무고가 들었으니
武官最吉(무관최길) 　무관을 하는 것이 가장 좋다
統率萬人(통솔만인) 　만인을 통솔하니
權威振動(권위진동) 　권위가 진동하리라
少年勤苦(소년근고) 　소년 시절 힘들게 고생을 하니
末年之福(말년지복) 　말년에 복이로다
女人多難(여인다난) 　여자는 어려움이 많으나
男子出世(남자출세) 　남자는 출세하리라

□ 산하(山河)
猛虎出林(맹호출림) 　맹호가 숲속에서 나오니

其勢堂堂(기세당당)   그 기세가 당당하구나
向者有功(향자유공)   만나는 사람마다 공이 있으니
動則見利(동즉견리)   움직이면 이득을 보리라
一聲號令(일성호령)   한소리 호령에
鎭壓邊彊(진압변강)   진압을 변경 하도다
威高權高(위고권고)   위엄이 높고 권세가 높으니
治國安民(치국안민)   백성을 편히 다스리리라

□ **관인**(官印)
命入官印(명입관인)   명에 관이 들었으니
大官可期(대관가기)   대관을 하게 될 것이다
魚變成龍(어변성룡)   고기가 변하여 용이 되니
造化無窮(조화무궁)   조화가 무궁하리라
身被錦衣(신피금의)   몸에 비단 옷을 입으니
童子侍立(동자시립)   동자가 시중을 들고 섰도다
議政壇上(의정단상)   의정의 단상에서
政治外交(정치외교)   정치와 외교를 하리라

□ **시횡**(施橫)
柱帶施橫(주대시횡)   사주에 시횡을 띠었으니
橫財之數(횡재지수)   횡재를 할 수로다
花下飮酒(화하음주)   꽃 아래에서 술을 마시니
興味津津(흥미진진)   흥미가 진진하구나
建立學院(건립학원)   학원을 세우면
名傳千秋(명전천추)   이름이 천추에 전하리라
朱欄畵閣(주란화각)   단청을 칠한 화려한 누각에

夫婦百年(부부백년) 부부가 한평생을 하리라

□ **재고**(財庫)

命入財庫(명입재고) 명에 재고가 들어있으니
大富之人(대부지인) 큰 부자가 될 것이로다
千里他鄕(천리타향) 천리 타향 머나먼 곳에서
喜逢故人(희봉고인) 기쁘게도 오래된 벗을 만난다
高山植樹(고산식수) 높은 산에 나무를 심으니
積小成大(적소성대) 적은 것을 쌓아 크게 이룬다
論其夫婦(논기부부) 그 부부를 논하면
和樂百年(화락백년) 백년을 함께 화락하리라

二. **흉화궁**(凶禍宮)

宮 生月 生年	孤辰	寡宿	大敗	赤狼	팔패	天狼	小狼	破家	三刑	六合	大耗	四關
갑년생(甲年生)	正	四	九	五	六	九	五	正	十一	八	十	正
을년생(乙年生)	四	十	十二	十一	十二	十二	三	六	八	五	十	三
병년생(丙年生)	四	四	十二	十二	六	九	正	六	十	七	九	四
정년생(丁年生)	七	四	十二	五	六	十二	七	二	三	十	八	五
무년생(戊年生)	七	十	三	五	三	六	五	二	十一	九	十	六
기년생(己年生)	十	正	三	十一	九	十一	十	六	五	十二	六	七
경년생(庚年生)	九	七	三	二	九	六	正	五	十二	十	四	八
신년생(辛年生)	十	七	六	八	二	六	八	十	四	三	四	九
임년생(壬年生)	正	四	六	三	三	六	六	正	正	二	三	十
계년생(癸年生)	十	正	九	二	六	十二	十	十一	三	六	五	十一

흉화궁은 길고 긴 인생길에서 인간이 액운을 만나는 것을 설

명한다. 이렇듯 자기의 운명에 들어있는 흉성(凶星)이나 상패(喪
敗)·손재(損財)·관재(官災)·이별(離別)·구설(口舌)로 인한
여러 가지의 일을 찾아 보아야 한다. 찾아보는 법은 만약 무진년
(戊辰年) 6월생이리면 천랑성(天狼星)에 해당한다.

□ 고진(孤辰)

命入孤辰(명입고진) 명에 고진살이 드니
孤獨之狀(고독지상) 고독할 상이로다
兄弟無緣(형제무연) 형제간에 인연이 없으니
六親無德(육친무덕) 육친과도 덕이 없게 된다
男子喪妻(남자상처) 남자는 상처할 것이고
女子喪夫(여자상부) 여자는 남편을 잃게 되리라
東西奔走(동서분주) 동서로 몹시 바쁘니
他鄕之客(타향지객) 타향의 나그네로다

□ 과수(寡宿)

寡宿入命(과수입명) 명에 과수살이 들었으니
夫婦無緣(부부무연) 부부의 인연이 없으리라
若無致誠(약무치성) 만약 정성을 드리지 않으면
生離死別(생리사별) 생이별이나 사별을 하리라
廣大天地(광대천지) 광대한 천지에
一身無依(일신무의) 내 몸 하나 의지할 곳이 없구나
霜滿秋天(상만추천) 서리 오는 가을 하늘에
一雁孤飛(일안고비) 한 기러기 외롭게 나누나

□ 대패(大敗)

敗星入門(패성입문)　패성이 문에 들어오니
破家移鄕(파가이향)　집이 망하여 고향을 옮기리라
有財多病(유재다병)　재물이 있으면 병이 많고
貧則長壽(빈즉장수)　가난하면 장수하게 되리라
花落蝶去(화락접거)　꽃은 지고 나비가 날아갔으니
琴瑟不足(금슬부족)　금슬이 부족하도다
暗夜空堂(암야공당)　어두운 밤 빈집에서
自愁自嘆(자수자탄)　스스로 수심에 탄식하리라

□ 적랑(赤狼)
命入赤狼(명입적랑)　명에 적랑살이 들었으니
火厄愼之(화액신지)　불의 재앙을 조심하여 한다
男負女戴(남부여대)　남자는 등에 지고 여자는 머리에 이고
千里他鄕(천리타향)　천리타향으로 떠나리라
以手致敗(이수치패)　손으로 살림이 없어지니
莫近酒色(막근주색)　부디 주색을 가까이 말라
謀事不成(모사불성)　하는 일이 이루어지지 않으니
虛送歲月(허송세월)　세월을 허송하게 되리라

□ 팔패(八敗)
八敗命入(팔패명입)　팔패살이 명에 들었으니
虛往虛來(허왕허래)　헛되이 오고 가누나
以女致禍(이녀치화)　여자로 인해 화를 입으니
莫近女色(막근여색)　부디 여색을 가까이 말라
古基不利(고기불리)　옛터는 이롭지 못하니
移鄕八字(이향팔자)　고향을 옮길 팔자로다

游失水魚(유실수어) 헤엄치는 고기가 물을 잃으니
秋草逢霜(추초봉상) 가을 풀이 서리를 만나는 격이다

□ **천랑**(天狼)

驚風驚虎(경풍경호) 바람과 호랑이에 놀라니
落眉之厄(낙미지액) 눈썹 아래 떨어진 액이다
女子到禍(여자도화) 여자가 여기에 이르면
巫女八字(무녀팔자) 무녀가 될 팔자로다
天狼入命(천랑입명) 천랑살이 명에 들었으니
短命可畏(단명가외) 수명이 짧을까 두렵다
無後奉祀(무후봉시) 자손 없는 제사를 지내 준다면
前途漸開(전도점개) 앞길이 점점 열리리라

□ **소랑**(小狼)

小狼入命(소랑입명) 명에 소랑살이 들었으니
水厄愼之(수액신지) 수액을 조심하여야 한다
早死怨鬼(조사원귀) 일찍 죽은 원귀가
家宅騷亂(가택소란) 집안을 소란케 하리라
男則喪妻(남즉상처) 남자는 상처하고
女則喪夫(여즉상부) 여자는 상부하리라
魚龍失水(어룡실수) 고기와 용이 물을 잃었으니
何日得水(하일득수) 어느 날 물을 얻으리

□ **파가**(破家)

東食西宿(동식서숙) 동에서 먹고 서에서 자니
一身奔走(일신분주) 한몸이 몹시 분주하다

盛業之中(성업지중) 일이 잘 되어 가더라도
意外挫折(의외좌절) 뜻밖에 좌절하게 되리라
信斧割足(신부할족) 믿는 도끼에 발을 찍혔으니
一朝散敗(일조산패) 순식간에 패하여 흩어지리라
古基不利(고기불리) 옛터는 이롭지를 못하니
移鄕爲吉(이향위길) 고향을 옮기면 길하리라

□ **삼형**(三刑)
柱臨三刑(주임삼형) 삼형살이 사주에 임하니
獄門難免(옥문난면) 옥문을 면하기가 어렵구나
官災隨身(관재수신) 관재가 몸에 따르니
口舌不絶(구설불절) 구설수가 그치지 아니하리라
因人被害(인인피해) 사람으로 인해 해를 입으니
身運不吉(신운불길) 운수가 참으로 불길 하도다
欲免此厄(욕면차액) 이 액을 면하려면
積善積德(적선적덕) 착한 일을 하여 덕을 쌓으라

□ **육합**(六合)
夫婦之間(부부지간) 부부 사이에
同樂百年(동락백년) 백년을 함께 즐기리라
速戰速敗(속전속패) 속히 이루어지고 속히 패하니
一喜一悲(일희일비) 한 번은 기쁘고 한 번은 슬프리라
平生所愼(평생소신) 평생 조심해야 할 것은
酒色之事(주색지사) 술과 여자다
欲免此厄(욕면차액) 이 액을 면하고자 하거든
孤兒救助(고아구조) 고아를 구조하는 사업을 하라

□ 대모(大耗)

萬里長程(만리장정) 만리의 먼 길이
去去泰山(거거태산) 길수록 태산이로다
勿信他人(물신타인) 남을 믿지 말 것이니
損者三友(손자삼우) 손해를 끼치는 벗이 셋이다
欲免此厄(욕면차액) 이 액을 면하려면
山川祈禱(산천기도) 산천에 기도하라
一人耕田(일인경전) 한 사람이 밭을 갈아
十人食之(십인식지) 열 사람을 먹이리라

□ 사관(四關)

柱入四關(주입사관) 사주에 사관살이 들었으니
孑孑之人(혈혈지인) 혈혈단신이로다
飛鳥入網(비조입망) 나는 새가 그물에 들었으니
安知生死(안지생사) 생사를 편히 알 수 있으리오
若非山緣(약비산연) 만약 산에 인연이 아니면
佛前獻功(불전헌공) 부처님께 공을 드려라
至誠如此(지성여차) 지성으로 이같이 하면
晚年一子(만년일자) 만년에 한 아들을 얻으리라

제3절 성질(性質)과 띠

자신의 성격이 어떤 지를 살피는 것이다. 자신이 무슨 띠와 인연을 맺고 나가면 좋은 지 헤아리는 것으로, 이것은 자신의 운명을 개척하는 데 아주 중요한 일이다.

성격의 좋고 나쁨과 타고난 성격을 살핌으로써 좋은 성격을

만들 수 있다. 아래의 표에서 자신의 띠를 찾아 해설을 보면 된
다.

子	丑	寅	卯	辰	巳	午	未	申	酉	戌	亥
子天貴	丑天厄	寅天權	卯天破	辰天奸	巳天文	午天福	未天驛	申天孤	酉天刃	戌天藝	亥天壽

□ 천귀성(天貴星)

表面溫厚(표면온후)　겉으로는 온후한 듯 하지만
自心未定(자심미정)　자기 마음을 정하지 못한다
內心含惡(내심함오)　속마음엔 오기가 있으니
使人難測(사인난측)　다른 사람이 헤아리기 어렵다
平生職業(평생직업)　평생의 직업은
官吏敎育(관리교육)　관리나 교육자가 좋다
與我因緣(여아인연)　나와 인연 있는 띠는
申丑巳生(신축사생)　원숭이와 소와 뱀띠다

□ 천액성(天厄星)

正直仁慈(정직인자)　정직하고 인자해서
他人受信(타인수신)　남에게서 신용을 얻으리라
忍耐心强(인내심강)　참을성이 강하나
活動力小(활인역소)　활동력은 적다
君之職業(군지직업)　적당한 직업으로는
工業土建(공업토건)　공업이나 토건업이다
與我因緣(여아인연)　나와 인연 있는 띠는

辰酉子生(진유자생) 용이나 닭·쥐띠다

□ 천권성(天權星)
性急如火(성급여화) 성질이 불같이 급하며
每事則決(매사즉결) 모든 일을 즉각 처리한다
能處事務(능처사무) 사무 처리를 잘 하므로
指導統率(지도통솔) 지도력과 통솔력이 있다
業則礦山(업즉광산) 직업으로는 광산업과
證券空船(증권공선) 증권업·비행기·선박업이 좋다
前生有緣(전생유연) 전생의 인연 있는 띠는
戊午亥生(무오해생) 개·말·돼지띠다

□ 천파성(天破星)
變屈亦甚(변굴역심) 변하고 굽히는 것이 심하다
安定難望(안정난망) 안정을 찾기는 어렵다
必之不欲(필지불욕) 반드시 하지 않을 일이라면
如石不動(여석부동) 돌같이 꼼짝 않는다
平生之業(평생지업) 평생의 직업은
敎育醫師(교육의사) 교육자나 의사가 좋다
與我因緣(여아인연) 나와 인연 있는 띠는
未戌亥生(미술해생) 양과 개와 돼지띠다

□ 천간성(天奸星)
氣質豁達(기질활달) 기질이 활달하니
決事無變(결사무변) 일을 결정하면 변함이 없다
努力特質(노력특질) 노력하는 특별한 성질이 있으며

固執多分(고집다분) 고집이 대단하다
官吏土建(관리토건) 관리와 토건업이 좋고
運搬貿易(운반무역) 운수와 무역업이 적당하다
與我因緣(여아인연) 나와 인연 있는 띠는
酉子申生(유자신생) 닭과 쥐와 원숭이 띠다

□ **천문성**(天文星)
博學多才(박학다재) 글도 잘하고 재주도 많으며
每事細密(매사세밀) 모든 일이 세밀한 편이다
靜溫沈默(정온침묵) 조용하여 침묵한 듯 싶지만
時發暴性(시발폭성) 때론 폭발성이 있다
業則作家(업즉작가) 직업으로는 작가와
詩人敎育(시인교육) 시인이나 교육자가 좋다
與我因緣(여아인연) 나와 인연 있는 띠는
申酉丑生(신유축생) 원숭이와 닭과 소띠다

□ **천복성**(天福星)
活力强盛(활력강성) 활동력이 강하고 성하니
寸時不停(촌시부정) 잠시도 정지하지 않는다
精力益强(정력익강) 정력이 더할 수 없이 강하여
金力亦旺(금력역왕) 돈을 모으는 데에도 왕성하다
銀行會社(은행회사) 은행원이나 회사원이 좋고
土建業可(토건업가) 토건업도 좋으리라
平生因緣(평생인연) 평생 인연 있는 띠는
未戌寅生(미술인생) 양과 개와 범 띠다

□ 천역성(天驛星)

性質溫厚(성질온후)	성질이 온후하고
高察明確(고찰명확)	관찰하여 살핌이 명확하다
快活親切(쾌활친절)	쾌활하고 친절하나
打算內包(타산내포)	타산적인 속셈이 있다
人情過多(인정과다)	인정이 너무 많아
法律著述(법률저술)	법률가나 저술가가 좋다
與我因緣(여아인연)	나와 인연 있는 띠는
亥卯午生(해묘오생)	돼지와 토끼와 말띠다

□ 천고성(天孤星)

忍耐不足(인내부족)	참을성이 부족하니
動止輕率(동지경솔)	행동이 경솔하다
每事豪言(매사호언)	매사에 큰소리만 치지만
龍頭蛇尾(용두사미)	시작은 있되 끝이 없다
平生之業(평생지업)	평생의 직업으로는
官職運動(관직운동)	관리나 운동가가 좋다
與我因緣(여아인연)	나와 인연 있는 띠는
子巳辰生(자사진생)	쥐와 뱀과 용 띠다

□ 천인성(天刃星)

華麗生活(화려생활)	화려한 생활을 즐기며
常厭人下(상염인하)	남의 아래 있기를 싫어한다
實行力彊(실행역강)	실행력이 강하고
忍耐亦彊(인내역강)	인내심 또한 강하다
聲樂俳優(성악배우)	성악가나 배우가 좋고

辯士宗教(변사종교)   변호사나 종교가도 좋다
亦有愛緣(역유애연)   인연 있는 띠는
丑巳辰生(축사진생)   소나 뱀·용띠다

□ 천예성(天藝星)
意志鐵石(의지철석)   의지가 철석 같으니
奮鬪努力(분투노력)   분투하는 노력가라 하겠다
固執剛毅(고집강의)   고집이 너무 굳세니
不和爭論(불화쟁론)   불화와 쟁론을 일으킨다
平生好職(평생호직)   평생의 좋은 직업은
法官警察(법관경찰)   법관이나 경찰이다
與我因緣(여아인연)   나와 인연 있는 띠는
卯寅午生(묘인오생)   토끼와 범·말띠다

제5장 인생총론(人生總論)

제1절 신상팔궁(身上八宮)

신상팔궁(身上八宮)은 두(頭)·수(手)·견(肩)·복(腹)·흉(胸)·음(陰)·이(耳)·족(足)의 여덟 가지다.

어느 곳이 길(吉하)고 어느 곳이 흉(凶한) 지를 살펴 장차의 액업을 방비하려는 것이다.

찾는 방법은 자신의 생월과 생시로 찾아보는 것으로 6월생 축시(丑時)면 족(足)이 된다.

生月 生時 宮	正月	二月	三月	四月	五月	六月	七月	八月	九月	十月	十一月	十二月
두(頭)	寅	寅	寅	申	申	申	巳	巳	巳	亥	亥	亥
손(手)	亥巳	亥巳	亥巳	巳亥	巳亥	巳亥	寅申	寅申	寅申	申寅	申寅	申寅
견(肩)	辰子	辰子	辰子	戌午	戌午	戌午	未卯	未卯	未卯	丑酉	丑酉	丑酉
복(腹)	戌	戌	戌	辰	辰	辰	丑	丑	丑	未	未	未
흉(胸)	午	午	午	子	子	子	酉	酉	酉	卯	卯	卯
음(陰)	申	申	申	寅	寅	寅	亥	亥	亥	巳	巳	巳
이(耳)	卯丑	卯丑	卯丑	酉未	酉未	酉未	午辰	午辰	午辰	子戌	子戌	子戌
족(足)	未酉	未酉	未酉	丑卯	丑卯	丑卯	戌子	戌子	戌子	辰午	辰午	辰午

□ 두(頭)

一生永無憂(일생영무우)　일생 동안 길게 근심이 없고
衣食自然來(의식자연래)　의식은 자연스럽게 오도다
爲人近富貴(위인근부귀)　사람됨이 부귀에 가까웁고
一生平平過(일생평평과)　일생을 평탄히 지나리라
聰明多財藝(총명다재예)　총명하고 재예가 많으니
君子必公候(군자필공후)　군자는 필히 공후가 되리라
賢淑更溫厚(현숙갱온후)　현숙하고 온후하니
世人以此名(세인이차명)　세상에 이름을 날리리라

□ 수(手)

初年平平過(초년평평과)　초년은 평탄하게 지내며
出入貴人間(출입귀인간)　귀한 집안에 출입하게 되리라
中分勞心力(중분노심력)　중년에 마음씀이 힘들 것이나
末分福有餘(말분복유여)　말년의 복은 남음이 있도다
財寶四方來(재보사방래)　재물이 사방에서 들어오니

家道自然興(가도자연흥)　가도가 스스로 흥하리라
琴瑟永長久(금슬영장구)　금슬이 길고 오래 가니
富貴到白頭(부귀도백두)　부귀를 오래 누리도다

□ 견(肩)
初年未好善(초년미호선)　초년에 좋지 않으니
衣祿隨時好(의록수시호)　의록이 때에 따라 좋다
子孫有吉慶(자손유길경)　자손에 길한 경사가 있으니
世稱有福人(세칭유복인)　세상에서 유복인이라 한다
中分雖有困(중분수유곤)　중년에 괴로움이 있으나
先困後有榮(선곤후유영)　먼저 곤하고 나중에 영화로우리라
詳觀此人命(상관차인명)　이 사람의 운명을 보면
平生長快樂(평생장쾌락)　평생을 쾌락하게 지내리라

□ 복(腹)
衣食自有餘(의식자유적)　의식이 남음이 있으니
一生平平過(일생평평과)　일생을 평탄하게 지내리라
祖業歸虛地(조업귀허지)　조업은 다 사라질 것이나
自手成家業(자수성가업)　자수성가하게 되리라
天性賢良人(천성현량인)　천성이 어진 사람이니
快樂享富貴(쾌락향부귀)　즐겁게 부귀를 누리리라
平生無勞祿(평생무로록)　평생 노력 없이 녹이 있으니
穿金常帶銀(천금상대은)　언제나 금을 꿴 은대로다

□ 흉(胸)
富貴兼備到(부귀겸비도)　부귀를 겸비하게 되니

子孫皆賢貴(자손개현귀) 자손이 다 어질고 귀하다
讀書登科第(독서등과제) 글을 읽어 과거에 오르니
妻妾主容貌(처첩주용모) 처첩의 용모를 내세운다
世事分己定(세사분기정) 세상일이 다 정해졌으니
莫作分外事(막작분외사) 분수 밖의 일을 하지 말라
莫入是非中(막입시비중) 시비 가운데 들지 말라
口舌長不利(구설장불리) 구설이 있고 불리하다

□ 음(陰)
初分雖有困(초분수유곤) 초년에 어려움이 있으나
中年衣食足(중년의식곡) 중년엔 의식이 족하리라
子孫皆榮達(자손개영달) 자손이 모두 영달하니
世稱有福人(세칭유복인) 흔히 복있는 사람이라 칭한다
夫婦百年和(부부백년화) 부부가 백년을 화목하고
五福無一欠(오복무일흠) 오복 중에 하나도 흠이 없도다
家成業自興(가성업자흥) 집을 이루고 업이 흥하니
家事樂太平(가사락태평) 가사가 즐겁고 태평하다

□ 이(耳)
作事無利益(작사무이익) 하늘 일이 이득이 없고
早年多勞困(조년다노곤) 일찍 노곤함이 많으리라
莫嘆初中苦(막탄초중고) 초년과 중년의 힘듬을 탄식 말라
不然身有病(불연신유병) 그렇지 않으면 몸에 병이 된다
福星照家中(복성조가중) 복된 별이 집안에 비치니
貴人多有助(귀인다유조) 귀인의 도움이 많으리라
脚手不停留(각수불정류) 다리와 손이 항상 바쁘니

一生難隨意(일생난수의)　일생에 어려움이 항상 따른다

□ 족(足)

不利居祖基(불리거조기)　조상의 터는 이롭지 않으니
離祖方成福(이조방성복)　떠나 살면 복을 이루리라
人生難百年(인생난백년)　인생 백년을 살기 어려운데
風霜何而多(풍상하이다)　풍상이 어찌하여 많은가
偶得好機會(우득호기회)　우연히 좋은 기회를 얻으면
自手成家業(자수성가업)　자수성가하게 되리라
丈夫不得力(장부부득력)　장부가 힘을 얻지 못하면
再醮命所宜(재초명소의)　다시 혼인을 생각해 보라

제2절 가택론(家宅論)

사람은 살아생전에는 좋은 집자리에서 살아야 한다. 그런 점에서 가택궁은 사주에 맞는 가택좌향을 골라야 한다. 자기의 생시에 의해 정해지므로 술시생(戌時生)이면 술천예(戌天藝)다.

생시(生時)	子 時	丑 時	寅 時	卯 時	辰 時	巳 時
궁명(宮名)	子天貴	丑天厄	寅天權	卯天破	辰天奸	巳天文
생시(生時)	午 時	未 時	申 時	酉 時	戌 時	亥 時
궁명(宮名)	午天福	未天驛	申天孤	酉天刃	戌天藝	亥天壽

□ 자천귀(子天貴)

妻淚落處(처루낙처)　아내의 눈물이 떨어지는 곳에
其勢不長(기세불장)　그 권세가 길지 아니 하도다

何事更妾(하사갱첩) 무슨 일로 다시 작첩 했느냐
自取其害(자취기해) 스스로 그 해를 취하리라
成敗累次(성패누차) 성패가 여러 번 있으니
一苦他鄕(일고타향) 한때는 타향에서 고생을 하리라
丙坐壬向(병좌임향) 병방향을 등진 임방의 좌향이
衣食自足(의식자족) 스스로의 의식은 족하도다

□ **축천액**(丑天厄)
身厄配厄(신액배액) 몸의 액이 액을 짝하니
初年不好(초년불호) 초년은 좋지 않으리라
風前燭影(풍전촉영) 바람 앞의 촛불 그림자요
浪裡危船(낭리위선) 물결 속의 위태로운 배로다
一生吉基(일생길기) 일생의 좋은 터는
丑坐未向(축좌미향) 축좌미향(서남향)이로다
身安心樂(신안심락) 몸 편안하고 마음 즐거우니
太平百年(태평백년) 태평하게 백년을 지내리라

□ **인천권**(寅天權)
兩人琴瑟(양인금슬) 양인의 금슬은
綠水鴛鴦(녹수원앙) 푸른 물에 원앙이로다
多事公平(다사공평) 많은 일을 공평하게 하니
爲人頭目(위인두목) 사람됨이 두목이라
早子難養(조자난양) 일찍 난 아들은 기르기 어려우니
積善則吉(적선즉길) 적선하면 길하리라
吉基何處(길기하처) 좋은 터는 어느 곳인가
丑坐未向(축좌미향) 축좌미향(서남향)이로다

□ **묘천파**(卯天破)

花落蝶去(화락접거) 꽃은 떨어지고 나비는 가니
中年致敗(중년치패) 중년에 패하리라
若非火災(약비화재) 만일 화재가 아니면
一驚河伯(일경하백) 한 번 물귀신에 놀래리라
巳亥家坐(사해가좌) 사해가좌(북향)의 집은
身世好安(신세호안) 신세가 좋고 편하리라
晝思夜算(주사야산) 낮에 생각하고 밤에 계산하니
心因富豪(심인부호) 마음은 부호가 되리라

□ **진천간**(辰天奸)

靑鳥再鳴(청조재명) 파랑새가 두 번 우니
琴瑟不長(금슬부장) 금슬이 길지 못하다
殺鬼害陽(살귀해양) 살귀가 양기를 해하니
家産一敗(가산일패) 가산이 한 번 패하리라
莫入是非(막입시비) 시비에 들지 마라
一聞口舌(일문구설) 한 번 구설을 들으리라
子午家坐(자오가좌) 자오가좌(남향)의 자리는
凶反爲福(흉반위복) 흉이 도리어 복이 되리라

□ **사천문**(巳天文)

一妻二妾(일처이첩) 일처 이첩은
人之常事(인지상사) 사람의 상사(범죄)로다
威雖無德(위수무덕) 위엄은 비록 덕이 없으나
人皆敬之(인개경지) 사람이 다 공경하도다
性急易解(성급역해) 성격이 급하나 쉽게 풀리며

內多人情(내다인정)　안으로 인정이 많도다
卯坐家基(묘좌가기)　묘좌(서향)의 집터는
自然發福(자연발복)　자연 운이 트여 복이 있다

□ 오천복(午天福)
生離死別(생리사별)　생이별이나 사별이니
三妻八子(삼처팔자)　세 아내에 자식이 여덟이라
偶然是非(우연시비)　우연한 시비수가 있으며
一苦他鄕(일고타향)　한때 타향에서 고생을 하리라
壬丙家坐(임병가좌)　임병가좌(남향)의 집은
財數大吉(재수대길)　재수가 대길하리라
出將入相(출장입상)　나가면 장군, 들면 재상이니
富貴兼全(부귀겸전)　부귀가 겸전하게 되리라

□ 미천역(未天驛)
執權用錢(집권용전)　권세를 잡고 돈을 잘 쓰니
亦是風霜(역시풍상)　역시 풍상이로다
祿在四方(녹재사방)　녹이 사방에 있으니
中後安吉(중후안길)　중년 이후 편하리라
辰戌之坐(진술지좌)　진술좌향(서북)은
大吉又旺(대길우왕)　대길하고 왕성하리라
福地生吉(복지생길)　복된 땅에 길함이 나니
五福日至(오복일지)　오복이 날로 이르리라

□ 신천고(申天孤)
玉顔三對(옥안삼대)　옥안을 세 번 대하니

其間一敗(기간일패) 그간에 한 번은 패하리라
莫入是非(막입시비) 시비에 들지 마라
橫厄口舌(횡액구설) 횡액과 구설이 있도다
白露窺魚(백로규어) 백로가 고기를 엿보니
中後亨通(중후형통) 중년 이후 형통하리라
辰戌家坐(진술가좌) 진술좌향(서북)의 집은
火厄可免(화액가면) 화액을 가히 면하리라

□ 유천인(酉天刃)
初年之數(초년지수) 초년의 운수는
害多利小(해다이소) 해는 많고 이득은 적으리라
厄鳥時鳴(액조시명) 액업을 가져오는 새가 때로 우니
早子不吉(조자불길) 일찍 난 아들은 길하지 못하리라
欲圖吉之(욕도길지) 좋은 터를 도모하려면
乾坐巽向(건좌손향) 건좌손향(동남)이로다
轉禍爲福(전화위복) 액화가 바뀌어 복이 되고
凶反變吉(흉반변길) 흉이 도리어 길하도다

□ 술천예(戌天藝)
百年限情(백년한정) 백년 한정은
左右琴瑟(좌우금슬) 좌우에 금슬이로다
手段成敗(수단성패) 수단으로 성패를 이루니
不羨金谷(불선금곡) 금곡을 부러워 아니 하도다
智慧有足(지혜유족) 지혜가 넉넉하니
能免死境(능면사경) 능히 사경을 면하리라
子午之坐(자오지좌) 자오(남북향)의 좌향은

百事自成(백사자성) 온갖 일이 스스로 이루어 지도다

□ **해천수**(亥天壽)

壽福在天(수복재천) 수복이 하늘에 있으니
用之不竭(용지불갈) 써서 다하지 아니 하도다
以孝養母(이효양모) 효도로써 어머니를 봉양하니
無後奉祀(무후봉사) 제사를 지내지 못하리라
卯酉家坐(묘유가좌) 묘유(동과 서)의 좌향은
家道自成(가도자성) 가도가 스스로 이루리라
欲享壽福(욕향수복) 수복을 누리고자 하면
先看坐向(선간좌향) 먼저 좌향을 보라

제3절 수궁론(壽宮論)

卦名 生時 生年	富庫	積庫	攀庫	虛庫	貴庫	正庫	暮庫	杳庫	滿庫	空庫	合庫	天庫
자(子)	巳	午	未	申	酉	戌	亥	子	丑	寅	卯	辰
축(丑)	寅	卯	辰	巳	午	未	申	酉	戌	亥	子	丑
인(寅)	亥	子	丑	寅	卯	辰	巳	午	未	申	酉	戌
묘(卯)	申	酉	戌	亥	子	丑	寅	卯	辰	巳	午	未
진(辰)	巳	午	未	申	酉	戌	亥	子	丑	寅	卯	辰
사(巳)	寅	卯	辰	巳	午	未	申	酉	戌	亥	子	丑
오(午)	亥	子	丑	寅	卯	辰	巳	午	未	申	酉	戌
미(未)	申	酉	戌	亥	子	丑	寅	卯	辰	巳	午	未
신(申)	巳	午	未	申	酉	戌	亥	子	丑	寅	卯	辰
유(酉)	寅	卯	辰	巳	午	未	申	酉	戌	亥	子	丑
술(戌)	亥	子	丑	寅	卯	辰	巳	午	未	申	酉	戌
해(亥)	申	酉	戌	亥	子	丑	寅	卯	辰	巳	午	未

『법구경(法句經)』에 있는 말이다.

<모든 생명은 채찍을 두려워한다. 모든 생명은 죽음을 무서워한다. 자기의 생명에 이것을 견주어 남을 죽이거나 죽이게 하지 말라.>

생명의 존귀성을 이르는 말이다. 이러한 인간의 수명(壽命)은 하늘이 정해 준다는 것으로 알고 있다. 수궁은 사주뿐만이 아니라 그 사람의 전반적인 운세를 살피는 것이다. 그러므로 찾아보는 법은 생년과 생시로 보는 것이니 무진년(戊辰年) 술시(戌時)면 정고(正庫)를 본다.

□ 부고(富庫)

衣食豊足(의식풍족)	의식이 풍족하니
芝蘭無香(지란무향)	영지와 난초가 향기가 없다
七星有功(칠성유공)	칠성에 공을 드리면
二子終孝(이자종효)	두 자식이 끝까지 효도하리라
長壽之命(장수지명)	오래 살 운명이니
兩井可期(양정가기)	가히 팔십을 기약 하도다
五日滯病(오일체병)	닷새를 체병에 걸렸다가
永別世上(영별세상)	영영 세상을 떠나리라

□ 적고(積庫)

絶用節食(절용절식)	먹고 쓰는 데 절약하니
不爲虛榮(불위허영)	결코 헛된 꿈을 갖지 않는다
一日幾何(일일기하)	얼마나 사는가 하면
希有加五(희유가오)	칠십 오세다
柱中酉丑(주중유축)	사주에 유축이 있으면

六十五年(육십오년)　육십 오세다
四五之中(사오지중)　네다섯 가운데
三技最長(삼기최장)　세 가지가 가장 길다

□ **반고**(攀庫)
初中困難(초중곤란)　초년과 중년은 어려우나
後分太平(후분태평)　후반은 태평하리라
其果如何(기과여하)　그 결과는 어떠한가
二子終孝(이자종효)　두 아들이 마지막까지 효도하리라
天壽幾何(천수기하)　하늘이 주신 수명은 얼마인가
六旬可七(육순가칠)　육십에 일곱을 더하리라
黃泉歸路(황천귀로)　황천에 돌아가는 길은
冷痰之病(냉담지병)　냉이나 담의 병이다

□ **허고**(虛庫)
因酒致敗(인주치패)　술로 인하여 치패수가 있으니
家勢窮塞(가세궁색)　집안이 곤궁하리라
終孝言之(종효언지)　마지막까지 효도하는 자식으로 말하면
二實吐香(이실토향)　두 열매가 향기를 토하도다
天壽何期(천수하기)　천명은 얼마나 되는가
聖壽除四(성수제사)　육십 구세다
得病七日(득병칠일)　병을 얻어 이레가 되는 날에
黃泉之客(황천지객)　저세상 사람이 될 것이다

□ **귀고**(貴庫)
早歲移鄕(조세이향)　어릴 때 고향을 떠나

自手成家(자수성가)　혼자 힘으로 성공하리라
二子之中(이자지중)　두 아들 중에서
一子終孝(일자종효)　한 아들이 마지막까지 효도하리라
人間百年(인간백년)　인간 백년에
可期七十(가기칠십)　가히 칠십을 기약하리라
得病五日(득병오일)　병을 얻은 지 닷새만인
冬陰之日(동음지일)　한겨울에 세상을 뜨리라

□ 정고(正庫)
不害他人(불해타인)　남을 결코 해치지 아니하고
固守本心(고수본심)　자기의 본심을 지키라
庭前寶樹(정전보수)　정원 앞의 보배로운 나무는
二枝長春(이지장춘)　두 가지가 긴 봄이로다
壽則幾何(수즉기하)　수는 얼마인가
六十七年(육십칠년)　육십 칠세로다
得病三日(득병삼일)　병을 얻어 사흘째 되는 날
永別此世(영별차세)　영원히 이 세상을 이별하리라

□ 모고(暮庫)
初中多難(초중다난)　초년과 중년은 어려움이 많으나
老來積財(노래적재)　늙어가면서 재산을 모으리라
佛前餘蔭(불전여음)　불전에 남은 음덕으로
二子終孝(이자종효)　두 아들이 끝까지 효도하리라
壽限幾何(수하기하)　수명은 얼마인가
聖壽除三(성수제삼)　칠십 년이로다
中風五日(중풍오일)　중풍에 걸려 닷새만에

歸天不期(귀천불기)   하늘로 돌아갈 것이다

□ 묘고(杳庫)

利害善分(이해선분)   이해 타산에 아주 밝아
毫釐不差(호리불차)   털끝 만큼도 차이가 없다
其壽如何(기수여하)   몇 년이나 살다 죽을 것인가
六旬加七(육순가칠)   육십에 일곱 해를 더하리라
其子六七(기자육칠)   아들이 예닐곱이니
五枝長春(오지장춘)   다섯 가지가 긴 봄이다
得病十日(득병십일)   병을 얻은 지 열흘만에
永眠不歸(영면불귀)   영원히 잠들어 오지 못하리라

□ 만고(滿庫)

祥雲暗照(상운암조)   상서로운 구름이 비치니
金玉滿堂(금옥만당)   금옥이 가득하리라
七星有功(칠성유공)   칠성에 공이 있으면
一子終身(일자종신)   한 아들이 종신하리라
天壽幾何(천수기하)   하늘이 주신 수명은 얼마인가
七十六年(칠십육년)   칠십 육세로다
三日得病(삼일득병)   병을 얻은 지 사흘 만에
永別人間(영별인간)   영원히 세상을 떠나리라

□ 공고(空庫)

雖多努力(수다노력)   비록 노력은 많이 하지만
虛送歲月(허송세월)   허송 세월만 보내도다
天命幾何(천명기하)   하늘에서 내린 수명은

八旬可期(팔순가기)　가히 팔십을 살게 되리라
三四之中(삼사지중)　삼사 형제 가운데
二技長春(이기장춘)　두 형제가 따르리라
多年火滯(다년화체)　여러 해 화체로 신음하다가
歸之九天(귀지구천)　황천길로 가게 되리라

□ **합고**(合庫)
家繁人和(가번인화)　집안이 번성하고 인화하면
一生安逸(일생안일)　일생을 편안하게 지내리라
壽宮如何(수궁여하)　몇 살이나 삶을 누리겠는가
七十七年(칠십칠년)　칠십 칠 년이로다
庭前寶樹(정전보수)　정원 앞의 보배로운 나무는
三技結實(삼기결실)　세 가지가 결실을 맺도다
冷疾風症(냉질풍증)　냉질이나 풍증으로
一月歸衆(일월귀중)　한달만에 황천길이라

□ **천고**(天庫)
諸事順成(제사순성)　모든 일을 순조롭게 이루니
平生自樂(평생자락)　평생을 스스로 즐겁게 살리라
獻誠佛前(헌성불전)　부처님께 헌성을 하면
二子終孝(이자종효)　두 아들이 끝까지 효도하리라
壽命幾何(수명기하)　수명은 얼마나 되겠는가
八十其年(팔십기년)　팔십이 그 해로다
老病呻吟(노병신음)　늙어 병으로 신음하다가
五日別世(오일별세)　닷새만에 별세하리라

제4절 극락세계 십대왕전(極樂世界十大王殿)

사람은 이 세상에 태어나 언젠가는 죽는다. 이렇게 되면 저승
의 대왕에게 불려가 이승에서 했던 선악에 따라 상벌을 받는다.
그러므로 이승에 살면서 자신이 어느 대왕 밑에 있는가를 살피
는 것도 간요하다.

大王名	第一殿大王 秦廣	第二殿大王 初江	第三殿大王 宋帝	第四殿大王 五官	第五殿大王 閻羅	第六殿大王 變成	第七殿大王 泰山	第八殿大王 平等	第九殿大王 都市	第十殿大王 轉輪
出生年 (六甲)	庚午 辛未 壬申 癸酉 甲戌 乙亥	戊子 己丑 庚寅 辛卯 壬辰 癸巳	壬午 癸未 甲申 乙酉 丙戌 丁亥	甲子 乙丑 丙寅 丁卯 戊辰 己巳	丙子 丁丑 戊寅 己卯 庚辰 辛巳	庚子 辛丑 壬寅 癸卯 甲辰 乙巳	甲午 乙未 丙申 丁酉 戊戌 己亥	丙午 丁未 戊申 己酉 庚戌 辛亥	壬子 癸丑 甲寅 乙卯 丙辰 丁巳	戊午 己未 庚申 辛酉 壬戌 癸亥

□ 제1전 진광대왕(第一殿 秦廣大王)
—도산지옥(刀山地獄)—

이 세상에서는 부모에게 불효하고 술과 여자를 밝혀 그 죄업
을 쌓았다. 그 죄를 물어 칼날을 산처럼 꽂아쌓은 곳에 가두고,
선한 일을 하였다면 극락세계로 보내 영화를 누리게 한다.

□ 제2전 초강대왕(第二殿 初江大王)
—확탕지옥(鑊湯地獄)—

도둑질을 하거나 살인을 하거나 부모에게 불효한 자는 펄펄
끓는 가마솥에 넣어 끓여죽이고 반대로 부부사이에 화목하고 친

구 간에 믿음이 있으면 극락으로 보낸다.

□ 제3전 송제대왕(第三殿 宋帝大王)
—한빙지옥(寒氷地獄)—

이 세상에서 가난한 사람들을 구제하고 좋은 일을 많이 한 자는 배고픈 이에게 밥을 주면 급식공덕이다. 목마른 자에게 물을 주면 급수공덕이다. 마땅히 극락으로 보낸다. 나쁜 일을 한 자는 얼음지옥으로 보낸다.

□ 제4전 오관대왕(第四殿 五官大王)
—검수지옥(劍樹地獄)—

덕을 심어놓으면 좋은 결실을 얻는 것이 바로 구제 사업이다. 원천공덕이나 문맹퇴치공덕을 하였으면 극락으로 보내 소원 성취시켜 줄 것이다. 칼을 꽂아놓은 지옥에 가두어 벌을 주리라.

□ 제5전 염라대왕(第五殿 閻羅大王)
—발설지옥(拔舌地獄)—

살인을 하고 다른 사람의 재물을 약탈하고 유부녀를 간음하고 인간적으로 악하다면 혀를 뽑아버린다. 반면에 정직한 마음으로 착하게 생애를 마쳤으면 영화대로 가게 되리라.

□ 제6전 변성대왕(第六殿 變成大王)
—독사지옥(毒蛇地獄)—

이 세상에서 사기와 협잡을 일삼고 술과 여자를 밝힌다. 이렇듯 적악한 사람은 옷을 벗겨 독사지옥에 던져 고통을 준다. 또한 어려운 사람을 돕고 활인 공덕을 했으면 극락으로 보낸다.

□ 제7전 태산대왕(第七殿 泰山大王)

—좌마지옥(挫磨地獄)—

부모에게 불효하고 사람들에게 시비와 송사를 일삼으면 맷돌에 갈아 죽인다. 부모에 효도하고 선심 공덕을 하였으면 신선이 되어 상을 후히 받는다.

□ 제8전 평등대왕(第八殿 平等大王)

—추해지옥(錐解地獄)—

남을 이간질하거나 사이를 벌어지게 하거나 궁지로 몰아넣거나, 공갈을 많이 했거나 불의한 일을 저질렀다면 송곳으로 찔러 무수한 고초를 겪게 할 것이다. 그러나 남을 도와준 사람은 극락세계로 간다.

□ 제9전 도시대왕(第九殿 都市大王)

—철상지옥(鐵床地獄)—

세상에서 남을 돈을 떼어먹거나 음해하고 살생을 하고 악독한 마음으로 남에게 모진 일을 하였으면 도시 대왕께서 쇠로 만든 지옥에 가두어 둘 것이다. 그러나 양심을 속이지 아니하고 정직하게 살며 은덕이 있으면 신선이 된다.

□ 제10전 전륜대왕(第十殿 轉輪大王)

—흑암지옥(黑暗地獄)—

다른 사람이 잘 사는 것을 시기하거나 친척과 화목하지 못하고 부모를 학대하는 자와 악한 일에 종사를 했으면 캄캄한 지옥에 집어넣어 영원히 헤어나지 못하게 한다. 그러나 은혜를 널리 베풀고 착한 일을 하면 극락으로 보내 오복을 누리게 한다.

제2부 궁합(宮合)

궁합은 남녀가 혼인을 하는 데 있어 서로가 결합하면 운명적으로 좋은 지 또는 나쁜 지를 헤아리는 것이다. 남녀가 좋은 배우자를 만나면 평생을 화락(和樂)하지만 잘못 만나면 평생을 비극과 불안 속에 보내게 된다.

제1장 단식궁합법(單式宮合法)

제1절 간지(干支)에 대하여

간지는 십간(十干)과 십이지(十二支)로 나뉜다. 간(干)은 양이며 지(支)는 음에 속한다. 그러므로 간은 하늘[天]이며, 지는 땅[地]에 속한다.

십간은 갑(甲)·을(乙)·병(丙)·정(丁)·무(戊)·기(己)·경(庚)·신(辛)·임(壬)·계(癸)이다. 그리고 십이지는 자(子)·축(丑)·인(寅)·묘(卯)·진(辰)·사(巳)·오(午)·미(未)·신(申)

· 유(酉) · 술(戌) · 해(亥)이다.

간지를 시간으로 따지는 법으로 일지(一支)는 2시간이며 초
(初)와 정(正)은 1시간이다. 지에는 각(刻)이 있는데 일각(一刻)
은 15분이며 각 아래의 분은 지금과 같은 분과 같은 의미다. 시
각표는 다음과 같다.

자시초(子時初)—오후 11시부터 오전 0시까지
자시정(子時正)—오전 0시에서 1시까지
축시초(丑時初)—오전 1시에서 2시까지
축시정(丑時正)—오전 2시에서 3시까지
인시초(寅時初)—오전 3시에서 4시까지
인시정(寅時正)—오전 4시에서 5시까지
묘시초(卯時初)—오전 5시에서 6시까지
묘시정(卯時正)—오전 6시에서 7시까지
진시초(辰時初)—오전 7시에서 8시까지
진시정(辰時正)—오전 8시까지 9시까지
사시초(巳時初)—오전 9시에서 10시까지
사시정(巳時正)—오전 10시에서 11시까지
오시초(午時初)—오전 11시에서 오후 0시까지
오시정(午時正)—오후 0시에서 1시까지
미시초(未時初)—오후 1시에서 2시까지
미시정(未時正)—오후 2시에서 3시까지
신시초(申時初)—오후 3시에서 4시까지
신시정(申時正)—오후 4시에서 5시까지
유시초(酉時初)—오후 5시에서 6시까지
유시정(酉時正)—오후 6시에서 7시까지
술시초(戌時初)—오후 7시에서 8시까지

술시정(戌時正)—오후 8시에서 9시까지
해시초(亥時初)—오후 9시에서 10시까지
해시정(亥時正)—오후 10시에서 11까지

여기에서 간지법은 만세력(萬歲曆)이나 책력(冊曆)에서 자신이 태어난 해를 찾으면 되지만, 반드시 만(滿)으로 계산을 해야 한다. 중요한 점을 간추리면 다음과 같다.
첫째, 그 해의 천간과 지지를 알아야 한다.
둘째, 생일달에서 그 달의 천간지지를 알아야 한다.
셋째, 생일날의 천간지지를 알아야 한다.
넷째, 생년월일의 천간지지를 알아야 한다.
※예를 들어 1952년 6월 26일 오후 8시생의 예를 들어보자.
먼저 만세력을 보면 1952년은 임진년(壬辰年)이고 6월은 정미(丁未)이고, 일진은 갑오(甲午)이다. 또한 오후 8시에 태어났다면 술시(戌時)다.
그러므로 이 사람은 임진년(壬辰年) 정미월(丁未月) 갑오일(甲午日) 술시(戌時)가 해당된다. 여기에서 연궁은 초년이고 월궁은 청년이며 일궁은 장년이고 시궁은 노년이나 말년이다. 궁합은 이러한 네 궁이 모두 맞으면 좋다.
궁합은 이처럼 계산하여 육십갑자 병납음표(六十甲子並納音表)를 찾으면 된다.

제2절 납음(納音)으로 보기

一. 육십갑자병납음(六十甲子並納音)

납음이란 자신의 생년 육갑에서 나오는 오행(五行)으로써 상생(相生)이 되는 것을 맞추어 보는 것이다.

간 지	오 행	간 지	오 행	간 지	오 행
甲子乙丑	海 中 金	丙寅丁卯	爐 中 火	戊辰己巳	大 林 木
庚午辛未	路 傍 土	壬申癸酉	劍 鋒 金	甲戌乙亥	山 頭 火
丙子丁丑	澗 下 水	戊寅己卯	城 頭 土	庚辰辛巳	白 臘 金
壬午癸未	楊 柳 木	甲申乙酉	泉 中 水	丙戌丁亥	屋 上 土
戊子己丑	霹 靂 火	庚寅辛卯	松 柏 木	壬辰癸巳	金 箔 金
甲午乙未	沙 中 金	丙申丁酉	山 下 火	戊戌己亥	平 地 木
庚子辛丑	壁 上 土	壬寅癸卯	長 流 水	甲辰乙巳	覆 燈 火
丙午丁未	天 下 水	戊申己酉	大 驛 土	庚戌辛亥	釵 釧 金
壬子癸丑	桑 梧 木	甲寅乙卯	大 溪 水	丙辰丁巳	沙 中 土
戊午己未	天 上 火	庚申辛酉	石 榴 木	壬戌癸亥	大 海 水

오행에는 상생과 상극(相剋)이 있다. 여기에서 상생이라 함은 금생수(金生水;금은 물을 생하고)·수생목(水生木;물은 나무를 생하고)·목생화(木生火;나무는 불을 생하고)·화생토(火生土;불은 흙을 생하고)·토생금(土生金;흙은 금을 생한다)을 뜻한다.

또한 상극이라함은 금극토(金剋土;금은 나무를 극하고)·목극토(木剋土;나무는 흙을 극하고)·토극수(土剋水;흙은 물을 극하고)·수극화(水剋火;물은 불을 극하고)·화극금(火剋金;불은 금을 극한다)이다.

상생은 부부간에 화락하지만 상극인 경우에는 부부간에 불화를 가져오고 이별하는 등의 불상사가 생겨난다.

납음오행으로 궁합을 보는 법은, 당사자의 생년 육갑의 아래에 있는 오행에 맞추어 해당되는 부분의 해설을 본다. 예를 들어 임진년에 출생한 남자와 병신년에 출생한 여자의 궁합은 다음과

같이 볼 수 있다. 임진년의 납음오행은 금박금(金箔金)이고 병신
년은 산하화(山下火)다. 이들의 궁합은 '금화(金火) 또는 화금(火
金)'이다.

이처럼 남녀를 맞추어 보는 데 남자는 먼저, 여자를 나중에 하
여 상생과 상극을 살핀다. 상생이 되면 궁합은 좋은 것이고, 상극
이 되면 나쁘다. 여기에서 한 걸음 더 나아가 천간상극(天干相
剋)을 보면, 무기(戊己)는 토(土)로 수(水)인 임계(壬癸)와 상극이
다. 임계는 수로 화(火)인 병정(丙丁)과 상극이고, 병정은 화(火)
로 금인 경신(庚申)과 상극이다.

二. 궁합의 상생과 상극

(1) 사중금(沙中金)과 차천금(釵釧金)은 너무나 강한 금이므로
불(火)을 만나야 성취할 수 있다.
(2) 벽력화(霹靂火)와 천상화(天上火)·산하화(山下火)는 물을
만나야 복록과 영화가 있다.
(3) 평지목(平地木)은 금(金)이 있어야 성취한다.
(4) 천하수(天下水)와 대해수(大海水)는 흙(土)을 만나야 자연
스럽게 형통한다.
(5) 노방토(路傍土)와 대역토(大驛土)·사중토(沙中土)는 나무
(木)를 만나지 않으면 평생을 그르치게 된다.

三. 남녀의 궁합 길흉표

이 표는 남자와 여자의 만남이 좋은 것이지 아니면 나쁜 지를
조속히 알아보는 방법이다. 좋은 것은 ○표 나쁜 것은 ×표 그리

고 △는 나쁘긴 하지만 상극은 아니라는 뜻이다.

男金女金	×	男木女金	×	男水女金	○	男火女金	×	男土女金	○
男金女木	×	男木女木	×	男水女木	△	男火女木	○	男土女木	×
男金女水	○	男木女水	○	男水女水	○	男火女水	×	男土女水	×
男金女火	△	男木女火	○	男水女火	○	男火女火	×	男土女火	○
男金女土	○	男木女土	○	男水女土	○	男火女土	○	男土女火	○

위의 표에 나오는 궁합을 풀이하면 다음과 같다.

(1)갑년생(甲年生)

남자는 무(戊)·기(己)년생의 여자가 좋다. 여자는 경(庚)·신
(辛)년생의 남자가 좋다. 남녀 모두 갑병(甲丙)·계년(癸年)생이
면 아주 좋다. 정임(丁壬)·을년(乙年)생과는 평생 불행하다.

(2)을년생(乙年生)

남자는 무(戊)·기(己)생의 여자가 좋다. 여자는 경(庚)·신년
(辛年)생의 남자가 좋다. 남녀 모두 을(乙)·정(丁)·임년(壬年)
생과는 평생 불행하다.

(3)병년생(丙年生)

남자는 경(庚)·신년(辛年)생의 여자가 좋다. 여자는 임(壬)·
계년(癸年)생의 남자가 좋다. 남녀 모두 병(丙)·을년(乙年)생과
매우 좋고 기(己)·갑년(甲年)생과는 나쁘다.

(4)정년생(丁年生)

남자는 경(庚)·신년(辛年)생의 여자가 좋고 여자는 계년생(癸
年生)의 남자가 좋다. 남녀 모두 기(己)·정년(丁年)생과는 크게
좋고 무(戊)·을(乙)·병년(丙年)생과는 나쁘다.

(5)무년생(戊年生)

남자는 임(壬)·계년(癸年)생의 여자가 좋다. 여자는 갑(甲)·

을년(乙年)생의 남자가 좋다. 남녀 모두 경(庚)·정년(丁年)생이면 좋고 신(辛)·병(丙)·기년(己年) 생과는 나쁘다.

(6)기년생(己年生)

남자는 임(壬)·계년(癸年)생의 여자가 좋다. 여자는 갑(甲)·을년(乙年)생의 남자가 좋다. 남녀 모두 기(己)·신(辛)·병년(丙年)생이 좋고, 경(庚)·정(丁)·무년(戊年)생과는 나쁘다.

(7)경년생(庚年生)

남자는 갑(甲)·을년(乙年)생의 여자가 좋다. 여자는 병(丙)·정년(丁年)생의 남자가 좋다. 남녀 모두 경(庚)·임(壬)·기년(己年)생과는 좋고, 계(癸)·신(辛)·무년(戊年)생과는 매우 나쁘다.

(8)신년생(辛年生)

남자는 갑(甲)·을년(乙年)생의 여자가 좋다. 여자는 병(丙)·정년(丁年)생의 남자가 좋다. 남녀 모두 신(辛)·무(戊)·계년(癸年)생과는 좋고, 임(壬)·기(己)·경년(庚年)생과는 나쁘다.

(9)임년생(壬年生)

남자는 병(丙)·정년(丁年)생의 여자가 좋다. 여자는 무(戊)·기년(己年)생의 남자가 좋다. 남녀 모두 신(辛)·임(壬)·갑년(甲年)생이면 좋고, 경(庚)·계년(癸年)생과는 나쁘다.

(10)계년생(癸年生)

남자는 병(丙)·정년(丁年)생의 여자가 좋다. 여자는 무(戊)·기년(己年)생의 남자가 좋다. 남녀 모두 계(癸)·을(乙)·경년(庚年)생이면 좋고, 갑(甲)·신(辛)·임년(壬年)생과는 나쁘다.

四. 남녀 궁합 해설

☐ **남금여금**(男金女金)

―용변화어(龍變化魚;용이 고기로 변한 격)―

부부가 오래도록 해로하여 장수할 것이다. 많은 자손을 두어 집안은 크게 번창한다. 그러나 남녀가 함께 거하니 불길하다. 평생을 무익하게 지내고 우마와 재물이 자연이 없어지고 관재수와 재앙이 많이 생긴다.

□ **남금여목**(男金女木)
―유어실수(游魚失水;고기가 물을 잃은 격)―

관재와 재난이 있다. 집안이 화목하지 못할 것이니 우마와 재물이 사라지고 부부가 이별을 할 수이거나 독수공방할 것이다. 모든 일에 구설이 분분하고 괴망할 것이니 과마와 재눌이 많아지지를 못하리라.

□ **남금여수**(男金女水)
―사마득타(駟馬得駄;사마가 짐을 얻는 격)―

기쁜 일이 날로 더해 간다. 부부 사이는 화목하고 집안이 넉넉하다. 무릇 초목이 겨울을 지난 것으로 자손이 만당에 가득하고 부귀와 복록이 가득하다. 자나깨나 잊혀지지 않는 것이 처음의 만남과 같다.

□ **남금여화**(男金女火)
―척마중타(瘠馬重駄;비루한 말이 짐을 실은 격)―

금과 쇠붙이가 불을 만나면 자연 녹아 없어진다. 부부 사이는 물 속에 불이 들어간 것과 같다. 백년을 근심할 것이며 재산을 태산같이 두었으나 자연 패가할 것이오, 이별할 수가 있다. 자손을 두었어도 기르기가 어렵다.

□ **남금여토**(男金女土)
―산득토목(山得土木;산이 토목을 얻은 격)―
옥과 구슬로 지은 집에서 부부가 서로 화락하여 지낸다. 집안은 번창하고 자손은 번성한다. 부귀공명할 것이며, 재물은 많고 명예는 세상에 진동하니 평생 근심이 없을 것이다.

□ **남목여금**(男木女金)
―와우부초(臥牛負草;누운 소가 풀을 진 격)―
부부간에 오랫동안 동거하지 못할 것이다. 인생에 빈티를 면할 것이며, 자손에게는 근심이 있다. 재화는 연발할 것이니, 아침마다 울음소리가 그치지를 않고 이별을 하여 타향에서 죽는 것을 보리라.

□ **남목여목**(男木女木)
―주실계견(主失鷄犬;닭과 개를 잃은 격)―
평생에 길흉이 상반한다. 부부가 화락 하면 생남과 생녀를 할 것이다. 재산이 넉넉하지는 못하지만 일생을 편안하게 지낼 것이다. 먼저는 부하고 귀하지만 말년에는 가난하고 병들어 죽게 되리라.

□ **남목여수**(男木女水)
―조변성응(鳥變成鷹;새가 매로 변하는 격)―
물과 나무가 서로 만나니 명과 복이 창성한다. 영화와 부귀의 기쁨이 끝이 없다. 부부 사이의 금슬이 지극하고 자손은 효성스럽다. 복록이 넘치듯 가득할 것이며, 수명은 장수하고 이름을 떨친다.

□ **남목여화**(男木女火)
—삼하봉선(三夏逢扇;여름에 부채를 만나 격)—
　부부가 평생을 같이 장수한다. 부귀와 복록은 창성할 것이며
자손은 만당에 가득할 것이다. 평생을 금옥으로 치장할 것이니
부러울 것이 없으며 복은 오고 재앙은 사라지리라.

□ **남목여토**(男木女土)
—인다재의(人多裁衣;사람이 많으니 지을 옷이 많은 격)—
　부부 사이의 금슬이 서로 합해지지 않는다. 친척과는 화목치
못할 것이며 자손이 불효하고 패가 망신하기 쉽다. 몸에 병은 있
으나 앓지는 않으며 예로부터 내려오는 식록(食祿)으로 평생을
지낸다.

□ **남수여금**(男水女金)
—삼객봉제(三客逢第;삼객이 동생을 만나는 격)—
　서로 화합하여 부귀할 것이다. 자손은 창성하고 생애는 점점
귀해 지리라. 친척간에는 서로 화목하고 전답은 많아지리라. 창
고에는 금은 보화가 가득하리라.

□ **남수여목**(男水女木)
—교변위룡(鮫變爲龍;상어가 변하여 용이 된 격)—
　자손이 창성하는 것이 나무 가지와 같다. 서로 자라서 무성하
니 그늘이 지고 부귀와 장수를 보장한다. 재산이 흥왕 하여 영화
가 무궁하다. 공명이 겸비하여 평생 기쁜 일 뿐이다.

□ **남수여수**(男水女水)

—병마봉침(病馬逢針;병든 말이 침을 만나는 격)—
기쁜 일이 많고 지위는 더욱 높아진다. 세상의 재물이 끝이 없다. 부부 간에 금슬이 좋고 일가가 화락하고 순조롭다. 자손이 창성하고 평생이 안락하다.

□ **남수여화**(男水女火)
—화락봉서(花落逢暑;꽃이 떨어져 더위를 만난 격)—
부부간에 불순하고 자손이 불효한다. 일가친척은 화목치를 못하고 자연 재액이 이르러 패가하리라. 부부가 항상 귀신같이 여기며 서로 싸우니, 명이 짧아진다.

□ **남수여토**(男水女土)
—만물봉상(萬物逢霜;만물이 서리를 만나는 격)—
물과 흙은 상극이다. 그러므로 재액이 많다. 부부가 같이 살아도 상서롭지가 못하다. 자손은 불효하고 일가친척은 화목치를 못하다. 살림은 자연 패하므로 재물은 없고 남편의 상고를 당할 액이다.

□ **남화여금**(男火女金)
—용실명주(龍失明珠;용이 구슬을 잃은 격)—
화극금이니 불 가운데 눈 같이 사라지고 믿을 것이 없다. 불 속에 금이 있으니 자연 녹아서 없어지듯 부부가 서로 응할 줄을 알면서도 화합치를 못한다. 재앙이 끊어지지를 않고 재물은 사방으로 흩어진다.

□ **남화여목**(男火女木)

—조변성학(鳥變成鶴;새가 변하여 학이 되는 격)—

모든 일이 크게 길하고 부부가 화합한다. 자손이 효성하고 사
방에 이름이 날리어 재물은 석숭에 비견되고 벼슬은 더욱 높아
진다. 온 나라의 부귀와 영화를 모두 차지하니 위 아래가 길이길
이 화목한다.

□ 남화여수(男火女水)

—노각도교(老脚渡橋;늙은이가 다리를 만나는 격)—

물과 불이 서로 만나니 조화를 못한다. 한방에 같이 있기는 하
나 서로 화합하지를 못한다. 혹시 재물과 곡식을 얻어 속히 흩어
지며 가계가 기울어지고 즐거움이 없으며 만사가 크게 흉하여
상처할 격이다.

□ 남화여화(男火女火)

—용변위어(龍變爲魚;용이 변해 물고기가 되는 격)—

불이 서로 만나니 편안하지 못하다. 아침마다 싸우니 어려운
재난이 많다. 재물은 흩어지고 불화 하여 화평이 없고 재물은 흩
어진다.

□ 남화여토(男火女土)

—인변성선(人變成仙;사람이 신선으로 변하는 격)—

재물은 풍족하고 자손은 창성하다. 일생 근심이 없고 부귀 복
록이 이르며 그 명이 길고 도처에 이름을 떨친다. 정기를 휘날리
니 그 영화가 거듭하며 높은 자리에 앉으며 자리가 강해진다.

□ 남토여금(男土女金)

―조변성응(鳥變成鷹;새가 변하여 매가 된 격)―

부부가 해로하여 자손은 창성한다. 부귀 공명이 겸존하여 재물이 많고 근심이 없다. 밤낮으로 기쁜 일이 있으니 이로 인하여 지위가 오르고 벼슬에 나아가 녹을 많이 받으리라.

□ 남토여목(男土女木)
―고목봉추(枯木逢秋;고목나무가 가을을 만난 격)―

흙과 나무는 원래부터 재화를 부른다. 부부가 서로 불화하고 관재수가 있다. 구설이 빈번하니 겉은 비록 부유하나 안으로는 가난할 것이다. 백년을 근심으로 지낼 것이며, 죽지 아니하면 생이별하고 고역이 많다.

□ 남토여수(男土女水)
―음주비가(飮酒悲歌;술 마시고 슬픈 노래를 부르는 격)―

흙과 물이 같이 하면 괴로움이 많다. 관재와 구설이 끊어지지 않는다. 자손이 있다 해도 흩어져 외롭다. 부부지간에 생이별하고 가산도 탕진한다.

□ 남토여화(男土女火)
―어변성룡(魚變成龍;고기가 변하여 용이 되는 격)―

부부간의 금슬이 중하다. 부귀와 공명이 곳곳마다 성하다. 효자와 효부를 두어 즐거움을 누리고 장수할 것이며 해마다 경사가 거듭된다. 전답은 즐비하리라.

□ 남토여토(男土女土)
―개화만지(開花滿枝;가지마다 꽃이 핀 격)―

자손은 창성하고 효도를 잘 하며 무병 장수할 것이다. 부귀할 것이다. 좋은 옷에 기름진 음식을 먹고 영화를 누릴 것이며 해마다 경사롭고 이롭다. 녹봉이 두터워 지리라.

제3절 고과살(孤寡殺)

고과살은 두 사람의 생년을 대조하여 보는 것인데, 살(殺)에 걸리면 부부가 생사 이별할 수가 있다. 그러므로 고독하고 과부가 되니 '고과살'이라 한다.

(1)해자축생 인고술과살(亥子丑生寅孤戌寡殺)

돼지·쥐·소띠의 사람은 범띠와 만나면 고녹살이 되고 개띠를 만나면 과부살이 된다.

(2)인묘진생 사고축과살(寅卯辰生巳孤丑寡殺)

범·토끼·용띠는 뱀띠와 만나면 고독살이 되고 소띠를 만나면 과부살이 된다.

(3)사오미생 신고진과살(巳午未生申孤辰寡殺)

뱀·말·양띠는 원숭이띠를 만나면 고독살이 되고 용띠를 만나면 과부살이 된다.

(4)신유술생 해고미과살(申酉戌生亥孤未寡殺)

원숭이·닭·개띠의 사람이 돼지띠를 만나면 고독살이 되고 양띠를 만나면 과부살이 된다.

※그런가하면 하늘이 낸 과부살(寡婦殺)이 있으며 땅이 낸 과부살이 있다. 어느 달을 말할 것이 없이 토끼날(卯日)에 출생을 하거나 닭날(酉日)에 출생하면 살에 걸린다. 그러므로 이 날에 출생한 사람은 과부가 된다는 것이다(每日卯日天寡殺 每月酉月地寡殺).

제2장 혼삼재와 불혼살

제1절 혼삼재(婚三災)

혼삼재는 서로 상충되는 띠끼리 만나면 생사이별을 하게 된다. 가산에는 패수(敗數)가 있으며 병액으로 고통을 받고 모든 일이 중도에서 좌절을 겪게 된다.

(1)인오술(寅午戌)년생은 자축인(子丑寅)년생을 기(忌)한다. 여기에서 '기'한다는 것은 '꺼리거나' '미워하는 것'을 의미한다. 즉 범·말·개띠 해에 태어난 사람은 쥐·소·범띠를 만나면 삼재가 된다.

(2)해묘미(亥卯未)년생은 유술해(酉戌亥)년생을 기한다. 즉 돼지·토끼·양띠로 태어난 사람으로서 닭·개·돼지띠를 만나면 삼재가 된다.

(3)사유축(巳酉丑)년생은 묘진사(卯辰巳)년생을 기한다. 즉 뱀·닭·소띠로 태어난 사람은 토끼·용·뱀띠를 만나면 삼재가 된다.

(4)신자진(申子辰)년생은 오미신(午未申)년생을 기한다. 즉 원숭이·쥐·용띠로 태어난 사람으로서 말·양·원숭이띠를 만나면 삼재가 된다.

제2절 불혼살(不婚殺)

남 여	子	丑	寅	卯	辰	巳	午	未	申	酉	戌	亥
子(쥐)								×				
丑(소)						×						
寅(범)									×			
卯(토끼)								×				
辰(용)												×
巳(뱀)											×	
午(말)		×										
未(양)	×											
申(원숭이)				×								
酉(닭)			×									
戌(개)						×						
亥(돼지)					×							

※흔히 위의 표는 원진살이라고 한다.

一. 원진살격(元嗔殺格)

(1) 쥐와 양(子未)

쥐는 양의 머리에 뿔이 달린 것을 싫어한다.

(2) 소와 말(丑午)

소는 말이 밭을 갈지 않고 놀고 먹는 것을 언제나 불만으로 생각한다.

(3) 호랑이와 닭(寅酉)

호랑이는 닭의 주둥이가 짧고 뽀족한 것을 미워한다.

(4) 토끼와 원숭이(卯申)

토끼는 원숭이를 싫어한다. 토끼의 귀여움을 원숭이가 빼앗는 것으로 생각하기 때문이다.

(5) 용과 돼지(辰亥)

용은 돼지 머리와 면상이 검다고 싫어한다.
(6) 뱀과 개(巳戌)
뱀은 개가 짖는 소리를 싫어한다.

二. 남녀결혼시기(男女結婚時期)

\<남자\>

불길한 해의 띠	未	申	酉	戌	亥	子	丑	寅	卯	辰	巳	午
출생자의 띠	子	丑	寅	卯	辰	巳	午	未	申	酉	戌	亥

\<여자\>

불길한 해의 띠	卯	寅	丑	子	亥	戌	酉	申	未	午	巳	辰
출생자의 띠	子	丑	寅	卯	辰	巳	午	未	申	酉	戌	亥

三. 혼인하면 좋은 나이(여자 기준)

구분 띠별	좋은 나이	보통 나이	나쁜 나이
쥐, 말, 닭, 토끼	20, 23, 26, 29	18, 21, 24, 27, 30	19, 22, 25, 28, 31
호랑이, 원숭이, 돼지, 뱀	19, 22, 25, 28, 31	20, 23, 26, 29, 32	21, 24, 27, 30, 33
용, 개, 소, 양	18, 21, 24, 27 30	19, 22, 25, 28, 31	20, 23, 26, 29, 32

四. 결혼달을 고르는 법(여자 기준)

월 구분 \ 띠	子 · 午	丑 · 未	寅 · 申	卯 · 酉	辰 · 戌	巳 · 亥
아주 좋은 달	6, 12	5, 11	2, 8	1, 7	4, 10	3, 9
평범한 달	1, 7	4, 10	3, 9	6, 12	5, 11	2, 8
시부모가 없을 때	2, 8	3, 9	4, 10	5, 11	6, 12	1, 7
여자의 부모기 없을 때	3, 9	2, 8	5, 11	4, 10	1, 7	6, 12
남자에게 좋지 않은 달	4, 10	1, 7	6, 12	3, 9	2, 8	5, 11
여자에게 은 달	5, 11	6, 12	1, 7	2, 8	3, 9	4, 10

제3부 택일법(擇日法)

제1장 백기일(百忌日)

택일(擇日)이란 좋은 날을 선택한다는 뜻이다. 여기에는 금기일이 있으므로 일상생활에서 피하지 않으면 안 된다. 이른바 백기일이다. 이 날은 무슨 일을 하든지 좋지 않다는 날이다. 이 날을 보는 법은 그 날의 일진(日辰)의 천간육갑(天干六甲)에 해당하는 간(干)의 뜻을 알아야 한다.

(1) 갑불개창(甲不開倉)

어떤 날이든 일진이 갑일(甲日)이면 창고에 물건을 출납시키거나 개업하지 말라.

(2) 을불재식(乙不栽植)

일진이 을일(乙日)이면 화초나 초목, 또는 어떤 파종도 하지 말라.

(3) 병불수조(丙不修竈)

일진이 병일(丙日)이면 부뚜막이나 구들을 고치거나 집 짓는 일을 하지 말라.

(4) 정불삭발(丁不削髮)

일진이 정일(丁日)이면 이발을 하지 말라.

(5) 무불수전(戊不受田)

일진이 무일(戊日)이면 전답을 매매하지 말라.

(6) 기불파권(己不破券)

일진이 기일(己日)이면 책이나 문서를 찢거나 버리지 말라.

(7) 경불경락(庚不經絡)

일진이 경일(庚日)이면 병원에서 수술하거나 침을 맞지 말라.

(8) 신불합장(辛不合醬)

일진이 신일(辛日)이면 간장을 담그지 말라.

(9) 임불결수(壬不決水)

일진이 임일(壬日)이면 물을 모으지 말라.

(10) 계불송사(癸不訟事)

일진이 계일(癸日)이면 고소 또는 송사를 하지 말라.

※이상은 일진천간(日辰天干)이며 다음이 일진지지(日辰地支)이다. 해당되는 지지에는 모든 일을 하지 말라는 뜻이다.

(1) 자불문복(子不問卜)

일진이 자일(子日)이면 점을 치지 말라.

(2) 축불관대(丑不冠帶)

일진이 축일(丑日)이면 관대를 매지 말라.

(3) 인불제사(寅不祭祀)

일진이 인일(寅日)이면 푸닥거리를 비롯하여 불공 등의 일을 하지 말라.

(4) 묘불천정(卯不穿井)

일진이 묘일(卯日)이면 우물을 파지 말고 수도를 놓거나 수리를 하지 말라.

(5) 진불곡읍(辰不哭泣)

일진이 진일(辰日)이면 서러운 일이 있어도 울지 말라.

(6) 사불원행(巳不遠行)

일진이 사일(巳日)이면 먼길을 떠나거나 이사를 하지 말라.

(7) 오불점개(午不苫蓋)

일진이 오일(午日)이면 지붕을 덮거나 사냥을 하지 말라.

(8) 미불복약(未不服藥)

일진이 미일(未日)이면 약을 먹거나 입원을 하지 말라.

(9) 신불안상(申不安牀)

일진이 신일(申日)이면 책상이나 침구를 사들이지 말라.

(10) 유불회객(酉不會客)

일진이 유일(酉日)이면 손님을 맞아들이지 말고 잔치를 하지
말라

(11) 술불걸구(戌不乞狗)

일진이 술일(戌日)이면 개를 집에 들이지 말라.

(12) 해불가취(亥不家娶)

일진이 해일(亥日)이면 장가가고 시집가지 말라.

제1절 생기(生氣) 맞추는 법

남자는 일세를 이(離)에서 일으켜 다음 곤궁(坤宮)을 건너뛰어
태궁(兌宮)으로 가니, 태궁이 이세가 된다. 건궁(乾宮)이 삼세, 감
궁(坎宮)이 사세, 간궁(艮宮)이 오세, 진궁(震宮)이 육세, 손궁(巽
宮)이 칠세, 이궁(離宮)이 8세, 곤궁(坤宮)이 구세, 태궁(兌宮)이
십세다. 그 다음은 이후의 순서대로 헤아려 가면 된다.

여자는 일세를 감(坎)에서 일으켜 이세가 건궁(乾宮), 삼세가

태궁(兌宮), 사세가 곤궁(坤宮), 오세가 이궁(離宮), 육세가 손궁(巽宮), 칠세가 진궁(震宮)이다. 여기에서 간궁(艮宮)을 건너뛰어 팔세가 감궁(坎宮), 구세가 건궁(乾宮), 십세가 태궁(兌宮)으로 역수(逆數)한다. 그러므로 남녀가 십세에 태(兌)가 되고, 이십세에 한간씩 넘어가니 남자는 이십세가 되어 감(坎)이요, 삼십세엔 진(震)이다. 또 여자는 이십세가 이(離), 삼십세가 진(震)이니 순역(順逆)한다.

나이 (일진 / 길흉 / 구분)									生氣	天宜	絶體	遊魂	禍害	福德	絶命	歸魂
									吉	吉	平	平	凶	吉	平	凶
男	2	10	18	26	34	42	50	58	戌	午	丑	辰	子	未	卯	酉
女	10	18	26	34	42	50	58	66	亥		寅	巳		申		
男	3	11	19	27	35	43	51	59	酉	卯	未	子	辰	丑	午	戌
女	9	17	25	33	41	49	57	65			酉		巳	寅		亥
男	4	12	20	28	36	44	52	60	辰	丑	午	戌	酉	卯	未	子
女	8	16	24	32	40	48	56	64	巳	寅		亥			申	
男	5	13	21	29	37	45	53	61	未	子	酉	卯	午	戌	辰	丑
女	越民	15	23	31	39	47	55	63	申					亥	巳	寅
男	6	14	22	30	38	46	54	62	午	戌	辰	丑	未	子	酉	卯
女	7	14	22	30	38	46	54	62		亥	巳	寅	申			
男	7	15	23	31	39	47	55	63	子	未	卯	酉	戌	午	丑	辰
女	6	13	21	29	37	45	53	61		申			亥		寅	巳
男	8	16	24	32	40	48	56	64	卯	酉	子	未	丑	辰	戌	午
女	5	12	20	28	36	48	52	60				申	寅	巳	亥	
男	9	17	25	33	41	49	57	65	丑	辰	戌	午	卯	酉	子	未
女	4	11	19	27	35	43	51	59	寅	巳	亥					申

위에 나오는 생기(生氣)·복덕(福德)·천의(天宜)·대길일(大吉日)·귀혼(歸魂)·유혼(遊魂)·절체(絶體)는 평길일(平吉日)이

고, 화해(禍害)・절명(絶命)은 불길일(不吉日)이다.

택일의 가장 좋은 날은 신랑과 신부에게 해당되는 생기・복덕・천의의 날이며, 유혼・절체의 날은 보통이고 화해・절명・귀혼의 날은 택하지를 않는다.

그런가하면 황도일(黃道日)과 흑도일(黑道日)이 있는데 황도일만이 길일이다.

다음으로는 열 세가지의 살(殺)이 있는데, 살이 있는 날은 반드시 피해야 한다. 입춘・입하・입추・입동・동지・단오・사월초파일은 피해야 한다.

또 지붕을 이는 날은 천화일만 피하며 고사를 지내는 날은 공망일(空亡日)을 피해야 한다.

제2절 황흑도일(黃黑道日)

黑黃道 月日	青청 龍룡 黃황 道도	金금 貴귀 黃황 道도	明명 堂당 黃황 道도	天천 德덕 黃황 道도	玉옥 堂당 黃황 道도	司사 命명 黃황 道도	天천 刑형 黑흑 道도	朱주 雀작 黑흑 道도	白백 虎호 黑흑 道도	天천 牢뢰 黑흑 道도	玄현 武무 黑흑 道도	句구 陳진 黑흑 道도
一七月 寅申日	子	辰	丑	巳	未	戌	寅	卯	午	申	酉	亥
二八日 卯酉日	寅	寅	卯	未	酉	子	辰	巳	申	戌	亥	丑
三九月 辰戌日	辰	申	巳	酉	亥	寅	午	未	戌	子	丑	酉
四十月 巳亥日	午	戌	未	亥	丑	辰	申	酉	子	寅	卯	巳
五十一月 午子日	申	子	酉	丑	卯	午	戌	亥	寅	辰	巳	未
六十二月 未丑日	戌	寅	亥	卯	己	申	子	丑	辰	午	未	酉

이사(移徙) · 혼인(婚姻) · 성조(成造) · 장례(葬禮) · 기도(祈禱)
등 기타의 일에 관하여 이 날을 가린다. 황도일은 길하고 흑도일
은 불길하다. 월(月)로써 일진을 가리고 일진으로 시간을 가린다.

제3절 십삼살론(十三殺論)

십삼살론은 혼인이나 장사 등에 보며 여기에 걸리는 날은 불
길하므로 피해야 한다. 월로써 본다.

十三殺 月日	天천 麻마 殺살	披피 紗사 殺살	紅홍 紗사 殺살	受수 死사 殺살	網망 羅라 殺살	天천 賊적 殺살	枯고 焦초 殺살	歸귀 忌기 殺살	往왕 亡망 殺살	十십 惡악 殺살	月월 厭염 殺살	月월 殺살	黃황 砂사 殺살
一月	戌	子	申酉	戌	子	辰	辰	丑	寅	卯	戌	丑	午
二月	酉	酉	辰巳	辰	申	酉	丑	寅	巳	寅	酉	戌	寅
三月	申	午	子丑	亥	巳	寅	戌	子	申	丑	申	未	子
四月	未	卯	申酉	巳	辰	未	未	丑	亥	子	未	辰	午
五月	午	子	辰巳	子	戌	子	卯	寅	卯	辰	午	丑	寅
六月	巳	酉	子丑	午	亥	巳	子	子	午	子	巳	戌	子
七月	辰	午	申酉	丑	丑	戌	酉	丑	酉	丑	辰	未	午
八月	卯	卯	辰巳	未	申	卯	午	寅	子	寅	卯	辰	寅
九月	寅	子	子丑	寅	未	申	寅	子	辰	卯	寅	丑	子
十月	丑	酉	申酉	申	子	丑	亥	丑	未	辰	丑	戌	午
十一月	子	午	辰巳	卯	巳	午	申	寅	戌	巳	子	未	寅
十二月	亥	卯	子丑	酉	申	亥	巳	子	丑	辰	亥	辰	子

제4절 대공망일(大空亡日)

이 날은 천지가 공(空)을 맞은 날이므로 무슨 일을 하더라도
다 좋다. 그러나 제사를 지내거나 굿을 하는 날은 별로 좋지가

않다.

갑신일(甲申日)·무신일(戊申日)·갑술일(甲戌日)·갑오일(甲午日)·임자일(壬子日)·임인일(壬寅日)·임진일(壬辰日)·계묘일(癸卯日)·을축일(乙丑日)·을해일(乙亥日)·을유일(乙酉日)등이다.

제5절 태백살(太百殺;손 보는 날)

날짜를 따라 다니며 사람을 방해하는 손(귀신)을 말한다. 다음의 표에서 방향 밑의 날짜에는 귀신이 이 방향에 있다는 뜻이다. 즉, 1일·11일·21일에는 동쪽에 있으므로 이쪽 방향은 피하라는 뜻이다.

방향	동	동남	남	남서	서	서북	북	북동	좋 은 날		
날	1	2	3	4	5	6	7	8	9	10	
	11	12	13	14	15	16	17	18	19	20	
자	21	22	23	24	25	26	27	28	29	30	31

제6절 천농일(天聾日)

이 날은 하늘이 귀가 먹은 날이다. 무슨 일을 하든지 좋다. 병인일(丙寅日)·무진일(戊辰日)·병자일(丙子日)·경자일(庚子日)·임자일(壬子日)·병진일(丙辰日)이다.

제7절 지아일(地啞日)

이 날은 땅이 벙어리가 되는 날이므로 무슨 일을 하든 지 좋다. 보는 법은 달력에서 이 날을 고르면 된다. 을축일(乙丑日)·정묘일(丁卯日)·기묘일(己卯日)·신사일(辛巳日)·을미일(乙未日)·기해일(己亥日)·신축일(辛丑日)·계축일(癸丑日)·신유일(辛酉日)이다.

제8절 생갑·병갑·사갑(生甲·病甲·死甲)

일반적으로 생갑일만 가려 쓰고 병갑이나 사갑은 쓰지 않는다. 보는 법은 달력에 기재되어 있는 날을 찾으면 된다.

해 갑	자 子	오 午	축 丑	미 未	인 寅	신 申	묘 卯	술 戌	진 辰	사 巳	사 巳	해 亥
생 갑 生 甲	자 子	오 午	진 辰	술 戌	인 寅	신 申	자 子	오 午	진 辰	술 戌	인 寅	신 申
병 갑 病 甲	인 寅	신 申	자 子	오 午	진 辰	술 戌	인 寅	신 申	자 子	오 午	진 辰	술 戌
사 갑 死 甲	진 辰	술 戌	인 寅	신 申	자 子	오 午	술 戌	진 辰	신 申	인 寅	자 子	오 午

제9절 혼인총기일(婚姻總忌日)

다음에 해당되는 일자에 결혼을 하면 부부지간에 생사이별이 있다. 또는 자식이 없거나 병으로 고통을 받는다.

입춘(立春)·입하(立夏)·입추(立秋)·입동(立冬)·춘분(春分)·십악(十惡)·피마(披麻)·복단(伏斷)·동지(冬至)·단오(端午)·초파일·초사흘·초삼일·십이일·이십육일·천공일(天空日)

· 이십사일 · 지공일(地空日) · 월염(月厭) · 월대(月對) · 남녀본
명일(男女本命日;갑자생이면 갑자일) 등이다.

제10절 천월덕합일(天月德合日)

一. 천덕합(天德合)

이 날을 택하면 모든 살이 없어진다. 1월은 임(壬)일, 2월은 기
(己)일, 3월은 정(丁)일, 4월은 병(丙)일, 5월은 인(寅)일, 6월은
사(巳)일, 7월은 술(戌)일, 8월은 해(亥)일, 9월은 신(申)일, 10월
은 경(庚)일, 11월은 갑(甲)일, 12월은 을(乙)일이다.

二. 월덕합(月德合)

1월은 신(辛)일, 2월은 기(己)일, 3월은 정(丁)일, 4월은 을(乙)
일, 5월은 신(辛)일, 6월은 기(己)일, 7월은 정(丁)일, 8월은 기
(己)일, 9월은 신(辛)일, 10월은 기(己)일, 11월은 정(丁)일, 12월
은 을(乙)일이다.

제11절 십악대패일(十惡大敗日)

십악대패일이라는 것은 그 해의 달에 따라 그 날의 일진을 상
대로하여 보게 된다. 그해의 그달 그날에 무슨 일이든 하기만 하
면 크게 실패한다.
(1) 갑기년(甲己年)

3월 무술일(戊戌日)·7월 계해일(癸亥日)·10월 병신일(丙申日)·11월 해일(亥日)

(2) 을경년(乙庚年)

4월 임신일(壬申日)·9월 을사일(乙巳日)

(3) 병신년(丙辛年)

3월 신사일(辛巳日)·9월 경진일(庚辰日)

(4) 정임년(丁壬年)

무기(無忌)

(5) 무계년(戊癸年)

6월 축일(丑日)

다음에 말하는 십악일은 어느 해가 되었든 피해야 한다. 갑진일(甲辰日)·을사일(乙巳日)·임신일(壬申日)·병신일(丙申日)·정유일(丁酉日)·경진일(庚辰日)·무술일(戊戌日)·기해일(己亥日)·기축일(己丑日)·경인일(庚寅日)·계해일(癸亥日)·정해일(丁亥日) 등이다.

제2장 월가길신과 월가흉신

제1절 월가길신법(月家吉神法)

월가길신에 해당하는 달은 만사를 하는 데 길하다는 것이다. 그러므로 좋은 날을 가려서 할 때에는 다음의 도표를 참조하면 된다. 예를들어 혼인을 하는 데 좋은 날을 택하려면 생기(生氣)나 사상(四相)이나 시덕(時德)을 택하는 것이 좋다. 생기에서 1월은 술일(戌日)·2월은 해일(亥日)이 좋다는 것 등이다.

月家吉神	설명	1月	2月	3月	4月	5月	6月	7月	8月	9月	10月	11月	12月
天德	장례나 집 짓는데 모든 일 대길	丁	甲	壬	辛	亥	甲	癸	寅	丙	乙	己	庚
月德	모든 일이 대길	丙	甲	壬	庚	丙	甲	壬	庚	丙	甲	壬	庚
天德宮	천덕과 같이 씀	壬	己	丁	丙	寅	己	戊	亥	辛	庚	甲	乙
月德宮	월덕과 같이 씀	辛	己	丁	乙	辛	己	丁	乙	辛	己	丁	乙
月空	글을 올리거나 흙을 다루는 일	壬	庚	丙	甲	壬	庚	丙	甲	壬	庚	丙	甲
月恩	모든 재앙이 없어지는 날	丙	丁	庚	己	戊	辛	壬	癸	庚	乙	甲	辛
月財	집 짓고 이사하거나 장사에 씀	戌	辰	卯	申	未	戌	辰	卯	申	未		
生氣	재물 양자 혼인에 씀	戌	亥	子	丑	寅	卯	辰	巳	午	未	申	酉
天醫	치병 침약에 씀	丑	寅	卯	辰	巳	午	未	申	酉	戌	亥	子
旺日	상량·하관에 좋고 흙은 불길	寅	寅	寅	巳	巳	巳	申	申	申	亥	亥	亥
相日	왕일과 같이 씀	巳	巳	巳	申	申	申	亥	亥	亥	寅	寅	寅
解神	모든 살을 풀어 모든 일에 길함	申	申	戌	戌	子	子	寅	寅	辰	辰	午	午
五富	집을 짓고 장사를 지낼 때	亥	寅	申	巳	亥	寅	巳	申	亥	寅	巳	申
玉帝赦日	매사에 무조건 좋은 날	丁巳	甲子	丙寅	辛卯	壬辰	丁亥	甲午	丙未	辛申	壬酉	戌	
天赦神	몸의 죄를 사하는 날	戊	丑	辰	未	戊	丑	辰	未	戊	丑	辰	未
皇恩大赦	재앙이 사라지고 이환이 나옴	戊	丑	寅	巳	酉	卯	子	午	亥	辰	申	未
要安日	생을 받아 복을 받는 날	寅	申	卯	酉	辰	戌	巳	亥	午	子	未	丑
萬通四吉	무해·무득한 날	午	亥	申	丑	戌	卯	巳	寅	未	辰	酉	
天貴	제사·벼슬·입학하는 날	春 甲乙			夏 丙丁			秋 庚辛			冬 壬癸		
四相	혼인과 모든 일에 길	丙丁			戊己			壬癸			甲乙		
三合		午戌	未亥	申子	酉丑	戌寅	亥卯	子辰	丑巳	寅午	卯未	辰申	巳酉
六合		亥	戌	酉	申	未	午	巳	辰	卯	寅	丑	子
時德	결혼과 친구간의 모임에 길	春在午			夏在辰			秋在子			冬在寅		
青龍	출행과 배 떠나는 데 길	壬子	癸丑	艮寅	甲卯	乙辰	巽巳	丙午	丁未	坤申	庚酉	申戌	乾亥

一. 사길일(四吉日)

혼인과 모든 일에 길하며 봄(春)에는 무인일(戊寅日), 여름(夏)에는 갑오일(甲午日), 가을(秋)에는 무신일(戊申日), 겨울(冬)에는 갑자일(甲子日)이다.

二. 천은상길일(天恩上吉日)

수작(修作)이나 벼슬·혼인 및 모든 일에 대길하며 갑자일(甲子日)·을축일(乙丑日)·병인일(丙寅日)·정묘일(丁卯日)·무진일(戊辰日)·기묘일(己卯日)·경진일(庚辰日)·신사일(辛巳日)·임오일(壬午日)·계미일(癸未日)·기유일(己酉日)·경술일(庚戌日)·신해일(辛亥日)·임사일(壬子日)·계축일(癸丑日) 등이다.

三. 대명상길일(大明上吉日)

집안 단장이나 수리하는 데에 길일이다. 신미일(辛未日)·계유일(癸酉日)·기묘일(己卯日)·갑신일(甲申日)·임진일(壬辰日)·임인일(壬寅日)·을사일(乙巳日)·기유일(己酉日)·신해일(辛亥日)·임신일(壬申日)·정축일(丁丑日)·임오일(壬午日)·정해일(丁亥日)·정미일(丁未日)·갑진일(甲辰日)·병오일(丙午日)·경술일(庚戌日) 등이다.

四. 모창상길일(母倉上吉日)

가옥이나 창고 건축에 아주 길일이다. 봄에는 해자일(亥子日), 여름에는 인묘일(寅卯日), 가을에는 진술축미일(辰戌丑未日), 겨울에는 신유일(申酉日)과 토왕(土王)은 첫 사오일(巳午日)이다.

제2절 월가흉신법(月家凶神法)

월가흉신법은 달로써 보는 데 그 달에 그 일진을 만나면 모든 일을 하는 데 불길하니 가급적 피하라는 날이다.

月家凶神	설　　　　　　　　명	1月	2月	3月	4月	5月	6月	7月	8月	9月	10月	11月	12月
天羌	모든 일은 해로움. 항도가 닿으면 씀	巳	子	未	寅	酉	辰	亥	午	丑	申	卯	戌
河魁	천강과 같음	亥	午	丑	申	卯	戌	巳	子	未	寅	酉	辰
地破	흙을 만질 때	亥	子	丑	寅	卯	辰	巳	午	未	申	酉	戌
羅網	혼인이나 출행, 소송	子	申	巳	辰	戌	亥	丑	申	未	子	巳	申
滅沒	혼인 출행	丑	子	亥	戌	酉	申	未	午	申	酉	戌	亥
重喪	안장 성복 중복	甲	乙	巳	丙	丁	巳	庚	辛	巳	壬	癸	巳
天狗	제사 지낼 때	子	丑	寅	卯	辰	巳	午	未	申	酉	戌	亥
往亡	이사나 출행할 때	寅	巳	申	亥	卯	午	酉	辰	未	戌	丑	
天賊	출행이나 창고를 열고 돈 거래할 때	辰	酉	寅	未	子	巳	戌	卯	申	丑	午	亥
披麻殺	혼인이나 집을 들어갈 때	子	酉	午	卯	子	酉	午	卯	子	酉	午	卯
紅紗殺	혼인	酉	巳	丑	酉	巳	丑	酉	巳	丑	酉	巳	丑
瘟瘟殺	병 치료나 집을 고치거나 이사 갈 때	未	戌	辰	寅	午	子	酉	申	巳	亥	丑	卯
土瘟	흙을 만지거나 샘을 팔 때	辰	巳	午	未	申	酉	戌	亥	子	丑	寅	卯
天格	출행 구관	寅	子	戌	申	午	辰	寅	子	戌	申	午	辰
地格	씨 뿌리고 장사지낼 때	辰	寅	子	戌	申	午	辰	寅	子	戌	申	午
山格	입산 수렵 벌목	未	巳	卯	丑	亥	酉	未	巳	卯	丑	亥	酉
水格	물에 들어가고 고기 잡거나 배탈 때	戌	申	午	辰	寅	子	戌	申	午	辰	寅	子
陰錯	혼인 장례	庚戌	辛酉	庚申	丁未	丙午	丁巳	甲辰	乙卯	甲寅	癸丑	壬子	癸亥
月殺	복신 입주 상량	丑	戌	未	辰	丑	戌	未	辰	丑	戌	未	辰
月厭	혼인 출행	戌	酉	申	未	午	巳	辰	卯	寅	丑	子	亥

一. 복단일(伏斷日)

복단일이란 그 일진에 이십팔수(二十八宿) 별을 상대로 한 것

이니 예컨대 무슨 자일(子日)이든 자일에 허수(虛宿)를 만나면
혼인이나 이사, 출행에 불길하다.

자일(子日) ─ 허수(虛宿)

축일(丑日) ─ 두수(斗宿)

인일(寅日) ─ 실수(室宿)

묘일(卯日) ─ 여수(女宿)

진일(辰日) ─ 기수(箕宿)

사일(巳日) ─ 방수(房宿)

오일(午日) ─ 각수(角宿)

미일(未日) ─ 장수(張宿)

신일(申日) ─ 귀수(鬼宿)

유일(酉日) ─ 자수(觜宿)

술일(戌日) ─ 위수(胃宿)

해일(亥日) ─ 벽수(壁宿)

二. 왕망일(往亡日)

왕망일이란 출행(出行)을 하면 좋지않은 일이 생기므로 이 날
에는 밖에 나가지 않는 것이 이롭다.

입춘(立春) 후　　　7일

경칩(驚蟄) 후　　　14일

청명(淸明) 후　　　21일

입하(立夏) 후　　　8일

망종(芒種) 후　　　16일

소서(小暑) 후　　　24일

입추(立秋) 후　　　9일

백로(白露) 후	18일
한로(寒露) 후	27일
입동(立冬) 후	10일
대설(大雪) 후	24일
소한(小寒) 후	30일

三. 천지개공일(天地皆空日)

하늘과 땅이 모두 '공(空)'을 맞았으므로 이날에는 무엇을 하여도 탈이 없다.

무술일(戊戌日)을 비롯하여 기해일(己亥日), 경자일(庚子日), 경신일(庚申日) 등이다.

제3장 혼인택일(婚姻擇一)

혼인날을 택일하는 데 있어 앞에서 설명한 백기일이나 월가복덕, 또는 월가흉신이나 월가길신 등을 잘 살펴서 좋은 날을 택해야 한다.

제1절 남혼흉년(男婚凶年)

남자가 여자의 '연(年)'을 상대하여 보게 되는 것으로, 그 해에 혼인을 하면 남자에게 좋지않으므로 삼가라는 것이다. 예를 들어 진년생(辰年生)은 해년(亥年)에 혼인하는 것은 좋지 않다.

자년생(子年生) — 미년(未年)

축년생(丑年生) — 신년(申年)

인년생(寅年生) — 유년(酉年)

묘년생(卯年生) — 술년(戌年)

진년생(辰年生) — 해년(亥年)

사년생(巳年生) — 자년(子年)

오년생(午年生) — 축년(丑年)

미년생(未年生) — 인년(寅年)

신년생(申年生) — 묘년(卯年)

유년생(酉年生) — 진년(辰年)

술년생(戌年生) — 사년(巳年)

해년생(亥年生) — 오년(午年)

제2절 여혼흉년(女婚凶年)

여자는 남자의 '연(年)'을 상대로 하여 본다. 그 해에 혼인을 하면 부부 사이에 불행이 오게 되므로 여자에게 좋지 않은 일이 닥친다. 가능하면 피하는 것이 좋다.

자년생(子年生) — 묘년(卯年)

축년생(丑年生) — 인년(寅年)

인년생(寅年生) — 축년(丑年)

묘년생(卯年生) — 자년(子年)

진년생(辰年生) — 해년(亥年)

사년생(巳年生) — 술년(戌年)

오년생(午年生) — 유년(酉年)

미년생(未年生) — 신년(申年)

신년생(申年生) — 미년(未年)
유년생(酉年生) — 오년(午年)
술년생(戌年生) — 사년(巳年)
해년생(亥年生) — 진년(辰年)

제3절 합혼개폐법(合婚開閉法)

이 법은 여자에 한하여 쓴다. 결혼하는 해로서는 대개(大開)·
반개(半開)·폐개(閉開)의 해가 있는데 대개년(大開年)에 혼인을
하면 재산이 날로 일어나고 자손도 창성한다. 또한 부부가 화합
하고 백년해로를 하게 되어 좋다. 반개년(半開年)에 혼인을 하면
좋지도 않고 나쁘지도 않다. 평길운(平吉運)에 해당하므로 모든
일이 중간선에 있게 된다. 그런가하면 폐개년(閉開年)에 혼인을
하면 재산은 파산하고 질병이 그치지 아니하며 자식이 없고 단
명하다. 중도에 좌절하는 일이 많고 불상사가 일어난다.

개(開) 나이 지지(地支)	대개(大開)	반개(半開)	폐개(閉開)
자오묘유(子午卯酉)년생	26, 20, 29, 22, 17	27, 21, 15, 30, 24, 18	28, 22, 16, 31, 25, 19
인신사해(寅申巳亥)년생	25, 19, 28, 22, 16, 31	32, 23, 26, 17, 29, 20	33, 24, 15, 27, 18, 30
진술축미(辰戌丑未)년생	24, 15, 27, 17, 29, 20	31, 22, 25, 16, 28, 19	32, 23, 26, 17, 29, 20

제4절 가취월(嫁娶月)

여자의 생년으로 혼인하는 달을 가리는 것으로 대리월(大利月)을 택하는 것이 좋다. 방부주(妨夫主)와 방여신(妨女身)을 피하여야 한다.

嫁娶月名	吉凶	說　　　　明	子午生	丑未生	寅申生	卯酉生	辰戌生	巳亥生
大利月	吉	혼인 대길	6월 11월	5월 12월	2월 8월	1월 7월	4월 10월	3월 9월
妨媒氏	平	대리월이 맞지 않으면 무관함	1월 7월	4월 10월	3월 9월	6월 12월	5월 11월	2월 8월
妨翁姑	平	시부모 불리	2월 8월	3월 9월	4월 10월	5월 11월	6월 12월	1월 7월
妨女父母	平	여부모 불리	3월 9월	2월 8월	5월 11월	4월 10월	1월 7월	6월 12월
妨夫主	凶	신랑이 흉함	4월 10월	1월 7월	6월 12월	3월 9월	2월 8월	5월 11월
妨女身	凶	신부가 흉함	5월 11월	6월 12월	1월 7월	2월 8월	3월 9월	4월 10월

제5절 살부대기월(殺夫大忌月)

가취월이 좋은 달인 것을 헤아린 후 여자의 생년으로 살부대기월을 보아 그 달에 시집을 가면 상부(喪夫)를 하게 된다. 그러므로 혼인을 하지 말라는 뜻이다.
- 자년생(子年生;쥐띠)인 여자는 2월에 혼인을 하지 아니한다.
- 축년생(丑年生;소띠)인 여자는 4월에 혼인을 하지 아니한다.
- 인년생(寅年生;호랑이띠)의 여자는 7월에 혼인을 하지 아니한다.
- 묘년생(卯年生;토끼띠)의 여자는 12월에 혼인을 하지 아니

한다.

- 진년생(辰年生;용띠)의 여자는 4월에 혼인을 하지 아니한다.
- 사년생(巳年生;뱀띠)의 여자는 5월에 혼인을 아니한다.
- 오년생(午年生;말띠)의 여자는 8월과 12월에 혼인을 하지 아니한다.
- 미년생(未年生;양띠)의 여자는 6월과 7월에 혼인을 하지 아니한다
- 신년생(申年生;원숭이띠)의 여자는 6월과 7월에 혼인을 하지 아니한다.
- 유년생(酉年生;닭띠)의 여자는 8월에 혼인을 하지 아니한다.
- 술년생(戌年生;개띠)의 여자는 12월에 혼인을 하지 아니한다.
- 해년생(亥年生;돼지띠)의 여자는 6월과 8월에 혼인을 하지 아니한다.

제6절 음양부장길일(陰陽不將吉日)

음양부장길일은 가취에 가장 길한 날이다. 천적(天賊)·수사(受死)·홍사(紅紗)·피마(披麻)·월염(月厭)·월대(月對)의 모든 흉한 날을 뺀 길일로, 화해(禍害)·절명(絶命)·복단(伏斷)·월파(月破)·월살(月殺)을 피하여 길신(吉神) 중에서 택일하면 혼인에 가장 길한 날이다.

제7절 가취대흉일(嫁娶大凶日)

춘(春) — 갑자(甲子)·을축일(乙丑日)

하(夏) — 병자(丙子)·정축일(丁丑日)
추(秋) — 경자(庚子)·신축일(辛丑日)
동(冬) — 임자(壬子)·계축일(癸丑日)
正·五·九月 — 庚日
二·六·十月 — 乙日
三·七·十一月 — 丙日
四·八·十二月 — 癸日

一月	二月	三月	四月	五月	六月	七月	八月	九月	十月	十一月	十二月
丙寅	丙子	丙子	甲子	甲申	甲戌	甲午	甲辰	庚辰	庚寅	庚寅	庚子
庚寅	丙戌	丙戌	甲戌	甲戌	甲申	甲申	甲午	庚午	庚辰	庚辰	庚寅
丁卯	丙寅	甲子	甲申	丙申	甲午	乙巳	甲申	辛卯	庚午	辛丑	丙子
辛卯	庚子	甲戌	丙子	丙戌	辛巳	乙未	辛巳	辛巳	辛卯	辛卯	丙寅
戊寅	庚戌	乙丑	丙申	乙未	辛未	乙酉	辛未	辛未	辛巳	辛巳	丙辰
丁丑	庚寅	丁丑	丙戌	乙酉	壬辰	壬午	壬辰	壬辰	壬寅	丁卯	戊子
乙丑	戊寅	丁酉	戊子	戊申	壬午	壬申	壬午	壬午	壬辰	丁丑	戊寅
己卯	戊子	己酉	戊申	戊戌	壬申	癸巳	壬申	癸卯	壬午	丁巳	戊辰
丙子	戊戌	戊子	戊戌	癸未	癸巳	癸未	癸巳	癸巳	癸卯	己丑	辛卯
戊子	乙丑	戊戌	乙酉	癸酉	癸未	癸酉	癸未	癸酉	癸巳	壬寅	辛酉
庚子	丁丑		丁酉							己卯	丁卯
	己丑		己酉								丁丑
											己卯
											己丑

제8절 상부상처살(喪夫喪妻殺)

3월(三月) — 병오(丙午)·정미일(丁未日) …… 상처
3월(三月) — 임자(壬子)·계해일(癸亥日) …… 상부

제9절 오합일(五合日)

혼인 및 많은 일에 길하나 제사에나 '우물 파는 일(穿井)'에는 불길하다.

일월합(日月合) ― 갑인(甲寅)·을묘(乙卯)
음양합(陰陽合) ― 병인(丙寅)·정묘(丁卯)
인민합(人民合) ― 무인(戊寅)·기묘(己卯)
금석합(金石合) ― 경인(庚寅)·신묘(辛卯)
강하합(江河合) ― 임인(壬寅)·계묘(癸卯)

제10절 통용길일(通用吉日)

음양부장길일의 다음 가는 길일이다.
을축(乙丑)·정묘(丁卯)·병자(丙子)·정축(丁丑)·신묘(辛卯)
·계묘(癸卯)·을사(乙巳)·임자(壬子)·계축(癸丑)·기축(己丑)
·계사(癸巳)·임오(壬午)·을미(乙未)·병진(丙辰)·신유(辛酉)
·경인(庚寅)

제11절 세간길진(歲干吉辰)

日干 名	甲	乙	丙	丁	戊	己	庚	辛	壬	癸
세덕합(歲德合)	己	乙	辛	丁	癸	己	乙	辛	丁	癸
세 덕(歲 德)	甲	庚	丙	壬	戊	申	庚	丙	壬	戊
천관귀인(天官貴人)	未	辰	巳	寅	卯	酉	亥	申	戌	午
태극귀인(太極貴人)	子	午	酉	卯	巳	午	寅	亥	巳	申

제12절 세지길진(歲支吉辰)

日支 名	子	丑	寅	卯	辰	巳	午	未	申	酉	戌	亥
세천덕(歲天德)	巽	庚	丁	坤	壬	辛	乾	甲	癸	辰	丙	乙
천덕합(天德合)	申	乙	壬	巳	丁	丙	寅	己	戊	亥	辛	庚
세월덕(歲月德)	壬	庚	丙	甲	壬	庚	丙	甲	壬	庚	丙	甲
월덕합(月德合)	丁	己	辛	己	丁	乙	辛	己	丁	乙	辛	己
역 마(驛 馬)	寅	亥	申	巳	寅	亥	申	巳	寅	亥	申	巳

제13절 칠살일(七殺日)

혼인 및 모든 일에 불길하다.

각일(角日)·항일(亢日)·규일(奎日)·누일(樓日)·귀일(鬼日)·우일(牛日) 등이다.

제14절 혼인납징정친일(婚姻納徵定親日)

이 날은 사주(四柱)와 납채(納采)를 보내는 데에 아주 길한 날이다.

을축(乙丑)·병인(丙寅)·정묘(丁卯)·신미(辛未)·무인(戊寅)·기묘(己卯)·경진(庚辰)·병술(丙戌)·무자(戊子)·기축(己丑)·임진(壬辰)·계사(癸巳)·을미(乙未)·무술(戊戌)·신축(辛丑)·임인(壬寅)·계묘(癸卯)·갑진(甲辰)·병오(丙午)·정미(丁未)·경술(庚戌)·임자(壬子)·계축(癸丑)·갑인(甲寅)·을묘(乙卯)·병진(丙辰)·정사(丁巳)·무오(戊午)·기미(己未)·황도(黃道)·삼합(三合)·오합(五合)·육합(六合)·천보(天寶)·양덕(陽德)

· 옥당(玉堂) · 속세(續世) · 육의(六儀) · 천옥(天玉) · 월은(月恩)
· 천희(天喜) · 정성(定成)

제15절 송례천복길일(送禮天福吉日)

이 날은 납채의 '예물'을 보내는 데에 길한 날이다.
기묘(己卯) · 경인(庚寅) · 신묘(辛卯) · 임진(壬辰) · 계사(癸巳)
· 기해(己亥) · 경자(庚子) · 신축(辛丑) · 을사(乙巳) · 정사(丁巳)
· 경신(庚辛) 등이다.

제16절 월염월대일(月厭月對日)

이 날은 혼인을 하는 데에 불길한 날이다.
1월 · 7월 — 진술일(辰戌日)
2월 · 8월 — 묘유일(卯酉日)
3월 · 9월 — 인신일(寅申日)
4월 · 10월 — 사해일(巳亥日)
5월 · 11월 — 자오일(子午日)
6월 · 12월 — 축미일(丑未日)

제4장 주당(周堂) 보는 법

제1절 혼인할 때 주당 보는 법

이것은 혼인 당일에 꺼리는 신으로 보는 법은 다음의 표를 참조한다. 예를 들어, 혼인을 하는 달이 클 때에는 큰 달의 표를 보고 작을 때에는 작은 달의 표를 보며 어디에 걸리는 지를 참조하여야 한다. 큰 달은 부자(夫字)로부터 고자(姑字)로 순행하고, 작은 달은 부자(婦字)로부터 역행하며 제당주조(第堂廚竈)일을 택해야 한다.

<큰 달인 경우>

周	堂		日			字
夫	신 랑	1	9	17	25
姑	시어머니 · 시누이	2	10	18	26
堂	봉 당	3	11	19	27
翁	시 아 버 지	4	12	20	28
第	처 마 밑	5	13	21	29
竈	아 궁 이	6	14	22	30
婦	신 부	7	15	23	
廚	부 엌	8	16	24	

<작은 달인 경우>

周	堂		日			字
夫	신 랑	1	9	17	25
廚	부 엌	2	10	18	26
婦	신 부	3	11	19	27
竈	아 궁 이	4	12	20	28
第	처 마 밑	5	13	21	29
翁	시 아 버 지	6	14	22	
堂	봉 당	7	15	23	
姑	시어머니 · 시누이	8	16	24	

제2절 신행주당(新行周堂) 보는 법

이것은 신부가 신랑집으로 신행해 오는 때에 보는 것으로 주당에 걸리면 그 순간만 피하여 보지 않으면 된다.

<큰 달인 경우>

周			堂	吉凶	日			字
조(竈)	아	궁	이	길	1	9	17	25
당(堂)	봉		당	길	2	10	18	26
상(床)	잔	치	상	흉	3	11	19	27
사(死)	죽		음	흉	4	12	20	28
수(睡)	뒷		문	흉	5	13	21	29
문(門)	앞		문	흉	6	14	22	30
로(路)	행		길	흉	7	15	23	
주(廚)	부		엌	길	8	16	24	

<작은 달인 경우>

周			堂	吉凶	日			字
주(廚)	부		엌	길	1	9	17	25
로(路)	행		길	흉	2	10	18	26
문(門)	앞		문	흉	3	11	19	27
수(睡)	뒷		문	흉	4	12	20	28
사(死)	죽		음	흉	5	13	21	29
상(床)	잔	치	상	흉	6	14	22	
당(堂)	봉		당	길	7	15	23	
조(竈)	아	궁	이	길	8	16	24	

제3절 연옥여살(年玉女殺)

이것은 신행의 방향을 말하여 신부가 다음의 방향으로 앉으면 살(殺)을 만나므로 이 방향으로 앉지 말라는 것이다.

봄(春) — 동방(寅午辰)

여름(夏) — 남방(巳午未)
가을(秋) — 서방(申酉戌)
겨울(冬) — 북방(亥子丑)

제4절 삼지불수법(三地不受法)

혼인이나 신행 때에 가리는 것으로 지고(負) 오면 집안에 해가
되고 안고 오면 오는 사람에게 해가 된다는 것이다.
　신자진년(申子辰年) — 해자축방(亥子丑方) …… 북
　인오술년(寅午戌年) — 사오미방(巳午未方) …… 남
　사유술년(巳酉戌年) — 신유술방(申酉戌方) …… 북
　해묘미년(해묘미년) — 인묘진방(寅卯辰方) …… 동

제5절 좌향일(坐向日)

신부가 시가댁(媤家宅)에서 처음으로 가서 앉을 때에 일진에
따라 앉으면 좋다는 것이다. 이것은 앉는 방향을 말하며 이는 어
느 달이나 같다.
　갑기일(甲己日) — 동북(東北)
　을경일(乙庚日) — 서북(西北)
　병신일(丙辛日) — 서남(西南)
　정임일(丁壬日) — 정남(正南)
　무계일(戊癸日) — 동남(東南)

제6절 신부입문법(新婦入門法)

신부가 신랑집에 처음으로 들어올 때에 가리는 것이다.

- 금성(金姓)이 북문으로 들어오면 흉하고
- 목성(木姓)이 서문으로 들어오면 흉하고
- 수성(水姓)이 북문으로 들어오면 흉하고
- 화성(火姓)이 남문으로 들어오면 흉하고
- 토성(土姓)은 서문으로 들어오면 흉하다.

제7절 신부입택일(新婦入宅日)

병인(丙寅)・경인(庚寅)・병자(丙子)・신유(辛酉)・신묘(辛卯) ・천덕(天德)・천덕합(天德合)・월덕합(月德合)

제5장 택일에 시(時) 잡는 법

혼인에 상량이나 기도나 이사나 고사 등의 등의 모든 일을 할 때에 어느 시간을 택해야만 좋은 지를 헤아린다. 이것은 그날의 일진 천간(日辰天干)을 상대로 녹시(祿時)나 귀인시(貴人時)를 잡게 된다.

- 일진에 갑술경(甲戌庚) 일이면 축시나 미시가 귀인시이므로 이것을 택한다.
- 일진이 을사일(乙巳日)이면 자시나 신시를 택한다.
- 일진이 병정일(丙丁日)이면 해시나 유시를 택한다.
- 일진이 임계일(壬癸日)이면 사시나 묘시를 택한다.
- 일진이 갑일(甲日)이면 인시를 쓰고 을일(乙日)이면 묘시를

쓴다. 병무일(丙戊日)이면 사시(巳時)를 쓰고 정기일(丁己日)이면 오시를 쓴다. 경일(庚日)이면 신시를 쓰고 신일(辛日)이면 유시(酉時)를 쓴다. 임일(壬日)이면 자시를 쓰고 계일이면 해시를 쓴다. 이러한 시를 시간 관계로 맞추지 못할 때에는 부득이 적당한 시간을 택한다.

제6장 길흉일의 여러 가지

제1절 길일(吉日)

一. 출행일(出行日)

이 날에 출행을 하면 아무런 이상이 없다는 것으로 일진은 다음과 같다. 갑자(甲子), 을축(乙丑), 병인(丙寅), 정묘(丁卯), 무진(戊辰), 경오(庚午), 신미(辛未), 갑술(甲戌), 을해(乙亥), 정축(丁丑), 기묘(己卯), 갑신(甲申), 병술(丙戌), 기축(己丑), 경인(庚寅), 신묘(辛卯), 갑오(甲午), 을미(乙未), 경자(庚子), 신축(辛丑), 임인(壬寅), 계묘(癸卯), 병오(丙午), 정미(丁未), 기유(己酉), 임자(壬子), 계축(癸丑), 갑인(甲寅), 을묘(乙卯), 경신(庚申), 신유(辛酉), 임술(壬戌), 계해(癸亥) 등이다.

二. 제사길일(祭祀吉日)

갑자(甲子), 을축(乙丑), 정묘(丁卯), 무진(戊辰), 신미(辛未), 임

신(壬申), 계유(癸酉), 갑술(甲戌), 정축(丁丑), 기묘(己卯), 경진(庚辰), 임오(壬午), 갑신(甲申), 을유(乙酉), 병술(丙戌), 정해(丁亥), 기축(己丑), 신묘(辛妙), 갑오(甲午), 을미(乙未), 병신(丙申), 정유(丁酉), 을사(乙巳), 병오(丙午), 정미(丁未), 무신(戊申), 정유(丁酉), 경술(庚戌), 을묘(乙卯), 병진(丙辰), 정사(丁巳), 무오(戊午), 기미(己未), 신유(辛酉), 계해(癸亥) 등이다.

三. 기복일(祈福日)

이 날에 기복을 하면 만사가 형통한다는 것이며 일진은 다음과 같다.

임신(壬申), 을해(乙亥), 병자(丙子), 정축(丁丑), 임오(壬午), 계미(癸未), 정해(丁亥), 기축(己丑), 신묘(辛卯), 임진(壬辰), 갑오(甲午), 을미(乙未), 정유(丁酉), 임자(壬子), 갑진(甲辰), 무신(戊申), 을묘(乙卯), 병진(丙辰), 무오(戊午), 임술(壬戌), 계해(癸亥) 등이다.

四. 불공길일(佛供吉日)

이 날에 불공을 드리면 모든 일이 대길하게 되며 일진은 다음과 같다.

갑자(甲子), 갑술(甲戌), 갑오(甲午), 갑인(甲寅), 을축(乙丑), 을유(乙酉), 병인(丙寅), 병신(丙申), 정미(丁未), 무인(戊寅), 무자(戊子), 기축(己丑), 경오(庚午), 신묘(辛卯), 신유(辛酉), 계유(癸酉) 등이다.

五. 용왕제일(龍王祭日)

이 날에 용왕제를 지내면 모든 일이 크게 통하게 된다.

경오(庚午), 신미(辛未), 임신(壬申), 계유(癸酉), 갑술(甲戌), 경자(庚子), 신유(辛酉) 등이다.

六. 산신하강일(山神下降日)

이날에 산제(山祭)를 지내면 산신이 도와주므로 모든 일이 형통하게 된다.

갑자(甲子), 갑술(甲戌), 갑오(甲午), 갑인(甲寅), 을축(乙丑), 을해(乙亥), 을미(乙未), 을묘(乙卯), 정해(丁亥), 무진(戊辰), 기사(己巳), 기유(己酉), 경진(庚辰), 경술(庚戌), 신묘(辛卯), 신해(辛亥), 임인(壬寅), 계묘(癸卯), 정묘(丁卯) 등이다.

七. 안장길일(安葬吉日)

이 날에 장사를 지내면 모든 살이 제거되므로 좋다는 것이며 보는 법은 달에 일진을 기준으로하여 택한다.

1월— 계유(癸酉), 정유(丁酉), 을유(乙酉), 신유(辛酉), 기유(己酉), 병인(丙寅), 임오(壬午)

2월 — 병인(丙寅), 임신(壬申), 갑신(甲申), 경인(庚寅), 병신(丙申), 임인(壬寅), 기미(己未), 경신(庚申) 등이다.

3월 — 임신(壬申), 갑신(甲申), 병신(丙申), 계유(癸酉), 을유(乙酉), 정유(丁酉), 병오(丙午), 임오(壬午), 경신(庚申), 신유(辛酉), 경오(庚午) 등이다.

4월 — 을유(乙酉), 기유(己酉), 정유(丁酉), 계유(癸酉), 신유(辛酉), 임오(壬午), 을축(乙丑), 경오(庚午), 정축(丁丑), 기축(己丑), 갑오(甲午) 등이다.

5월 — 갑신(甲申), 병신(丙申), 경신(庚申), 임신(壬申), 갑인(甲寅), 경인(庚寅), 임인(壬寅), 신미(辛未), 갑술(甲戌), 경진(庚辰), 갑진(甲辰) 등이다.

6월 — 계유(癸酉), 을유(乙酉), 신유(辛酉), 임신(壬申), 경신(庚申), 갑신(甲申), 병신(丙申), 을해(乙亥), 갑인(甲寅), 경인(庚寅), 신유(辛酉) 등이다.

7월 — 계유(癸酉), 을유(乙酉), 정유(丁酉), 기유(己酉), 임신(壬申), 병자(丙子), 임오(壬午), 갑신(甲申), 병오(丙午), 병진(丙辰), 임자(壬子), 임진(壬辰), 병신(丙申) 등이다.

8월 — 임신(壬申), 갑신(甲申), 병신(丙申), 경신(庚申), 임인(壬寅), 경인(庚寅), 임진(壬辰), 을사(乙巳), 병진(丙辰), 정사(丁巳), 계유(癸酉), 을유(乙酉), 기사(己巳) 등이다.

9월 — 임오(壬午), 병오(丙午), 병인(丙寅), 경인(庚寅), 임인(壬寅), 경오(庚午), 갑술(甲戌), 무오(戊午), 신해(辛亥) 등이다.

10월 — 병자(丙子), 갑진(甲辰), 병진(丙辰), 병오(丙午), 임오(壬午), 임진(壬辰), 갑자(甲子), 경자(庚子), 신미(辛未), 계유(癸酉), 갑오(甲午), 을미(乙未)

11월 — 경인(庚寅), 임인(壬寅), 갑인(甲寅), 임신(壬申), 갑신(甲申), 갑진(甲辰), 병신(丙申), 경신(庚申), 임자(壬子), 임진(壬辰) 등이다.

12월 — 임신(壬申), 임인(壬寅), 갑인(甲寅), 계유(癸酉), 갑신(甲申), 병신(丙申), 경신(庚申), 을유(乙酉), 병인(丙寅), 무인(戊寅), 경인(庚寅) 등이다.

八. 정초일(定礎日)

이 날에는 주춧돌을 놓거나 기공식을 하면 좋다는 것이다.

갑자(甲子), 을축(乙丑), 병인(丙寅), 기사(己巳), 경오(庚午), 신미(辛未), 갑술(甲戌), 을해(乙亥), 무인(戊寅), 기묘(己卯), 신사(辛巳), 임오(壬午), 계미(癸未), 갑신(甲申), 정해(丁亥), 무자(戊子), 기축(己丑), 경인(庚寅), 계사(癸巳), 을미(乙未), 정유(丁酉), 무술(戊戌), 기해(己亥), 경자(庚子), 임인(壬寅), 계묘(癸卯), 병오(丙午), 무신(戊申), 기유(己酉), 임자(壬子), 계축(癸丑), 갑인(甲寅), 을묘(乙卯), 병진(丙辰), 정사(丁巳), 기미(己未), 경신(庚申) 신유(辛酉) 등이다.

九. 수주길일(竪柱吉日)

집을 짓는 데 이 날에 기둥을 세우면 좋다는 것이다.

기사(己巳), 을해(乙亥), 기묘(己卯), 갑신(甲申), 을유(乙酉), 무자(戊子), 기축(己丑), 경인(庚寅), 을미(乙未), 기해(己亥), 신축(辛丑), 계묘(癸卯), 을사(乙巳), 무신(戊申), 기유(己酉), 임자(壬子), 갑인(甲寅), 기미(己未), 경신(庚申), 임술(壬戌), 병인(丙寅), 신사(辛巳) 등이다.

十. 상량길일(上樑吉日)

이 날에 상량을 하면 백년이나 대길한다는 날이니 이 일진을 사용하는 것이 좋다.

갑자(甲子), 을축(乙丑), 정묘(丁卯), 무진(戊辰), 기사(己巳), 경오(庚午), 신미(辛未), 임신(壬申), 갑술(甲戌), 병자(丙子), 무인(戊寅), 경진(庚辰), 임오(壬午), 갑신(甲申), 병술(丙戌), 무자(戊子), 경인(庚寅), 갑오(甲午), 병신(丙申), 정유(丁酉), 무술(戊戌), 기해(己亥), 경자(庚子), 신축(辛丑), 임인(壬寅), 계묘(癸卯), 을사(乙巳), 정미(丁未), 기유(己酉), 신해(辛亥), 계축(癸丑), 을묘(乙卯), 정사(丁巳), 기미(己未), 신유(辛酉), 계해(癸亥) 등이다.

十一. 조장길일(造醬吉日)

이 날에 간장을 담그면 장맛이 좋다는 날이다.
정묘일(丁卯日), 병인일(丙寅日), 병오일(丙午日) 등이다.

十二. 선행일(船行日)

이 날에 배가 떠나면 풍랑을 만나지 아니하고 무사하게 되는 날이다.
을축(乙丑), 병인(丙寅), 정묘(丁卯), 무진(戊辰), 정축(丁丑), 무인(戊寅), 임오(壬午), 을유(乙酉), 신묘(辛卯), 갑오(甲午), 을미(乙未), 경자(庚子), 신축(辛丑), 병진(丙辰), 무오(戊午), 기미(己未), 신유(辛酉) 등이다.

十三. 수제일(水祭日)

이 날에 수제를 지내면 백사가 대통한다는 날이다.
경오(庚午), 신미(辛未), 임신(壬申), 계유(癸酉), 갑술(甲戌), 경

자(庚子), 신유(辛酉) 등이다.

十四. 이십팔수 길흉론(二十八宿吉凶論)

달력에 순차적으로 명기 되어 있으므로 참조하는 데에 큰 어려움을 겪지 않는다. 별에 따라 길흉이 있다.

- 각성(角星;목요일) — 혼인이나 장사 수리 등에 길하다.
- 항성(亢星;금요일) — 여러 가지 일에 마땅하지 않다.
- 저성(氐星;토요일) — 혼인이나 장사 수리 등에 불길하다.
- 방성(房星;일요일) — 장사와 수리는 불길하나 기타는 대길하다.
- 심성(心星;월요일) — 모든 일에 다 흉하다.
- 미성(尾星;화요일) — 장사와 혼인, 출행에 대길하다.
- 기성(箕星;수요일) — 장사와 혼인, 출행에 대길하다.
- 두성(斗星;목요일) — 기타 만사에 길하다.
- 우성(牛星;금요일) — 모든 일을 하면 다 불길하다.
- 여성(女星;토요일) — 집짓기 수리와 개조 등에 불길하다.
- 허성(虛星;일요일) — 만사가 다 좋으나 장사 지내면 흉하다.
- 위성(危星;월요일) — 만사가 다 좋으나 장사 지내면 흉하다.
- 실성(室星;화요일) — 만사가 다 좋으나 장사 지내면 흉하다.
- 벽성(壁星;수요일) — 집짓기, 장사, 개문물을 대는 데에 대길하다.
- 규성(奎星;목요일) — 혼인, 개운, 방수에 길하다.
- 누성(樓星;금요일) — 매장, 혼인에 대길하다.
- 위성(危星;토요일) — 매장, 혼인에 대길하다.
- 묘성(筇星;일요일) — 혼인과 개문에는 흉하나 집을 짓는데

는 길하다.

- 필성(畢星;월요일) ― 매장, 혼인에 길하다.
- 자성(觜星;화요일) ― 모든 일이 흉하나 매장을 하는 데는 길하다.
- 참성(參星;수요일) ― 모든 일이 흉하나 매장을 하는 데에 길하다.
- 정성(井星;목요일) ― 모든 일이 다 흉하나 매장을 하는 데에 길하다.
- 귀성(鬼星;금요일) ― 매장을 하는 데엔 길하고 집을 짓는 데엔 길하다.
- 유성(柳星;토요일) ― 매장을 하는 데에 흉하다.
- 성성(星星;일요일) ― 수리와 개조에 길하다.
- 장성(張星;월요일) ― 매장, 혼인, 출행, 상관에 길하다.
- 익성(翼星;화요일) ― 매장과 수리에 흉하다.
- 진성(軫星;수요일) ― 매장, 출행, 조선(造船)에 길하다.

十五. 건제십이신 길흉(建除十二神 吉凶)

- 건(建)……출행, 상장(上章), 입학, 관대, 구인, 견귀인(見貴人), 수조(修造), 동토(動土), 혼인, 벌초 매장 등에 길하다.
- 제(除)……안택(安宅), 출행, 제사, 문서교환, 치병(治病), 종목(種木), 구관(求官), 금전출납, 이사 등에 길하다.
- 만(滿)……제사, 납노(納奴), 접목(接木), 재의(裁衣)에 길하고 동토, 입주, 이사에 불길하다.
- 평(平)……개기(開基), 건조(建造), 치도(治道), 제사에 모두 길하나 파종, 재의(裁衣), 벌초, 파토(破土)에는 불길하다.

• **정**(定)……혼인, 제사, 입주, 매장에 길하나 재의, 납축(納畜), 출행, 송사에 불길하다.

• **집**(執)……제사, 상장, 혼인, 입권(立券), 수조에 길하나 안장, 이사, 입택, 출행에 불길하다.

• **파**(破)……치병, 파옥(破屋), 벌초, 파토, 동토는 길하나 안장, 이사, 진인(進人), 혼인에 불길하다.

• **위**(危)……혼인, 제사, 입권, 수조에는 길하나 입산, 수렵, 출행, 고기를 잡는 데엔 불길하다.

• **성**(成)……혼인, 제사, 상장, 안택, 수조에는 길하나 이사, 접촉, 송사에는 불길하다.

• **수**(收)……수렵, 납축, 진노(進奴), 납채에는 길하나 혼인, 제사, 입학, 종수(種樹)에는 불길하다.

• **개**(開)……혼인, 제사, 안택, 수조, 천정(穿井)에는 길하나 출행, 입권에는 불길하다.

• **폐**(閉)……제사, 매장, 입권, 접목, 착측에는 길하고 출행, 이사, 수조에는 길하다.

十六. 벌목일(伐木日)

이 날에 벌목을 하면 아무 탈이 없다는 것이다.

기사(己巳), 경오(庚午), 신미(辛未), 임신(壬申), 갑술(甲戌), 을해(乙亥), 무인(戊寅), 기묘(己卯), 임오(壬午), 갑신(甲申), 을유(乙酉), 무자(戊子), 갑오(甲午), 을미(乙未), 병신(丙申), 임인(壬寅), 병오(丙午), 정미(丁未), 무신(戊申), 기유(己酉), 갑인(甲寅), 을묘(乙卯), 기미(己未), 경신(庚申), 신유(辛酉) 등이다.

十七. 산제길일(山祭吉日)

이 날에 산제를 지내면 모든 일에 대길하다는 날이다.
갑자(甲子), 을해(乙亥), 을유(乙酉), 을묘(乙卯), 병자(丙子), 병술(丙戌), 경술(庚戌), 신묘(辛卯), 임신(壬申), 갑신(甲申) 등이다.

十八. 개옥길일(蓋屋吉日)

이 날에 지붕을 이면 좋다는 날이다.
갑자(甲子), 정묘(丁卯), 무진(戊辰), 기사(己巳), 신미(辛未), 임신(壬申), 계유(癸酉), 병자(丙子), 정축(丁丑), 기묘(己卯), 경진(庚辰), 계미(癸未), 갑신(甲申), 을유(乙酉), 병술(丙戌), 무자(戊子), 경인(庚寅), 계사(癸巳), 을미(乙未), 정유(丁酉), 기해(己亥), 신축(辛丑), 임인(壬寅), 계묘(癸卯), 갑진(甲辰), 울사(乙巳), 무신(戊申), 기유(己酉), 경술(庚戌), 신해(辛亥), 계축(癸丑), 을묘(乙卯), 병진(丙辰), 경신(庚申), 신유(辛酉) 등이다.

十九. 수조동토일(修造動土日)

이 날은 집을 수리하거나 돌과 흙을 다루더라도 아무 탈이 없다는 날이다.
갑자(甲子), 계유(癸酉), 무인(戊寅), 기묘(己卯), 경진(庚辰), 신사(辛巳), 갑신(甲申), 병술(丙戌), 갑오(甲午), 병신(丙申), 무술(戊戌), 기해(己亥), 경자(庚子), 갑진(甲辰), 병오(丙午), 정미(丁未), 계축(癸丑), 무오(戊午), 경오(庚午), 신미(辛未), 병진(丙辰), 정사(丁巳), 신유(辛酉) 등이다.

제2절 흉일(凶日)

一. 천구하식시(天狗下食時)

이 시간에 제사를 지내면 천구가 와서 먹기 때문에, 이 시간에는 제사를 지내지 말라는 것이다.

자일(子日) — 해시(亥時)

축일(丑日) — 자시(子時)

인일(寅日) — 축시(丑時)

묘일(卯日) — 인시(寅時)

진일(辰日) — 묘시(卯時)

사일(巳日) — 진시(辰時)

오일(午日) — 사시(巳時)

미일(未日) — 오시(午時)

신일(申日) — 미시(未時)

유일(酉日) — 신시(申時)

술일(戌日) — 유시(酉時)

해일(亥日) — 술시(戌時)

二. 멸망일(滅亡日)

1월, 5월, 9월 — 축일(丑日)

2월, 6월, 10월 — 진일(辰日)

3월, 7월, 11월 — 미일(未日)

4월, 8월, 12월 — 술일(戌日)

三. 입권교역(立券交易)

이 날에 문서를 주고받으면 불길하다. 여차 하면 송사가 일어 난다.

갑자(甲子), 신미(辛未), 갑술(甲戌), 병자(丙子), 정축(丁丑), 경 진(庚辰), 신사(辛巳), 임오(壬午), 계미(癸未), 갑신(甲申), 신묘 (辛卯), 임진(壬辰), 계사(癸巳), 을미(乙未), 경자(庚子), 계묘(癸 卯), 정미(丁未), 무신(戊申). 임자(壬子), 갑인(甲寅), 을묘(乙卯), 을미(乙未), 신유(辛酉) 등이다.

四. 삼재(三災) 드는 해

인생은 10년마다 누구나 삼재(三災)를 겪게 된다. 그러나 사주 에 대운이 길할 때는 무사하게 지나가나 대운이 불길할 때에는 온갖 파란이 오게 된다. 자기의 띠로서 다가오는 해와 대조하여 본다.

사유축년생(巳酉丑年生)은 해자축년(亥子丑年)에 삼재가 들고 신자진년생(申子辰年生)은 인묘진년(寅卯辰年)에 삼재가 들고 해묘미년생(亥卯未年生)은 사오미년(巳午未年)에 삼재가 들고 인오술년생(寅午戌年生)은 신유술년(申酉戌年)에 삼재가 든다.

이와같이 삼재가 드는 사람은 부적을 입춘일에 만든다. 진짜 경명주사를 써서 1년간 가지고 있다가 다음해 입춘이 되는 날 새 것으로 바꾼다. 3년간 바꾸어 가지면 액이 제거된다.

五. 흑두법(黑頭法)

이 해에 방 구들을 놓거나 수리하게 되면 인구가 손실하게 되니 주의하여야 한다.

자오묘유년(子午卯酉年)에는 7월이며

인신사해년(寅申巳亥年)에는 1월, 10월이며

진술축미년(辰戌丑未年)에는 4월이다.

六. 금루사각법(金樓四角法)

이 법은 새로 집을 지을 때에 보는 것이다. 기수(奇數;1,3,5,7,9) 나이에 집을 지으면 길하고 우수(偶數;2,4,6,8,10) 나이에 집을 지으면 불길하다. 기수 중에서도 5세는 숫자의 중앙이니 잠사각(蠶四角)이라 하여 불길하다는 것이며, 누에는 집을 지으면 죽는다는 것이니 사람도 5세에 집을 지으면 사망하거나 3년 내에 변이 오게 된다.

2세는 건부사각(乾父四角)이니 이 해에 집을 지으면 부친이 사망하게 된다.

6세는 간처사각(艮妻四角)이니 이 해에 집을 지으면 처가 사망한다.

8세는 손자사각(巽子四角)이니 이 해에 집을 지으면 자손이 사망한다.

10세는 곤모사각(坤母四角)이니 이 해에 집을 지으면 모친이 사망한다.

  • 재수가 대통하는 나이

다음의 나이에 집을 지으면 재수가 대통하고 만사가 형통한다.

1 · 3 · 7 · 9 · 11 · 13 · 17 · 19 · 21 · 23 · 27 · 29 · 31 · 33

· 37 · 39 · 41 · 43 · 47 · 49 · 51 · 53 · 57 · 59 · 61 · 63 · 67 · 69세 등이다.

• **가족에게 손상이 있는 나이**

2 · 4 · 5 · 6 · 8 · 10 · 12 · 14 · 15 · 16 · 18 · 20 · 22 · 24 · 25 · 26 · 28 · 30 · 32 · 34 · 35 · 36 · 38 · 40 · 42 · 44 · 45 · 46 · 48 · 50 · 52 · 54 · 55 · 56 · 58 · 60 · 62 · 64 · 65 · 66 · 68 · 70세 등이다.

七. 천적일(天賊日)

<달력에 기입되어 있음>

1, 4, 7, 10월 — 만자(滿字)

2, 5, 8, 11월 — 파자(破字)

3, 6, 9, 12월 — 개자(開字)

八. 십이지수명표(十二支獸名表)

자(子) — 서(鼠;쥐)

축(丑) — 우(牛;소)

인(寅) — 호(虎;범)

묘(卯) — 토(兎;토끼)

진(辰) — 용(龍;용)

사(巳) — 사(蛇;뱀)

오(午) — 마(馬;말)

미(未) — 양(羊;양)

신(申) — 후(猴;원숭이)

유(酉) ― 계(鷄;닭)
술(戌) ― 구(狗;개)
해(亥) ― 저(猪;돼지)

九. 오행속성(五行屬姓)

• 금성(金姓)

서(徐), 성(成), 황(黃), 원(元), 한(韓), 남(南), 장(張), 유(柳), 신(申), 안(安), 양(梁), 장(蔣), 방(方), 두(杜), 하(河), 백(白), 양(楊), 편(片), 경(慶), 곽(郭), 노(盧), 배(裴), 문(文), 왕(王), 반(班), 음(陰), 신(晋), 소(邵)

• 목성(木姓)

김(金), 조(趙), 박(朴), 최(崔), 유(兪), 공(孔), 고(高), 차(車), 강(康), 유(劉), 염(廉), 주(周), 육(陸), 홍(洪), 동(董), 고(固), 우(虞), 정(鼎), 주(朱), 연(延), 화(火), 추(秋), 간(簡), 조(曹)

• 수성(水姓)

오(吳), 여(呂), 우(禹), 기(奇), 허(許), 소(蘇), 마(馬), 노(魯), 증(曾), 여(呂), 천(千), 맹(孟), 변(卞), 복(卜), 매(梅), 상(尙), 어(魚), 유(庾), 용(龍), 고(皐), 모(牟), 모(毛), 남궁(南宮), 황보(皇甫), 선우(鮮于), 동방(東方)

• 화성(火姓)

이(李), 윤(尹), 정(鄭), 강(姜), 채(蔡), 나(羅), 신(愼), 신(辛), 정(丁), 전(全), 변(邊), 지(池), 석(石), 진(陳), 길(吉), 옥(玉), 탁(卓), 설(薛), 함(咸), 구(具), 진(秦), 당(唐), 선(宣), 단(段), 등(登)

• 토성(土姓)

송(宋), 권(權), 민(閔), 임(任), 임(林), 엄(嚴), 손(孫), 피(皮),

구(丘), 도(都), 전(田), 심(沈), 봉(奉), 명(明), 공(貢), 우(牛), 감
(甘), 현(玄), 도(陶), 목(睦), 염(冉), 구(仇), 동(童)

十. 집 완공 당시의 상량식

龍 西紀 二千二年 慶 壬辰年 六月 二十六日生 上樑龜(용 서기
2002년 경 임진년 6월 26일생 상량귀)

十一. 입춘의 벽보

- 歲在萬事如意亨通(세재만사여의형통)
- 龍→虎(용→호)
- 掃地黃金出 開門萬福來(소지황금출 개문만복래)
- 子孫萬歲榮 父母千年壽(자손만세영 부모천년수)
- 建陽多慶 立春大吉(건양다경 입춘대길)

제4부 가상법(家相法)

가상법(家相法)이란 집의 관상을 보는 법이다. 사람의 얼굴을 보고 길흉을 헤아리는 것처럼 집이 서 있는 방위나 위치로써 길흉을 헤아리게 된다. 물론 여기에는 '가상법'이라는 틀이 있다. 중요한 문제는 좌향과 방위다. 좌(坐)는 집이 자리잡고 있는 위치를, 향(向)은 그 집이 어떤 방위로 서 있는가를 뜻한다.

오래 전부터 술가(術家)라는 이름을 붙일 수 있는 사람들은 특별한 재간이 있는 것으로 알려졌다. 음양 오행을 비롯하여 복서(卜筮)·점술에 능하거나·술객(術客)·술사(術士) 등등의 묘법이나 비기서들을 풀어 공개하는 것을 꺼리는 유의 사람들이 그들이다. 묘법에 뛰어난 그들이 한결같이 주장하는 것은 다음과 같은 말이다.

"『주역』에 완성된 괘(卦)가 없듯, 점이나 택일, 방위·궁합·지술에도 순길(純吉)한 괘는 없다."

근세의 학자 박내린(朴內麟)이라는 사람은 주거 풍수에 대해 흥미로운 점을 제시했다. 즉 집을 지을 때 어떤 방위로 어떻게 지어야만 좋은 일이 있는가를 뜻하는 상생·상극에 대한 설명이었다. 그런가 하면 '자손가(子孫歌)'에 대해서도 설명했다. 집을 한 채 지어도 그것을 격식에 맞게 짓는다면 후손들이 복을 받는다는 것이다. 당대에는 명운이 어쩔 수 없지만 좋은 기운을 받고 태어난 아이는 자신들이 이루지 못한 꿈을 이뤄 낸다는 것이다. 또 '최자법(催子法)'도 있다. 자식 없는 사람이 집을 잘 지음으로써 자식을 얻는다는 뜻이다. 그런가 하면 '최재법(催財法)'도 있다. 가난한 사람도 좋은 곳을 골라 집을 지으면 재물이 불어날 수 있는 방법이다. 그렇게 되려면 사람의 명운과 짓는 집의 주방·문과의 세 가지가 조화를 이루어야 한다는 것이다.

가택의 삼요소

가택삼요라고 할 때, 세 가지의 요소는 대문과 안방, 그리고 부엌을 말한다. 세 가지를 그렇게 정한 이유는 바깥에서 들어오는 기운은 대문에서 받아들이고 부엌은 더운 공기를 발산시켜 집안 사람들의 건강을 돕는다. 이러한 집은 팔괘에 의하여 동쪽·남동·남쪽·북쪽에 자리잡으면 동사택(東四宅)이라 하고, 북서·남서·북동·서쪽에 자리잡으면 서사택(西四宅)이다. 동사택과 서사택의 팔택은 역(易)에 근거를 두고 여덟 방위에 대하여 안방에 붙여 512 가지로 풀이한다.

집은 궁합이 맞아야 한다

집은 그곳에 사는 사람과 궁합이 맞아야 한다. 집주인이 태어난 해를 계산하여 방위를 결정하는 것을 명궁(命宮)이라 하는데, 이러한 궁에 속한 여덟 가지를 생(生)·오(五)·연(延)·화(禍)

· 복(福) · 절(絶) · 보(補)로 풀이한다. 참고로 한 마디 덧붙인다면 집은 너무 높게 지으면 혼(魂)이 상하고, 너무 낮으면 음기가 성해 백(魄)이 상한다. 또한 조명의 밝기가 어두우면 건강을 크게 해친다.

집을 지을 때의 평면 구성은 음양에 관한 것과 문자에 관한 것으로 나뉘어진다. 일(日)이나 월(月), 구(口)나 길(吉)은 좋으나 공(工)과 시(尸)의 평면 구성은 좋지 않다. 공이란 만들고 부수는 형국이므로 좋지 못하고 시는 죽음을 뜻한다. 집을 지을 때 칸수를 홀수로 해야 하는 것은, 홀수는 양이고 짝수는 음이므로 살아 있는 사람은 양을 취한다는 입장 때문이다.

제1장 동사택(東四宅)의 가상

동사택의 가상은, 동사택 32문(門) 32주(主)에 부엌을 여덟 방위에 배치하여 길흉화복을 가려낸다. 여기에서 말하는 문이란 대문을 뜻하며, 주는 주방(主房;안방)을 가리킨다. ▲은 길하고, ▶은 보통이며, ▼은 나쁘다.

(1) 북쪽에 대문이 있고 북쪽에 안방이 있다
—복위주순양지택(伏位主純陽之宅)—

이런 집은 역(易)으로 풀이하면 '수약중봉처자난(水若重逢妻子難)'이다. 초년 운은 그런 대로 괜찮지만 아내와 상극이다. 집안이 편할 날이 없으며 아이들은 자주 다치고 주인은 집을 나가게 된다. 이런 집도 부엌의 위치에 따라 길흉이 뒤바뀐다.

▼ 북동에 부엌이 있으면 가운데 아들에게 이롭지 못하고 젊어

죽으니 흉하다.

▼ 동쪽에 부엌이 있으면 초년에는 좋다. 그러나 좋은 일은 오래 가지 못하고 아내와도 맞지 않고 아들이 상한다.

▲ 남동쪽에 부엌이 있으면 복록수(福祿壽)를 갖춘다. 다섯 아들은 벼슬길에 나가 이름을 날린다.

▲ 남쪽에 부엌이 있으면 아들 넷을 둔다. 길한 곳이다.

▼ 남서쪽에 부엌이 있으면 가운데 아들에게 이롭지 못하다.

▼ 서쪽에 부엌이 있으면 며느리가 일찍 죽는다.

▼ 북서쪽에 부엌이 있으면 아내와 상극이다. 아들은 다치고 음란으로 발광한다.

▼ 북쪽에 부엌이 있으면 초년에는 크게 일어나지만 머지않아 후사가 외로워진다.

(2) 북쪽에 대문이 있고 북동쪽에 안방이 있다

―오귀지택(五鬼之宅)―

가상법상 젊은이에게 좋지 않다. 역으로 풀이하면 '수우산극수지사(水遇山剋須之嗣)'인데 이것은 강물에 몸을 던지거나 목을 메어 죽으며 관재·구설수로 재산을 잃고 망한다.

▼ 북동쪽에 부엌이 있으면 흉하다.

▶ 동쪽에 부엌이 있으면 길흉이 반반이다.

▼ 남동쪽에 부엌이 있으면 길하기는 하지만 어린애한테 좋지 않다.

▼ 남쪽에 부엌이 있으면 길하기는 하나 부인은 성질이 거칠어지고 젊은이에겐 이롭지 못하다.

▼ 남서쪽에 부엌이 있으면 가운데 아들에게 이롭지 못하다.

▼ 서쪽에 부엌이 있으면 부녀에게 이롭지 못하다.

▶ 북서쪽의 부엌은 상당히 길한 곳이나 후사가 외로운 게 흠이다.

▼ 북쪽의 부엌은 사람이 상한다. 재산은 흩어지고 단명한다.

(3) 북쪽에 대문이 있고 동쪽에 안방이 있다
―천을택(天乙宅)―

집의 관상을 살피면 '수뢰발복구절사(水雷發福久絶嗣)'이다. 역(易)으로 풀이하면, 초년에는 건강하고 공명을 이루며 덕을 쌓으니 집안이 경사롭다. 점차 시간이 지나면 외롭게 되어 부녀가 집안을 지탱한다. 이런 집도 부엌 위치에 따라 길흉이 뒤바뀐다.

▼ 북동쪽 부엌은 모든 일에 흉하고 불리하다.

▼ 남쪽에 부엌이 있으면 초년에는 좋으나 나중에는 좋지 못하다.

▲ 부엌이 북동쪽에 있으면 복록수(福祿壽)가 모여든다.

▲ 남쪽에 부엌이 있으면 건강과 부귀가 몰려든다.

▼ 남서쪽에 부엌이 있으면 이롭지 못하다.

▼ 서쪽에 부엌이 있으면 이롭지 못하며 불길하다.

▼ 북서쪽에 부엌이 있으면 아주 불리하고 크게 흉하다.

▼ 북쪽에 부엌이 있으면 초년에는 일어나는 듯하나 나중에는 후사가 끊기고 불길하다.

(4) 북쪽에 대문이 있고 남동쪽에 안방이 있다
―탐랑득위지택(貪狼得位之宅)―

이런 유형의 집을 '수목영화발여수(水木榮華發女秀)'라 한다. 역을 풀어 보면, 집안 남자들은 총명하고 여자는 미모를 갖춘다. 자식들은 효자이며 손자는 현명하다. 살림은 불일 듯 일어나며 건강하고 잔병 없이 장수하며 귀하다. 이런 집이라도 부엌의 방위에 따라서는 길흉이 달라진다.

▼ 북동쪽에 부엌이 있으면 관재수와 구설수에 휘말린다. 당연히 어린애는 자라기 어려우며 광기가 일어난다. 비장·위장·심장에 통증이 온다.

▲ 동쪽에 부엌이 있으면 동사택 중에서 가장 좋은 것으로 평가된다. 이를테면 삼다(三多;글짓기 공부에 필요한 세 가지로 多讀·多作·多商量)와 오복(五福;유교에서 이르는 다섯 가지 복으로 壽·富·康寧·攸好德·考終命)이 모인다.

▲ 남쪽 부엌은 연명(延命)하고 길하고 부귀를 보장한다. 네 아들을 둔다.

▼ 남서쪽 부엌은 아주 좋지 않다. 남녀가 젊어서 죽고 대가 끊긴다.

▶ 서쪽 부엌은 여자에겐 이롭지 않으나 다른 사람에겐 좋다.

▲ 남동쪽에 부엌이 있으면 길하고 좋다.

▼ 북서쪽의 부엌은 며느리에게 특히 좋지 않다. 산후에 큰 병을 얻는다.

▲ 북쪽에 부엌이 있으면 아주 좋다.

⑸ 북쪽에 대문이 있고 남쪽에 안방이 있다
―연년택(延年宅)―
가상법으로 보면 이런 집은 '수화기제대길창(水火旣濟大吉昌)'이라 한다. 대체로 아들 넷을 두고 강성하고 화목하다. 다만, 장수할 경우에는 안질과 복통에 유의하여야 한다. 이런 집도 부엌의 방위에 따라 내용이 크게 다르다.

▼ 북동쪽의 부엌은 어린애한테 불리하다. 아내가 지나치게 난

폭하여 거듭 장가를 든다.

▲ 동쪽에 부엌이 있으면 삼길택(三吉宅)이다. 무엇 하나 부족함이 없이 길하다.

▲ 남동쪽의 부엌은 아주 이롭다. 남자는 지혜로우며 여자는 자색이 곱다. 재산을 모으고 관직에도 나간다.

▲ 남쪽에 부엌이 있으면 부부간에 화목하고 아주 좋다.

▼ 남서쪽의 부엌은 부부 모두에게 상극이다.

▼ 서쪽의 부엌은 아내가 젊어 요절한다. 또한 부녀가 어지러운 일을 꾸민다.

▼ 북서쪽의 부엌은 노인들에게 불리하다. 안질과 종기 등으로 고생이 심하다.

▲ 북쪽 부엌은 이롭다.

⑹ 북쪽에 대문이 있고 남서쪽에 안방이 있다

—**절명택**(絶命宅)—

역으로 풀어내면 '수토상극중남사(水土相剋中男死)'로 좋지 않다. 가운데 아들에게 명복이 없으므로 과부가 들끓고 두 집의 대가 끊긴다. 가슴앓이를 비롯해 온갖 악창과 황달로 고생한다. 부엌의 방위에 따라 길흉이 달라지는 것은 당연하다.

▼ 북동쪽 부엌은 어린애에게 불리하다. 또한 가운데 아들이 젊어서 요절한다.

▼ 동쪽에 부엌이 있으면 나이든 어머니에게 이롭지 못하다. 재산은 흩어지고 악성 종기로 고생한다.

▼ 남동쪽에 부엌이 있으면 부모가 헤어진다. 여자가 일찍 죽으므로 불길하다.

▶ 남쪽 부엌은 살(煞)이 끼었어도 장수할 수 있으므로 길흉을

반반으로 본다.

▼ 남서쪽의 부엌은 가운데 아들이 일찍 죽는다. 후사는 외롭고 재산은 흩어진다.

▶ 서쪽 부엌은 길흉이 반반이다.

▶ 북서쪽 부엌은 장수를 할 수 있으나 나쁜 살이 끼었으므로 길흉이 반반이다.

▼ 북쪽 부엌은 이롭지 못하다.

(7) 북쪽에 대문이 있고 서쪽에 안방이 있다
─화해택(禍害宅)─

역으로 풀어내면 이런 유형은 '택우수설소녀망(澤遇水洩少女亡)'이다. 재산이 흩어지니 자연 집안은 망할 수밖에. 부녀가 일찍 죽고 남자는 거듭 장가간다. 폐질환으로 고생하며 종기 등을 앓는다. 이런 집의 유형도 부엌의 방위에 따라 길흉이 달라진다.

▶ 북동쪽에 부엌이 있으면 젊은이에겐 불리하다. 그러나 부귀가 따르니 길흉은 반반이다.

▼ 동쪽에 부엌이 있으면 남녀가 요절한다.

▼ 남동쪽의 부엌은 부녀에게 불리하다.

▼ 남쪽의 부엌은 부녀에게 불리하고 어진 아내에게 해를 끼친다. 남편도 악성 종기로 목숨을 잃는다.

▶ 남서쪽의 부엌은 재산을 모을 수 있으니 길흉이 반반이다.

▼ 서쪽의 부엌은 이롭지 못하다.

▼ 북서쪽 부엌은 길흉은 반반이지만 남녀가 단명하다.

▼ 북쪽의 부엌은 길하지 못하다.

(8) 북쪽에 대문이 있고 북서쪽에 안방이 있다

—육살택(六煞宅)—

이런 집은 역으로 '수설건기음패절(水洩乾氣淫敗絶)'이라 한다. 집안은 흩어지고 아내와 상극이며 아이는 다친다. 간혹은 출세 길에 나가는 쪽도 있으나 이내 운이 다하여 물러난다. 이런 집도 부엌의 위치에 따라 길흉이 달라진다.

▶ 북동쪽에 부엌이 있으면 길흉은 반반이다.

▶ 동쪽 부엌도 길흉이 반반이다.

▼ 남동쪽의 부엌은, 부인은 슬기로운데 상한다. 식구들도 건강하지만 재산은 흩어지고 수고로움이 헛되다.

▼ 남쪽에 부엌이 있으면 집안 어른의 명이 짧다. 또한 아내와는 상극이다.

▶ 남서쪽의 부엌은 길흉이 반반이다.

▶ 서쪽 부엌 역시 길흉이 반반이다.

▼ 북서쪽의 부엌은 건강을 상하게 한다. 재산은 흩어지고 아내와는 상극이다.

▼ 북쪽 부엌은 재산이 흩어진다. 아이들의 건강이 상하고 아내와도 상극이다.

⑼ 남쪽에 대문이 있고 남쪽에 안방이 있다

—복위택(伏位宅)—

이런 집을 '화염중중무아녀(火焰重重無兒女)'라 한다. 초년에는 약간의 재수가 있으나 날이 갈수록 식구들의 건강이 나쁘다. 남자의 수명은 외롭다. 부엌의 방위에 따라 길흉이 달라진다.

▼ 북동쪽에 부엌이 있으면 여자의 성질이 고르지 않다. 결국에는 의붓자식이 집안을 장악한다.

▲ 동쪽에 부엌이 있으면 사람마다 생기가 차고 넘친다. 집안

사람들의 건강하고, 복과 수를 겸하니 크게 이롭다.

▶ 남동쪽에 부엌이 있으면 부녀에게 이롭다. 재산을 모을 수 있으나 후사가 없다.

▼ 남쪽에 부엌이 있으면 남자의 명이 짧다. 후사가 외롭고 여자가 집안을 장악한다.

▼ 남서쪽에 부엌이 있으면 남자는 단명하고 여자가 주관한다.

▼ 서쪽에 부엌이 있으면 집안 일에 부녀가 나선다. 단명하고 관재수가 있어 구설수에 오른다.

▼ 북서쪽에 부엌이 있으면 남자는 단명하고 종기와 안질·두통이 심하다.

▲ 북쪽의 부엌은 아들 셋이 길하다. 복록수(福祿壽)를 겸비한다.

(10) 남쪽에 대문이 있고 남서쪽에 안방이 있다
─**육살택**(六煞宅)─

이런 유의 집을 '화도인문과부절(火到人門寡婦絶)'이라 한다. 집안 식구들은 기운이 없으며 남자는 단명하다. 간혹 초년에 발전하는 수도 있으나 오래 살면 과부가 집안을 지탱한다. 이런 집은 부엌의 위치에 따라 길흉이 달라진다.

▼ 북동쪽의 부엌은 집안 식구들의 건강이 고르지 못하다. 안사람이 남편의 권리를 빼앗으며 경맥이 고르지 못하다.

▶ 동쪽에 부엌이 있으면 길흉이 반반이다.

▼ 남동쪽에 부엌이 있으면 나이든 어머니의 병이 단축된다. 식구들의 건강은 개운치 않고 부녀가 집안을 장악한다.

▼ 남쪽에 부엌이 있으면 초년에는 괜찮으나 점차 사이가 나쁘다.

▼ 남서쪽에 부엌이 있으면 나이가 젊어 죽는다. 후사가 없고 안질과 신경통 등의 병을 앓는다.

▼ 서쪽에 부엌이 있으면 재산은 흩어지고 부인은 단명하다. 관재수와 구설수가 따른다.

▶ 북서쪽 부엌은 길흉이 반반이다.

▼ 북쪽에 부엌이 있으면 둘째 아들과 딸에게 불리하다.

(11) 남쪽에 대문이 있고 서쪽에 안방이 있다

—**오귀택**(五鬼宅)—

가상법상 '이태화광상소녀(離兌火光傷少女)'라는 뜻을 담고 있다. 재산은 흩어지고 부녀가 소란을 일으키며 후사가 없고 젊어 죽는다. 악창·해수 등으로 고생한다. 이런 집도 부엌 위치에 따라 길흉을 달리한다.

▲ 북동에 부엌이 있으면 좋다.

▲ 동쪽에 부엌이 있으면 딸은 많고 아들은 귀하다. 부녀자들은 총명하다.

▼ 남동쪽에 부엌이 있으면 여자에게 이로우나 식구들의 건강은 좋지 않다.

▼ 남쪽에 부엌이 있으면 나쁘다.

▼ 남서쪽에 부엌이 있으면 여자에겐 좋으나 남자는 요절하고 계속 살 경우 후사가 끊긴다.

▼ 서쪽에 부엌이 있으면 재산은 흩어지고 여자는 단명하다. 죽음이 참혹하다.

▼ 북서쪽에 부엌이 있으면 궁하기 짝이 없으며 남녀가 요절한다.

▼ 북쪽에 부엌이 있으면 여자의 명이 짧다.

(12) 남쪽에 대문이 있고 북서쪽에 안방이 있다
—**절명택**(絶命宅)—

이런 유형은 '이건노공주불구(離乾老公主不久)'라고 한다. 역(易)으로 풀어 보면 재산은 흩어지고 후사가 끊긴다. 또한 아들은 귀하고 부녀가 마음대로 집안을 좌지우지한다. 안질을 비롯해 악창 등의 종기로 고생한다. 이러한 집이라도 부엌의 방위에 따라 길흉이 뒤바뀐다.

▼ 북동쪽에 부엌이 있으면 불길하다.

▼ 동쪽에 부엌이 있는 것은 남자가 단명하니 좋지 않다.

▼ 남동쪽에 부엌이 있는 것은 남녀가 젊어서 죽으니 좋지 않다.

▼ 남쪽의 부엌은 나쁘다.

▲ 남서쪽에 부엌이 있으면 편안하다.

▼ 서쪽에 부엌이 있으면 재산은 흩어지고 수명이 짧으니 불길하다.

▼ 북서쪽에 부엌이 있으면 불길하다.

▼ 북쪽에 부엌이 있으면 불길하다.

(13) 남쪽에 대문이 있고 북쪽에 안방이 있다
—**연년택**(延年宅)—

이런 유형을 '음양정배부귀국(陰陽正配富貴局)'이라 한다. 복록수를 고루 갖춘 형태로 손자는 학식이 높고 슬기롭다. 그러나 이 집에 오래 살면 아내에게 좋지 않다. 눈병을 자주 앓으며 속병으로 고생한다. 이런 집도 부엌의 방위에 따라 길흉이 뒤바뀐다.

▶ 북동쪽에 부엌이 있으면 젊은이에겐 이롭지 못하나 부녀자

에겐 성질이 강하다.

▲ 동쪽에 부엌이 있으면 벼슬길이 잇따라 열린다.

▲ 남동쪽에 부엌이 있으면 크게 좋다.

▲ 남쪽에 부엌이 있으면 좋다.

▼ 남서쪽에 부엌이 있으면 아들의 수명이 짧다. 모두 젊어서 죽게 되므로 후사가 끊긴다.

▼ 서쪽에 부엌이 있으면 어린 며느리에게 구설수가 닥친다. 부녀자는 관재수에 휘말린다.

▼ 북서쪽에 부엌이 있으면 집주인의 수명이 짧다. 어지럼증이 생기고 두통·가슴 질환이 온다. 주인 여자는 과부로 산다.

▼ 북쪽에 부엌이 있으면 크게 길하지만 집안에 우환이 많고 여자가 빨리 죽는다.

(14) 남쪽에 대문이 있고 북동쪽에 안방이 있다

—**화해 택**(禍害宅)—

이런 유형을 '화산부강경부조(火山婦剛經不調)'라 한다. 초년에는 부귀를 누릴 수 있으나 부녀의 권리가 강해 나중에는 집안의 권리를 빼앗으려 든다. 이 집에서 오래 살면 건강이 고르지 못하고 집안을 소란스럽게 한다.

▲ 북동쪽에 부엌이 있으면 길하다.

▼ 동쪽 부엌은 어느 정도 재산을 모으나 건강이 나쁘다. 젊은 이에게 이롭지 못하다.

▼ 남동쪽의 부엌은 작은 아들에게 이롭지 못하다. 후사가 외롭다. 황달이나 신경통 계통의 질환을 앓는다.

▲ 남쪽에 부엌이 있으면 비교적 좋다.

▲ 남서쪽의 부엌은 좋다.

▼ 서쪽에 부엌이 있으면 도깨비가 장난치듯 집안이 번란스럽다.

▼ 북서쪽에 부엌이 있으면 재산은 흩어지고 나이든 분에게 이롭지 못하다.

▼ 북쪽에 부엌이 있으면 젊은이에게 이롭지 못하며 요절한다.

(15) 남쪽에 대문이 있고 동쪽에 안방이 있다
—생기택(生氣宅)—
가상법으로 보면 '화뢰발복부녀랑(火雷發福婦女良)'이다. 집안이 크게 부하고 크게 길하다. 남자들은 총명하여 현달하며 여자는 빼어나다. 3년이 길하고 다시 8년이 길하다. 궁핍한 서생이 하루아침에 부귀가 일어난다. 부엌의 방위에 따라 길흉이 달라진다.

▼ 북동쪽에 부엌이 있으면 여자에게 이롭지 못하다. 어린애도 자라기 어렵고 아내는 남편의 권리를 빼앗는다. 부녀는 거칠고 황달이나 정신병을 앓는다.

▲ 동쪽에 부엌이 있으면 길하다.

▲ 남동쪽에 부엌이 있으면 크게 좋다. 어질고 총명한 인물이 나온다. 여자에게도 좋은 일이 많으며 부귀·영달하여 자식을 넷이나 둔다.

▲ 남쪽에 부엌이 있으면 크게 좋다.

▼ 남서쪽에 부엌이 있으면 부녀는 단명한다. 간장·위장·비장 등에 질환이 있다.

▼ 서쪽에 부엌이 있으면 남녀가 젊어서 죽는다. 관재수와 구설수가 끊이지 않는다.

▼북서쪽에 부엌이 있으면 안팎으로 흉한 일이 닥친다. 모든 일에 이롭지 못하고 흉한 일만 일어난다.

▲ 북쪽에 부엌이 있으면 크게 길하다.

(16) 남쪽에 대문이 있고 남동쪽에 안방이 있다
　　—천을택(天乙宅)—

이런 유형은 '화풍정희가호선(火風丁稀家好善)'이다. 남녀 모두 어질고 의롭다. 집안 일은 대체로 부인이 주관한다. 초년에는 크게 일어나 이런 집에 오래 살면 나중에는 후사가 끊긴다. 집안의 모든 살림은 의붓자식이 주관한다. 이런 집도 부엌의 방위에 따라 길흉을 달리한다.

▼ 북동쪽에 부엌이 있으면 젊은이에게 이롭지 못하다. 부녀가 마음대로 권력을 휘두른다.

▲ 동쪽에 부엌이 있으면 부귀하다.

▼ 남동쪽에 부엌이 있으면 초년에는 발전한다. 그러나 오래 살수록 이롭지 못하다.

▼ 남쪽에 부엌이 있으면 오래 살수록 후사가 끊긴다.

▼ 남서쪽에 부엌이 있으면 여자들의 장난이 심하다. 가도(家道)가 올바르게 서지 못하므로 식구들이 불안하다.

▼ 서쪽에 부엌이 있으면 남녀는 젊어서 죽는다. 건강 역시 나쁘다.

▼ 북서쪽에 부엌이 있으면 남녀가 일찍 죽는다. 건강이 최악이다.

▲ 북쪽에 부엌이 있으면 길하다. 이른바 삼길택(三吉宅)이다.

(17) 동쪽에 대문이 있고 동쪽에 안방이 있다
　　—복위택(伏位宅)—

이런 유의 집은 '화염중중무아녀(火焰重重無兒女)'라 한다. 초년에는 어지간히 부와 명예가 빛을 발하는 것 같으나 부인의 수명이 짧고 건강을 해친다. 오래 살면 양자가 대를 잇는다. 이런 집은 부엌의 방위에 따라 길흉이 뒤바뀐다.

▼ 북동쪽에 부엌이 있으면 가난하고 괴로움이 그치지 않는다. 집안은 망하고 흩어진다. 황달 등의 질환을 앓는다.

▼ 동쪽에 부엌이 있으면 초년에는 좋으나 오래 살면 후사가 끊긴다.

▲ 남동쪽에 부엌이 있으면 복록수를 갖춰 크게 좋다.

▲ 남쪽에 부엌이 있으면 크게 좋다.

▼ 남서쪽에 부엌이 있으면 나이든 어머니에게 이롭지 못하며 속병을 앓는다.

▼ 서쪽에 부엌이 있으면 식구들의 건강이 나쁘다. 근육과 뼈에 이상이 생겨 이롭지 못하다.

▼ 북서쪽에 부엌이 있으면 모든 일에 이롭지 못하다. 결국 집안은 망해 간다.

▼ 북쪽에 부엌이 있으면 처음엔 괜찮으나 시일이 지날수록 집안이 이롭지 못하고 후사가 끊긴다.

(18) 동쪽에 대문이 있고 남동쪽에 안방이 있다

—연년택(延年宅)—

이런 유형의 집을 '뇌풍상배속발복(雷風相配速發福)'이라 한다. 이로운 중에서도 가장 이롭고, 가난한 사람이라도 금시에 일어난다. 이른바 부귀를 누리는 집이다. 아들 넷을 두니 크게 길하다. 이런 집 역시 방위에 따라 길흉을 달리한다.

▼ 북동쪽에 부엌이 있으면 손이 끊기고 재산이 흩어지니 좋지 않다.

▲ 동쪽에 부엌이 있으면 크게 이롭다.

▲ 남동쪽에 부엌이 있으면 길하고 이롭다.

▲ 남쪽에 부엌이 있으면 세 아들이 장원급제할 정도로 길하다. 남자는 총명하고 여자는 빼어나다.

▼ 남서쪽에 부엌이 있으면 어머니가 일찍 돌아가시니 좋지 않다.

▼ 서쪽에 부엌이 있으면 남녀간에 일찍 죽으므로 불길하다.

▼ 북서쪽에 부엌이 있으면 아내와는 상극이고 아들은 상한다.

▲ 북쪽 부엌은 크게 길하고 이롭다.

(19) 동쪽에 대문이 있고 남쪽에 안방이 있다

—**생기택**(生氣宅)—

이런 유형은 '뇌화광명부귀창(雷火光明富貴昌)'이다. 즉, 다섯 아들이 출세하고 부부는 화목하게 해로한다. 자손은 어질고 백세의 수를 누리니 아주 길하다.

▼ 북동쪽에 부엌이 있으면 후사가 끊기고 집안이 망한다.

▲ 동쪽 부엌은 길하다.

▲ 남동쪽 부엌은 부부 사이가 원만하고 좋다.

▲ 남쪽에 부엌이 있으면 길하다.

▼ 남서쪽 부엌은 여자에겐 이롭지 못하다.

▼ 서쪽에 부엌이 있으면 남녀간에 요절하여 좋지 못하다.

▼ 북서쪽 부엌은 만사가 이롭지 못해 흉하다.

▲ 북쪽에 부엌이 있으면 길하다.

(20) 동쪽에 대문이 있고 남서쪽에 안방이 있다

—**화해택**(禍害宅)—

이런 유형은 '용입인문상노모(龍入人門傷老母)'다. 초년에는 간혹 건강한 사람도 있으나 황달을 비롯하여 비장·위장의 병자가 생긴다. 집안 사람 가운데 열에 아홉은 궁하게 지낸다. 이런 집은 부엌의 위치에 따라 내용이 달라진다.

▼ 북동쪽에 부엌이 있으면 나쁘다.

▼ 동쪽에 부엌이 있어도 좋지 않다.

▼ 남동쪽에 부엌이 있어도 좋지 않다.

▲ 남쪽 부엌은 평안하다.

▼ 남서쪽 부엌은 나쁘다.

▼ 서쪽 부엌은 자녀가 일찍 죽고 자녀에게도 이롭지 못하다.

▼ 북서쪽에 부엌이 있으면 아주 나쁘다.

▼ 북쪽에 부엌이 있으면 나쁘다.

(21) 동쪽에 대문이 있고 서쪽에 안방이 있다
─절명택(絶命宅)─

이런 유형은 역(易)으로 풀어 보면 '용쟁호투우상장(龍爭虎鬪憂傷長)'의 경우다. 건강이나 재산이 온전하지 못하고 사지 육신이 고루 아프다. 집안에 과부가 생기며 외롭게 고생한다. 이런 집도 부엌의 방위에 따라 내용에 차이가 있다.

▼ 북동쪽에 부엌이 있으면 어린아이가 일찍 죽는다.

▼ 동쪽에 부엌이 있으면 길하지 못하다.

▼ 남동쪽에 부엌이 있으면 부녀자가 일찍 죽는다.

▼ 남쪽에 부엌이 있으면 집안 여인들이 일찍 죽는다.

▼ 남서쪽에 부엌이 있으면 시어머니가 상한다.

▼ 서쪽에 부엌이 있으면 남자가 상한다. 아들과는 상극이니 자연 후사가 외롭다.

▼ 북서쪽에 부엌이 있으면 아주 흉하다.

▼ 북쪽 부엌은 일시적으로 평안해 보이나 오래 살면 남녀의 수명이 짧다.

⑳ 동쪽에 대문이 있고 북서쪽에 안방이 있다
—오귀택(五鬼宅)—

이런 유형은 '용비천상노공앙(龍飛天上老公殃)'이다. 노인에겐 좋지 않고 이 집에 사는 사람은 수명이 짧다. 남자는 거듭 장가들고 음란한 생활을 하며 떠돌이가 된다. 임신을 하여도 유산하며 눈병과 부스럼으로 고생한다. 이런 집도 부엌의 방위에 따라 내용이 달라진다.

▼ 북동쪽에 부엌이 있으면 황달이나 정신병을 앓는다.

▼ 동쪽의 부엌은 나쁘다.

▼ 남동쪽에 부엌이 있으면 부녀가 일찍 죽는다. 근육과 뼈가 아프다.

▼ 남쪽에 부엌이 있으면 남녀 모두 단명한다. 어지럼증을 비롯하여 해수·가래·눈병·무기력증이 온다.

▼ 남서쪽에 부엌이 있으면 조부모가 헤어지며 부녀자에게 이롭지 못하다. 간장을 비롯하여 위장·심장·비장 등의 질환을 앓게 된다.

▼ 서쪽에 부엌이 있으면 어린애가 자라기 어려우며 과부로 지낸다. 양자를 들이며 재난은 끝이 없다.

▼ 북서쪽의 부엌은 남녀가 단명하고 크게 해롭다.

▼ 북쪽 부엌은 아내와 상극이다. 음란과 도박을 즐기므로 재산은 흩어진다.

⑵3⑵ 동쪽에 대문이 있고 북쪽에 안방이 있다
—천의택(天醫宅)—

이런 유형을 '뇌화핍사다행선(雷火乏嗣多行善)'이라 한다. 초년에는 크게 좋으나 오래 살면 재난이 닥친다. 아내와 상극이며 자식은 상한다. 남녀 모두 선행을 하지만 식구들은 건강을 잃는다. 이런 집도 부엌의 방위에 따라 길흉이 달라진다.

▼ 북동쪽에 부엌이 있으면 남녀간에 수명이 짧아 대가 끊긴다. 특히 어린애에게 불리하다.

▶ 동쪽 부엌은 좋은 곳이기는 하나 오래 살 곳은 못된다.

▲ 남동쪽에 부엌이 있으면 모든 일에 이롭고 부귀영화를 누린다.

▲ 남쪽에 부엌이 있으면 문·부엌·방이 조화를 이루는 삼길택이므로 길하다.

▼ 남서쪽의 부엌은 아주 흉하다.

▼ 서쪽 부엌은 남녀가 젊어 죽는다.

▼ 북서쪽의 부엌은 아주 흉하다.

▼ 북쪽의 부엌은 오래 살면 아내와 상극이고 자식도 상한다.

⑵4⑵ 동쪽에 대문이 있고 북동쪽에 안방이 있다
—육살택(六煞宅)—

이런 집을 '용호산중소아즉(龍虎山中小兒卽)'이라 한다. 어린아이에게 해가 미치며 남녀는 젊어서 요절한다. 의붓자식이 집안을 장악한다.

▼ 북동쪽의 부엌은 어린아이에게 이롭지 못하다.

▼ 동쪽 부엌은 이롭지 못하다.

▼ 남동쪽의 부엌도 가족간에 불화하며 흉하다.

▼ 남쪽의 부엌은 부녀자의 성질이 포악하여 후사가 외롭다.

▼ 남서쪽에 부엌이 있으면 조부모가 헤어진다. 어린애는 자라기 어렵고 단명하다.

▼ 서쪽에 부엌이 있으면 남자는 적고 여자가 많다. 젊어서 죽고 집안이 망한다.

▼ 북서쪽에 부엌은 크게 흉하며 불리하다.

▶ 북쪽에 부엌이 있으면 길흉이 반반이다.

⑵5 남동쪽에 대문이 있고 남동쪽에 안방이 있다
—복위택(伏位宅)—

이런 집을 역으로 풀면 '아녀간난시중풍(兒女艱難是重風)'이라 한다. 부녀자가 집안을 주관하며, 초년에는 집안이 일어나나 남자의 수명이 짧다. 여자는 성하고 남자는 쇠하다. 이런 집도 부엌의 방위에 따라 길흉이 달라진다.

▼ 북동쪽에 부엌이 있으면 상극이다. 재산은 흩어지고 후손은 끊긴다.

▲ 동쪽 부엌은 부귀가 크게 일어난다.

▼ 남동쪽에 부엌이 있으면 남자는 수명이 짧고 재산은 있으나 건강을 보존 못한다.

▼ 남쪽에 부엌이 있으면 어질고 착하며 총명하다. 여자는 후사가 외롭다.

▼ 남서쪽에 부엌이 있으면 흉하다.

▼ 서쪽에 부엌이 있으면 부녀자에게 이롭지 못하다. 식구들의 건강도 좋지 않다.

▼ 북서쪽에 부엌이 있으면 해롭다. 부녀자는 사산(死産)하며 병으로 고통받는다.

▲ 북쪽에 부엌이 있으면 크게 좋다.

(26) 남동쪽에 대문이 있고 남쪽에 안방이 있다

—**천을택**(天乙宅)—

이런 유형을 '부귀핍사풍화당(富貴乏嗣風火當)'이라 한다. 부귀를 얻고 귀하게 된다. 집안 식구들은 어질고 착하여 남을 구한다. 그러나 이 집에 오래 살면 남자의 수명이 짧다. 이 집은 부엌의 방위에 따라 길흉이 달라진다.

▼ 북동쪽에 부엌이 있으면 외롭고 불길하다. 정신병을 앓으며 간장이 나쁘다. 고약한 부인에게 후사를 얻지 못하고 양자를 들인다.

▲ 동쪽에 부엌이 있으면 크게 길하다. 집안 식구들은 기운이 왕성하다. 부귀를 누린다.

▼ 남동쪽에 부엌이 있으면 좋기는 하나 건강에 해롭다.

▼ 남쪽에 부엌이 있으면 초년에는 크게 이롭다. 그러나 오래 살면 건강을 잃는다.

▼ 남서쪽 부엌은 모든 일에 이롭지 못하다. 고부간에 갈등이 크게 일어난다.

▼ 서쪽에 부엌이 있으면 남자는 단명하고 근육과 뼈에 이상이 온다.

▼ 북서쪽 부엌은 모두 단명한다. 낙태하여 죽은 아이를 낳는다.

▲ 북쪽 부엌은 생기가 돌아 크게 좋다. 부귀를 후손에게 전하고 여인은 인물이 빼어나다.

(27) 남동쪽에 대문이 있고 남서쪽에 안방이 있다

―오귀택(五鬼宅)―

이런 유형이 '지도인문모선망(地到人門母先亡)'이다. 안팎으로 상극이니 크게 나쁘다. 세상을 떠돌며 관재수·구설수에 휩싸인다. 재산은 탕진하고 시어머니와 며느리 사이가 나쁘다. 남녀가 단명하며 아들 둘을 보나 오래 가지 못하고, 결국 양자를 들인다. 과부 어머니가 의붓자식과 다투는 이런 유형도 부엌의 방위에 따라 달라진다.

▼ 북동쪽 부엌은 길하지 못하다.

▼ 동쪽 부엌은 부녀자에게 불리하다.

▼ 남동쪽 부엌은 이롭지 못하다.

▲ 남쪽에 부엌이 있으면 평안하고 길하다.

▼ 남서쪽 부엌은 흉하다.

▼ 서쪽에 부엌이 있으면 수명이 짧고 후사가 외롭다.

▶ 북서쪽에 부엌이 있으면 반은 길하고 반은 흉하다.

▲ 북쪽에 부엌이 있으면 아주 좋다.

(28) 남동쪽에 대문이 있고 서쪽에 안방이 있다

―육살택(六煞宅)―

이런 유형을 '수설건기음패절(水洩乾氣淫敗絶)'이라 한다. 부녀자들끼리 사이가 좋지 않고 뼈와 근육이 나쁘며 단명한다. 의붓자식이 집안을 잇는 이런 유형도 방위에 따라 길흉이 달라진다.

▼ 북동쪽에 부엌이 있으면 이롭지 못하다.

▼ 동쪽에 부엌이 있으면 흉하다.

▼ 남동쪽에 부엌이 있으면 이롭지 못하다.

▼ 남쪽에 부엌이 있으면 흉하다.

▼ 남서쪽에 부엌이 있으면 크게 흉하고 불리하다.

▼ 서쪽에 부엌이 있으면 남자는 단명하고 외롭다. 근육과 뼈
가 아프다.

▼ 북서쪽에 부엌이 있으면 부녀자와 남자 역시 단명하다. 후
사가 끊겨 불길하다.

▲ 북쪽에 부엌이 있으면 생기가 있어 좋다.

(29) 남동쪽에 대문이 있고 북서쪽에 안방이 있다
—**화해 택**(禍害宅)—

이런 유형을 '풍천동통살장부(風天疼痛殺長婦)'라 한다. 부녀자
는 단명하고 아이를 낳으면 사산한다. 초년에는 건강하고 재산도
모을 수 있으나 곧 흩어진다.

▼ 북동쪽에 부엌이 있으면 이롭지 못하다. 정신병을 앓으며
후사가 외롭다.

▼ 동쪽에 부엌이 있으면 모든 일이 흉하고 이롭지 못하다.

▲ 남동쪽에 부엌이 있으면 여자는 단명하고 심장과 다리에 병
이 있다.

▶ 남쪽 부엌은 길흉이 반반이다.

▼ 남서쪽 부엌은 부녀자가 일찍 죽으며 간장·위장·비장에
이상이 온다.

▼ 서쪽에 부엌이 있으면 이롭지 못하다.

▼ 북서쪽 부엌은 불리하다.

▶ 북쪽 부엌은 생기가 있어 길하지만 결코 재산은 모이지 않
는다.

(30) 남동쪽에 대문이 있고 북쪽에 안방이 있다
—**생 기 택**(生氣宅)—

이런 유형을 '오자등과시풍수(五子登科是風水)'라 한다. 다섯 아들은 과거에 급제하고 손자는 어질고 착하며 부귀한다. 집안 대대로 영화를 누리는 좋은 집이다. 이런 집도 부엌의 위치에 따라 내용이 달라진다.

▼ 북동쪽 부엌은 어린애를 키우기에 적합치 못하다. 다섯 아들 가운데 셋을 잃는다.

▲ 동쪽에 부엌이 있으면 가장 길하다.

▲ 남동쪽 부엌은 크게 길하고 이롭다. 식구마다 생기가 넘친다.

▲ 남쪽에 부엌이 있으면 복록수의 삼성(三星)이 모이니 아주 좋다.

▼ 남서쪽 부엌은 가운데 아들에게 크게 흉하다. 집과 가정이 망하고 불리하다.

▼ 서쪽에 부엌이 있으면 단명하고 불길하다.

▼ 북서쪽에 부엌이 있으면 아내와 상극이며 아들d 상한다. 근육과 뼈가 아프고 사산한다.

▲ 북쪽 부엌은 생기가 넘쳐 길하다. 복록수를 갖췄으니 부녀자가 총명하다.

(31) 남동쪽에 대문이 있고 북동쪽에 안방이 있다

―절명택(絶命宅)―

이런 유형을 '풍산과모다핍사(風山寡母多乏嗣)'라 한다. 어린아이는 상하며 의붓자식이 대를 잇는다. 위장·비장·간장 등에 질환이 겹치는 흉상이다. 이런 유형도 부엌의 방위에 따라 길흉이 달라진다.

▼ 북동쪽에 부엌이 있으면 후사가 외롭고 정신병의 소지가 있

다. 젊은이에게 결코 이롭지 못하다.

▼ 동쪽 부엌은 후사가 외롭고 단명한다.

▲ 남동 부엌은 불길하고 외롭다.

▼ 남쪽 부엌은 여인의 기질이 강해 남편의 권리를 빼앗는다. 자녀들에게 어려움이 많다.

▼ 남서쪽 부엌은 아주 흉하다.

▼ 서쪽 부엌은 불길하다.

▼ 북서쪽에 부엌이 있으면 부녀자가 단명하고 사산한다.

▼ 북쪽에 부엌이 있으면 젊은이에게 이롭지 못하다.

⑶ 남동쪽에 대문이 있고 동쪽에 안방이 있다

─**연년택**(延年宅)─

이런 유형은 '풍뢰공명여화최(風雷功名如火催)'라 한다. 공명을 일시에 떨치며 차차 부하게 된다. 뛰어난 재주를 가진 가족들이 늘어난다. 이런 유형도 부엌의 방위에 따라 길흉이 달라진다.

▼ 북동쪽에 부엌이 있으면 어린애에게 병이 생겨 키우기 어렵다.

▲ 동쪽에 부엌이 있으면 크게 이롭다.

▲ 남동쪽에 부엌이 있으면 좋은 기운이 모여든다. 집안이 순식간에 일어난다.

▲ 남쪽에 부엌이 있으면 크게 이롭다. 식구들은 화목하고 빼어난 딸을 둔다.

▼ 남서쪽에 부엌이 있으면 노모의 수명이 짧고 집안이 불화한다. 간장이 나빠 오랫동안 황달 등으로 고생한다.

▼ 서쪽 부엌은 남녀 모두 수명이 짧다. 근육과 뼈가 아프고 재산이 흩어진다.

▼ 북서쪽에 부엌이 있으면 크게 흉하다. 남자는 상하고 여자에게도 상극이다.

▲ 북쪽에 부엌이 있으면 복록수를 갖추어 크게 이롭다. 출세의 길이 연이어 열린다.

※ 이상의 32가지가 동사택의 가상이다. 위의 내용을 요약하면, 북쪽·남쪽·동쪽·남동쪽의 방위에 대문과 큰방·부엌이 있으면 길한 집이다. 동사택 가운데 삼길택(三吉宅)은 상상길(上上吉)로 오래도록 복을 누리고, 생기택은 상길(上吉)이고, 천의택(天醫宅)이 그 다음으로 길하다.

제2장 서사택(西四宅)의 가상

서사택의 가상은 서사택 32문(門) 32주(主)에 부엌을 8방위로 배치하여 길흉을 헤아리는 방법이다. 앞서 말한 바처럼 문은 대문을, 주는 안방 또는 중요한 주방(主房)을 가리킨다. 서사택에서는 가장 좋은 집을 연년택(延年宅)으로 치고, 그 다음이 천을택(天乙宅)이며 다음이 생기택(生氣宅)이다.

(1) 북서쪽에 대문이 있고 북서쪽에 안방이 있다
─ 복위택(伏位宅)─
이런 유형을 '건건순양상부녀(乾乾純陽傷婦女)'라 한다. 양기가 성하여 초년에는 부하고 귀히 된다. 그러나 후사가 끊기니 나중엔 좋지 않다. 이런 집은 부엌의 방위에 따라 길흉이 달라진다.

▼ 북동쪽에 부엌이 있으면 아들 셋을 두나 장성하기는 어렵

다. 가운데 아들이 단명하고 가슴과 배에 기생충이 들끓는다.

▼ 동쪽에 부엌이 있으면 큰아들에게 해롭다. 구설수와 흉사 등이 겹친다.

▼ 남동쪽에 부엌이 있으면 초년에는 길한 것 같으나 차츰 가슴·허리·다리 등에 질환이 찾아온다.

▼ 남쪽에 부엌이 있으면 아들보다 딸이 많고 재산은 모이지 않고 건강이 나쁘다.

▲ 서쪽에 부엌이 있으면 처음에는 좋으나 나중엔 재취를 얻는다. 재산을 모을 수 있다.

▲ 남서쪽의 부엌은 부부 금슬이 좋다. 복록수를 고루 갖추니 길하다.

▼ 북서쪽에 부엌이 있으면 초년에는 길한 듯하나 차츰 아내와는 상극이며 자식이 귀하다.

▼ 북쪽에 부엌이 있으면 처음에는 길하나 차츰 재산은 흩어지고 곤궁해진다. 주색잡기에 빠져 처자는 상하고 해수 천식으로 고생한다.

(2) 북서쪽에 대문이 있고 북쪽에 안방이 있다

─**육살택**(六煞宅)─

이런 유형은 '천문낙수출음광(天門落水出淫狂)'이다. 초년에 재물을 모으나 차츰 아내와는 상극이고 재산을 탕진한다. 이러한 집도 부엌의 방위에 따라 내용이 달라진다.

▼ 북동쪽에 부엌이 있으면 아이들을 두지만 특히 가운데 아들에게 불리하다.

▼ 동쪽에 부엌이 있으면 초년에는 그런 대로 지낼 수 있으나 점차 흉하게 된다.

▼ 남동쪽에 부엌이 있으면 초년에는 재물을 모을 수 있으나 오래 살수록 근육과 뼈에 이상이 온다.

▶ 남쪽의 부엌은 남녀간에 수명은 짧으나 재물을 모을 수 있으니 길흉이 반반이다.

▼ 남서쪽에 부엌이 있으면 재산 운은 있으나 가운데 아들에게 불리하다. 집을 나가 혼자 살게 되며 후사가 외롭다.

▶ 남쪽에 부엌이 있으면 길흉이 반반이다.

▼ 북서쪽에 부엌이 있으면 재산이 탕진되고 집안이 망한다.

▼ 북쪽 부엌은 재산이 탕진되고 후사가 끊긴다.

(3) 북서쪽에 대문이 있고 북동쪽에 안방이 있다
—천을택(天乙宅)—

이런 유형은 '천림산상가부귀(天臨山上家富貴)'라 한다. 초년에는 부할 뿐만 아니라 귀하고 장수한다. 그러나 오래 머무를수록 아내와 불화하며 외롭게 지낸다. 이런 유형의 집은 부엌 위치에 따라 길흉이 달라진다.

▼ 북동쪽에 부엌에 있으면 가업은 일어난다. 그러나 아이들에게는 좋지 않고 가족마다 기운을 차리지 못한다.

▼ 동쪽에 부엌이 있으면 후손이 끊긴다. 황달·비장에 지장이 오고 쉬이 피로를 느낀다.

▼ 남동쪽에 부엌이 있으면 근육과 뼈가 아프고 아내와는 상극이다. 부인은 아이를 낳고 황달에 걸린다.

▼ 남쪽에 부엌이 있으면 아내의 성질이 강폭하다. 어지럼증과 안질이 있다.

▲ 남서쪽에 부엌이 있으면 크게 길하다.

▲ 서쪽에 부엌이 있으면 매사에 순조롭고 길하다.

▼ 북서쪽에 부엌에 있으면 초년에는 일어서나 점차 기운다. 아내와 의가 상하고 아이들은 병들어 외로워진다.

▼ 북쪽에 부엌이 있으면 초년에는 재산을 모으나 점차 흩어진다.

⑷ 북서쪽에 대문이 있고 동쪽에 안방이 있다

—오귀택(五鬼宅)—

이런 유형을 '귀입뇌문상장자(鬼入雷門傷長子)'라 한다. 안팎으로 모든 게 나쁘다. 관재수를 비롯하여 각종 구설수가 따른다. 가슴과 배가 아프다. 부자 사이에 화목하지 못한다. 이런 집도 부엌의 방위에 따라 길흉을 달리한다.

▼ 북동쪽에 부엌이 있으면 재산은 모을 수 있으나 건강이 신통치 않다. 어린아이에게 병이 겹친다.

▼ 동쪽에 부엌이 있으면 크게 흉하다.

▼ 남동쪽의 부엌은 근육과 뼈가 아프고 부녀자도 근육과 뼈가 아프며 유산한다.

▼ 남쪽에 부엌이 있으면 젊어서 요절한다.

▶ 남서쪽의 부엌은 길흉이 반반이다.

▼ 서쪽에 부엌이 있으면 금극목(金剋木)이 되어 흉하다.

▼ 북서쪽에 부엌이 있으면 아주 나쁘다.

▼ 북쪽에 부엌이 있으면 집안 사람들의 건강도 나빠지고 가세도 기운다.

⑸ 북서쪽에 대문이 있고 남동쪽에 안방이 있다

—화해택(禍害宅)—

이런 유형이 '건손산망심퇴통(乾巽産亡心腿痛)'이다. 초년에는 혹여 재산을 모을 수 있으나 부녀자가 죽거나 도둑이 든다. 소송 사건이 일어난다. 이런 집도 부엌의 방위에 따라 길흉이 달라진다.

▼ 북동쪽에 부엌이 있으면 후손이 끊겨 이롭지 못하다.

▼ 동쪽에 부엌이 있으면 부녀가 단명한다.

▼ 남동쪽에 부엌이 있으면 부녀자가 단명한다.

▼ 남쪽에 부엌이 있으면 모든 실권이 여자에게 있다. 남자는 단명한다.

▼ 남서쪽에 부엌이 있으면 나이든 어머니가 일찍 죽는다.

▼ 서쪽 부엌은 흉하다.

▼ 북서쪽 부엌은 흉하다.

▼ 북쪽에 부엌이 있으면 초년에는 재물을 모을 수 있으나 곧 흩어진다.

⑹ 북서쪽에 대문이 있고 남쪽에 안방이 있다

—**절명택**(絶命宅)—

이런 유형을 역으로 풀이하면 '건리과거생안질(乾離寡居生眼疾)'이라 한다. 나이든 부친이 병고로 시달리다 죽는다. 도둑 수가 있으며 재산은 흩어진다. 어지럽고 머리가 아프다. 외로이 살다 대가 끊기는 이런 집은 부엌의 방위에 따라 길흉이 달라진다.

▶ 북동에 부엌이 있으면 자손은 어질고 착하나 부녀자의 성질이 광폭하다.

▼ 동쪽 부엌은 오귀가 되어 나쁘다.

▼ 남동쪽 부엌은 큰며느리가 유산하고 죽는다.

▼ 남쪽에 부엌이 있으면 흉하다.

▶ 남서쪽에 부엌이 있으면 길흉이 반반이다.

▼ 서쪽에 부엌이 있으면 흉하다.

▼ 북서쪽 부엌은 불길하다.

▼ 북쪽에 부엌이 있으면 재산은 흩어지고 아내와 상극이다.

(7) 북서쪽에 대문이 있고 남서쪽에 안방이 있다
—연년택(延年宅)—

이런 유형을 '천문도지영화창(天門到地榮華昌)'이라 한다. 이런
형태는 토(土)와 금(金)이 상생하는 격이므로 일가가 화목한다.
자식은 넷을 두고 모두 효성스럽다. 이런 집도 부엌의 방위에 따
라 내용이 달라진다.

▲ 북동쪽에 부엌이 있으면 남녀 모두에게 크게 길하다.

▼ 동쪽 부엌은 흉하다.

▼ 남동쪽에 부엌이 있으면 늙은 어머니와 며느리가 일찍 죽는
다.

▼ 남쪽 부엌은 흉하다.

▶ 남서쪽 부엌은 길흉이 반반이다.

▼ 서쪽 부엌은 흉하다.

▲ 북서쪽 부엌은 아주 길하다.

▼ 북쪽에 부엌이 있으면 수(水)가 토(土)의 영향을 받으므로
아들이 단명한다. 식구들의 건강도 좋지 않다.

(8) 북서쪽에 대문이 있고 서쪽에 안방이 있다
—생기택(生氣宅)—

이런 유형을 역으로 풀면 '천택재왕다음란(天宅財旺多淫亂)'이
다. 초년에는 부귀하고 건강을 누리지만 오래 살면 새 부인을 맞
이하게 되고 집안은 과부 어머니가 흔든다. 이런 집도 부엌의 방

위에 따라 길흉이 달라진다.

▲ 북동쪽에 부엌이 있으면 이롭다.

▼ 동쪽에 부엌이 있으면 흉하다.

▼남동쪽 부엌은 화해(禍害)가 되니 나쁘다. 부녀자는 산고로 인해 죽는다. 또한 근육과 뼈에 이상이 생겨 고통을 받는다.

▼ 남쪽 부엌은 흉하다.

▲ 남서쪽 부엌은 아주 좋다.

▲ 서쪽에 부엌이 있으면 길하다.

▼ 북서쪽에 부엌이 있으면 아내가 음탕하고 요절한다.

▼ 북쪽에 부엌이 있으면 재산은 흩어지고 후손이 끊긴다. 아내를 학대하고 남편은 음탕한 일을 자행한다.

(9) 남서쪽에 대문이 있고 남서쪽에 안방이 있다
—복위택(伏位宅)—

이런 유형을 '중지고과장가원(重地孤寡掌家園)'이라 한다. 초년에는 재산도 늘고 발전 하지만 남자에겐 이롭지 못하다. 결국 양자를 들이고 여자가 살림을 지탱한다. 이런 유형도 부엌의 방위에 따라 길흉이 달라진다.

▲ 북동쪽에 부엌이 있으면 길하다.

▼ 동쪽에 부엌이 있으면 흉하다.

▼ 남동 부엌은 남녀가 함께 단명하니 흉하다.

▼ 남쪽 부엌은 불길하다.

▼ 남서쪽에 부엌에 있으면 돈을 모을 수 있으나 자손은 귀하고 의붓아들과 지낸다.

▶ 서쪽에 부엌이 있으면 사람과 물질이 이로우나, 외롭고 대가 끊기고 양자가 들어온다.

▲ 북서쪽은 크게 길하다.

▼ 북쪽에 부엌에 있으면 가슴과 복부에 병이 있다. 집안이 망한다.

(10) 남서쪽에 대문이 있고 서쪽에 안방이 있다.

―**천의택**(天醫宅)―

이런 유형을 '지택진재절후사(地澤進財絶後嗣)'라 한다. 역으로 풀어 보면, 초년에는 발복 하지만 남자는 젊어서 죽고 어린애를 양육하기 어렵다. 딸과 사위를 사랑하나 집안은 깨끗지 못하다. 이런 유형도 부엌의 방위에 따라 길흉이 달라진다.

▲ 북동쪽에 부엌이 있으면 길하다.

▼ 동쪽에 부엌이 있으면 흉하다.

▼ 남동쪽에 부엌이 있으면 불길하다.

▼ 남쪽 부엌은 흉하다.

▼ 남서쪽에 부엌이 있으면 재산을 모으나 과부 셋이 한 집에 산다.

▶ 서쪽에 부엌이 있으면 길하나 자식이 없다.

▲ 북서쪽 부엌은 사람과 재물이 왕성하다. 나이가 많아질수록 점차 이름이 드러난다.

▼ 북쪽 부엌은 흉하다.

(11) 남서쪽에 대문이 있고 북서쪽에 안방이 있다

―**연년택**(延年宅)―

이런 유형을 '지기천문부귀창(地起天門富貴昌)'이라 한다. 남녀가 온전히 수를 누리고 부부가 화락한다. 아름다움이 더할 나위 없다. 이런 유형도 부엌의 방위에 따라 길흉이 달라진다.

▲ 북동쪽의 부엌은 아름다운 일이 계속 일어난다.

▼ 동쪽의 부엌은 크게 흉하다.

▼ 남동쪽 부엌은 아주 흉하다.

▼ 남쪽 부엌은 흉하다.

▲ 남서쪽 부엌은 크게 길하다.

▲ 서쪽 부엌은 크게 길하다.

▲ 북서쪽 부엌은 크게 길하다.

▼ 북쪽 부엌은 흉하다.

(12) 남서쪽에 대문이 있고 북쪽에 안방이 있다

―절명택(絶命宅)―

이런 유형을 역(易)으로 풀어내면 '곤감중남명부존(坤坎中男命不存)'이다. 가슴이 아프고 자주 체하며 황달 기가 있다. 도둑 수와 관재수가 있으며 구설수에 휘말린다. 이런 유형도 부엌의 방위에 따라 내용이 달라진다.

▼ 북동쪽에 부엌이 있으면 주인의 건강이 나쁘고 흉하다.

▼ 동쪽에 부엌이 있으면 상서롭지 못한 일이 계속된다.

▼ 남동쪽에 부엌이 있으면 흉하다.

▶ 남쪽에 부엌이 있으면 길흉이 반반이다.

▼ 남서쪽에 부엌이 있으면 불길하다.

▼ 서쪽에 부엌이 있으면 남녀가 단명한다.

▼ 북서쪽에 부엌이 있으면 초년에는 괜찮으나 점차 음란해진다.

▼ 북쪽 부엌은 흉하다.

(13) 남서쪽에 대문이 있고 북동쪽에 안방이 있다

—생기택(生氣宅)—

이런 유형이 '지산토중전산족(地山土重田産足)'이다. 즉, 가업은 일어나고 살림은 늘어난다. 아이들은 많고 손자는 현명하다. 그러나 세월이 흐를수록 여러 재난이 다가온다. 이런 유형도 부엌의 방위에 따라 길흉이 달라진다.

▲ 북동쪽 부엌은 길하다.

▼ 동쪽 부엌은 황달이나 위장 가슴이 아프다. 남녀간에 일찍 죽어 후사가 끊겨 불길하다.

▼ 남동쪽 부엌은 나이든 어머니에게 재난이 따른다. 황달병을 앓고 사산(死産)한다. 결국 집안은 아내가 유지한다.

▼ 남쪽에 부엌이 있으면 여인이 광폭하고 월경이 불순하다. 또한 어린아이 기르기가 힘들다.

▲ 남서쪽에 부엌이 있으면 길하다.

▲ 서쪽에 부엌이 있으면 이롭다.

▲ 북서쪽 부엌이 수를 늘이며 길하다.

▼ 북쪽에 부엌이 있으면 아주 흉하다.

(14) 남서쪽에 대문이 있고 북동쪽에 안방이 있다

—화해택(禍害宅)—

이런 유형을 '인림용위모산망(人臨龍位母産亡)'이라 한다. 즉, 모자간에 화목하지 못한다. 건강을 잃든지 재산을 잃든지 둘 가운데 하나다. 이런 유형도 방위에 따라 길흉이 달라진다.

▼ 북동쪽에 부엌이 있으면 불리하다. 어린애 키우기 어렵다.

▼ 동쪽 부엌은 불리하다.

▼ 남동쪽에 부엌이 있으면 흉하다.

▶ 남쪽에 부엌이 있으면 길흉이 반반이다.

▼ 남서쪽 부엌은 불길하다.

▼ 서쪽 부엌은 남녀가 단명하다.

▶ 북서쪽은 길흉이 반반이다.

▼ 북쪽에 부엌이 있으면 체하는 증세가 있고 가운데 아들이 일찍 죽는다.

(15) 남서쪽에 대문이 있고 남동쪽에 안방이 있다

—**오귀택**(五鬼宅)—

역으로 풀어 보면 '인매지호노모사(人埋地戶老母死)'이다. 나이 든 어머니는 죽고, 부인에게 불리하며 남자는 단명하다. 간장·위장·비장이 나쁘고 음란과 도박으로 재산을 버리고 망한다. 초년에 아들 둘을 두어 집안에 웃음이 피어나지만 결국 대가 끊긴다. 이런 집도 부엌의 방위에 따라 길흉이 달라진다.

▼ 북동쪽 부엌은 과부가 많이 생겨나 여자가 살림을 맡는다.

▼ 동쪽 부엌은 안주인에게 불리하다.

▼ 남동쪽에 부엌이 있으면 남녀가 일찍 죽으므로 흉하다.

▶ 남쪽에 부엌이 있으면 길흉이 반반이다.

▼ 남서쪽 부엌은 흉하다.

▼ 서쪽 부엌은 남녀가 젊어서 죽으니 흉하다.

▼ 북서쪽 부엌은 흉하다.

▶ 북쪽 부엌은 길흉이 반반이다.

(16) 남서쪽에 대문이 있고 남쪽에 안방이 있다

—**육살설기택**(六煞洩氣宅)—

이런 유형은 '인문견화다과모(人門見火多寡母)'이다. 아낙네가 집안을 지탱하며 남자가 일찍 죽는다. 이런 집은 부엌의 방위에 따라 내용이 달라진다.

▶ 북동쪽 부엌은 재산을 모을 수 있으나 아내가 광폭하다.

▶ 동쪽 부엌은 길흉이 반반이다.

▼ 남동쪽 부엌은 불길하다.

▼ 남쪽에 부엌이 있으면 초년에는 재산을 모을 수 있으나 점차 시간이 흐름에 따라 건강을 잃는다.

▶ 남서쪽 부엌은 길흉이 반반이다.

▼ 서쪽 부엌은 아주 흉하다.

▼ 북서쪽 부엌은 남자가 단명하고 여자는 외롭다.

▼ 북쪽 부엌은 불길하다.

(17) 북동쪽에 대문이 있고 북동쪽에 안방이 있다

―복위 택(伏位宅)―

이런 유형은 '중중첩첩처자상(重重疊疊妻子傷)'이다. 초년에는 순조로우나 차차 처자에 해롭다. 이런 유형도 부엌의 방위에 따라 길흉이 달라진다.

▼ 북동쪽에 부엌이 있으면 재산은 있으나 우환은 그치지 않는다.

▼ 동쪽 부엌은 처자에게 해롭다.

▼ 남동쪽에 부엌이 있으면 남자는 단명한다. 어린애는 간장·위장을 앓고 결국 양자를 들인다.

▼ 남쪽에 부엌이 있으면 초년에는 복이 있다. 아낙네는 사납고 온통 집안을 휘젓는다.

▲ 남서쪽에 부엌이 있으면 비교적 좋다.

▲ 서쪽에 부엌이 있으면 아주 좋다.

▼ 북서쪽 부엌은 아버지와 아들에게는 좋으나 안주인에겐 맞

지 않다. 어린아이에게도 불리하다. 초년엔 부귀를 누릴 수 있으
나 뒤가 좋지 않으니 불길하다.

　▼ 북쪽 부엌은 만사에 흉하다.

(18) 북동쪽에 대문이 있고 동쪽에 안방이 있다

—육살입택(六煞入宅)—

　이런 유형은 '산뢰상견소아사(山雷相見小兒死)'라 한다. 집안은
흐트러지고 편안치 못하다. 간장과 비장에 질환이 따른다. 초년엔
괴롭고 어렵다. 간혹은 건강을 회복할 수 있으나 결국은 망한다.
이런 유형도 부엌의 방위에 따라 길흉이 달라진다.

　▼ 북동쪽에 부엌이 있으면 불길하다.

　▼ 동쪽 부엌은 재산이 흩어지니 불리하다.

　▼ 남동쪽 부엌은 남자가 단명한다. 후사가 끊긴다.

　▶ 남쪽 부엌은 길흉이 반반이다.

　▼ 남서쪽 부엌은 이롭지 못하다.

　▼ 서쪽 부엌은 재산은 있으나 남자에게 불리하다. 결국 과부
가 지탱한다.

　▼ 북서쪽 부엌은 흉하다.

　▼ 북쪽에 부엌이 있으면 흉하다.

(19) 북동쪽에 대문이 있고 남동쪽에 안방이 있다

—절명택(絶命宅)—

　이런 유형을 역으로 풀면 '산림지호과모절(山臨地戶寡母絶)'이
라 한다. 어린애는 성장하기 어렵고 비장·정신병 등으로 고생한
다. 노복(奴僕)은 도망친다. 이런 유형도 부엌의 방위에 따라 내
용이 달라진다.

▼ 북동쪽 부엌은 불길하다.

▼ 동쪽 부엌은 아이를 키우기가 어려우니 후사가 끊긴다.

▼ 남동쪽 부엌은 과부 어머니와 외로운 아들 그리고 한 집안에 성이 다른 사람을 데리고 산다.

▼ 남쪽에 부엌이 있으면 경맥이 고르지 못하고 자궁 출혈을 한다.

▼ 남서쪽 부엌은 남편과 아내에게 불리하다.

▼ 서쪽 부엌은 여자가 일찍 죽는다.

▼ 북서쪽에 부엌이 있으면 여인은 아이를 낳다 죽거나 사산한다. 근육과 뼈에 이상이 온다.

▼ 북쪽 부엌은 흉하다.

(20) 북동쪽에 대문이 있고 남쪽에 안방이 있다

—화해택(禍害宅)—

이런 유형은 '귀림지호부녀강(鬼臨地戶婦女剛)'이다. 남자는 유약하고 여자는 성질이 고약하다. 혹은 질투하고 교만하여 여인은 자궁에서 피를 쏟는다. 이런 집도 부엌의 방위에 따라 길흉이 달라진다.

▲ 북동쪽에 부엌이 있으면 재산을 모을 수 있으므로 약간 길하다.

▼ 동쪽 부엌은 자식이 귀하니 불길하다.

▼ 남동쪽에 부엌이 있으면 외로이 살며 대가 끊긴다.

▼ 남쪽 부엌은 여인이 아내의 권리를 빼앗는다.

▲ 남서쪽 부엌은 재산을 모은다.

▼ 서쪽 부엌은 젊은 부인이 흉하게 죽는다.

▼ 북서쪽에 부엌이 있으면 아버지가 일찍 죽는다.

▼ 북쪽에 부엌이 있으면 크게 흉하다.

(21) 북동쪽에 대문이 있고 남서쪽에 안방이 있다
—생기택(生氣宅)—

이런 유형을 '산지전산다진익(山地田産多進益)'이라 한다. 집안이 융성하고 지위와 공명을 드날린다. 부귀 영화를 누리나 비장에 병이 있어 살기 어렵다. 이런 집도 부엌의 방위에 따라 길흉이 달라진다.

▲ 북동쪽 부엌은 길하다.

▼ 동쪽에 부엌이 있으면 남녀가 단명한다. 아이가 자라기 어렵고 구설수가 집안을 휘젓는다.

▼ 남동쪽에 부엌이 있으면 후손이 귀해 불길하다.

▼ 남쪽에 부엌이 있으면 부인이 사나워 불길하다.

▲ 남서쪽 부엌은 길하다.

▲ 서쪽 부엌은 이롭다.

▲ 북서쪽 부엌은 길하다.

▼ 북쪽에 부엌이 있으면 크게 흉하다.

(22) 북동쪽에 대문이 있고 서쪽에 안방이 있다
—연년득위 금성등전지택(延年得位 金星登殿之宅)—

이런 유형은 '산택인왕가부귀(山澤人旺家富貴)'이다. 부부 사이엔 금슬이 좋으며 소년 등과한다. 가산은 늘고 부부는 해로한다. 집안은 일어나고 백세의 수를 누린다. 아들 넷을 두니 서사택 중에 가장 길한 집이다. 이런 집도 부엌의 방위에 따라 길흉이 달라진다.

▲ 북동 부엌은 크게 길하다.

222 내 운명이 보인다

▼ 동쪽 부엌은 흉하다.

▼ 남동쪽 부엌은 부부가 단명하니 후사가 불길하다.

▼ 남쪽 부엌은 젊은 부인이 흉하게 죽는다.

▲ 남서쪽에 부엌이 있으면 아들을 셋, 또는 다섯을 둔다. 복록수를 고루 갖춘다.

▲ 서쪽에 부엌이 있으면 어진 아내가 집안을 유지한다. 딸이 빼어나다.

▲ 북서쪽에 부엌이 있으면 수가 90세에 이르니 크게 길하다.

▼ 북쪽에 부엌이 있으면 크게 흉하다.

⑵⑶ 북동쪽에 대문이 있고 북서쪽에 안방이 있다

―천을택(天乙宅)―

이런 유형을 '산기천중자귀현(山起天中子貴賢)'이라 한다. 집안은 화평하고 부와 귀를 누린다. 남자는 장수하나 부인과는 상극이다. 이런 집은 부엌의 방위에 따라 길흉이 달라진다.

▲ 북동 부엌은 비교적 화기애애하다.

▼ 동쪽 부엌은 불길하다.

▼ 남동쪽 부엌은 황달이나 중풍에 걸리기 쉽다.

▼ 남쪽 부엌은 외롭고 재산을 잃는다. 또한 악창을 앓는다.

▲ 남서쪽 부엌은 크게 이롭다.

▲ 서쪽 부엌은 크게 길하다.

▲ 북서쪽 부엌은 아내와 상극이다. 후사가 없으니 외롭다.

▼ 북쪽 부엌은 어린애가 일찍 죽는다.

⑵⑷ 북동쪽에 대문이 있고 북쪽에 안방이 있다

―오귀택(五鬼宅)―

이런 유형이 '귀우왕양낙수상(鬼遇汪洋落水傷)'이다. 강물에 몸을 던지거나 구설·도둑·관재·화재의 수가 있다. 부자간이나 형제간에도 불화한다. 아들은 상하고 부모에게 불효한다. 이런 유형도 부엌의 방위에 따라 길흉이 달라진다.

▼ 북동쪽에 부엌이 있으면 흉하다.

▼ 동쪽에 부엌이 있으면 불길하다.

▼ 남동쪽에 부엌이 있으면 중풍이나 황달에 걸리기 쉽다.

▼ 남쪽에 부엌이 있으면 부인이 광폭하게 집안을 관장한다.

▼ 남서쪽에 부엌이 있으면 가운데 아들이 단명한다.

▲ 서쪽 부엌은 편안하다.

▼ 북서쪽 부엌은 아내와는 상극이다. 자식은 상하고 주색잡기를 탐닉한다.

▼ 북쪽 부엌은 흉하다.

(25) 서쪽에 대문이 있고 서쪽에 안방이 있다
—**복위택**(伏位宅)—

이런 유형을 '택중소부장병권(澤重少婦掌兵權)'이라 한다. 초년에는 재산 운이 있으나 점차 시간이 지남에 따라 남자는 단명한다. 젊은이는 없고 과부와 여인만 남는다. 이런 유형도 부엌의 방위에 따라 길흉이 달라진다.

▲ 북동쪽에 부엌이 있으면 아주 좋다.

▼ 동쪽 부엌은 흉하다.

▼ 남동쪽 부엌은 아내가 장난치고 젊어서 죽으니 후사가 끊어진다.

▼ 남쪽에 부엌이 있으면 흉하다.

▼ 남서쪽에 부엌이 있으면 남녀가 단명하니 흉하다.

▼ 서쪽 부엌은 재산은 모을 수 있으나 건강이 나쁘니 흉하다.

▲ 북서쪽 부엌은 길하다.

▼ 북쪽에 부엌이 있으면 재산이 흩어지고 아내와 불화한다.

⒀ 서쪽에 대문이 있고 북서쪽에 안방이 있다

—생기택(生氣宅)—

이런 유형을 역으로 풀어내면 '택천과모장재원(澤天寡母掌財源)'이라 한다. 재산은 늘고 발전한다. 젊어서는 일시적으로 흥하나 부녀는 단명하고 처첩을 거듭하여 들여도 모두 빠져나간다. 이런 유형도 부엌의 방위에 따라 길흉이 달라진다.

▲ 북동쪽 부엌은 크게 이롭다.

▼ 동쪽 부엌은 젊어서 죽거나 홀로 지내니 흉하다.

▼ 남동쪽 부엌은 부녀자가 홀로 되고 단명할 것이니 불리하다.

▼ 남쪽 부엌은 크게 흉하다.

▼ 남서쪽 부엌은 모두 단명하므로 불길하다.

▼ 서쪽에 부엌이 있으면 재산은 있으나 건강이 나쁘다.

▲ 북서쪽 부엌은 순탄하고 길하다.

▼ 북쪽에 부엌이 있으면 재산은 흩어지고 단명한다.

⒄ 서쪽에 대문이 있고 북쪽에 안방이 있다

—화해설기택(禍害洩氣宅)—

이런 유형을 역으로 풀어내면 '백호투강육축상(白虎投江六畜傷)'이라 한다. 남자는 총명하고 여자는 빼어나다. 남편은 떠돌기를 좋아하고 도박을 즐기며 가산을 탕진한다. 이런 유형도 부엌의 방위에 따라 길흉이 달라진다.

▼ 북동쪽에 부엌이 있으면 아이가 일찍 죽고 손이 외롭다.

▼ 동쪽에 부엌이 있으면 이롭지 못하다.

▼ 남동쪽 부엌은 여자에게 불리하다.

▼ 남쪽에 부엌이 있으면 흉하다.

▼ 남서쪽에 부엌이 있으면 가운데 아들에게 흉하다.

▼ 서쪽 부엌은 여자에게 불리하다.

▼ 북서쪽에 부엌이 있으면 재산은 흩어지고 건강을 잃는다.

▼ 북쪽에 부엌이 있으면 단명하다.

(28) 서쪽에 대문이 있고 북동쪽에 안방이 있다
—연년택(延年宅)—

이런 유형을 '택산증복소방영(澤山增福小房榮)'이라 한다. 남자는 총명하고 여자는 빼어나다. 장원급제자가 나오며 작은아들에게 유리하다. 서사택 중에서 가장 길한 집이다. 이런 집도 부엌의 방위에 따라 길흉이 달라진다.

▲ 북동쪽에 부엌이 있으면 길하다.

▼ 동쪽 부엌은 흉하다.

▼ 남동쪽에 부엌이 있으면 흉하다.

▼ 남쪽에 부엌이 있으면 흉하다.

▲ 남서쪽에 부엌이 있으면 길하다.

▲ 서쪽에 부엌이 있으면 길하다.

▲ 북서쪽에 부엌이 있으면 길하다.

▼ 북쪽에 부엌이 있으면 흉하다.

(29) 서쪽에 대문이 있고 동쪽에 대문이 있다
—절명택(絶命宅)—

이런 유형을 '호입용와노고왕(虎入龍窩勞蠱尫)'이라 한다. 이를 테면 홀로 외로이 지내며 후사가 끊긴다. 평소에 남편과는 사이가 나쁘고 집안 역시 화목치 못한다. 이런 집도 부엌의 방위에 따라 길흉이 달라진다.

▼ 북동쪽에 부엌이 있으면 불리하다.

▼ 동쪽 부엌은 흉하다.

▼ 남동쪽에 부엌이 있으면 부인이 절명한다.

▼ 남쪽에 부엌이 있으면 흉하다.

▼ 남서쪽에 부엌이 있으면 이롭지 못하다.

▼ 서쪽에 부엌이 있으면 흉하다.

▼ 북서쪽에 부엌이 있으면 흉하다.

▼ 북쪽에 부엌이 있으면 불리하다.

(30) 서쪽에 대문이 있고 남동쪽에 안방이 있다

─육살택(六煞宅)─

이런 유형을 역으로 풀면 '호봉한자역음양(虎逢限地亦陰陽)'이다. 남편과는 상극이며 아들은 상한다. 재물을 잃고 병고가 심하다. 이런 집도 부엌의 방위에 따라 길흉이 달라진다.

▼ 북동쪽의 부엌은 어린애에게 이롭지 못하다. 혼자 살게 된다.

▼ 동쪽 부엌은 남녀가 함께 요절할 흉상이다.

▼ 남동쪽의 부엌은 상극이다. 초년에는 약간의 재물을 모을 수 있으나 건강이 나쁘고 자식이 없는 흉상이다.

▼ 남쪽에 부엌이 있으면 불길하다.

▼ 남서쪽 부엌은 흉하다.

▼ 서쪽 부엌은 불리하다.

▼ 북서쪽 부엌은 남녀가 단명하고 흉하다.
▼ 북쪽에 부엌이 있으면 이롭지 못하다.

(31) 서쪽에 대문이 있고 남쪽에 안방이 있다
—**오귀택**(五鬼宅)—

이런 유형을 역으로 풀어내면 '호화염증소녀망(虎火炎蒸少女亡)'이라 한다. 부녀가 남편의 권리를 빼앗는다. 남자는 단명하고 여자도 일찍 죽는다. 식구마다 건강이 나쁘니 흉사다. 이런 유형도 부엌의 방위에 따라 길흉이 달라진다.

▶ 북동쪽 부엌은 길흉이 반반이다.
▼ 동쪽에 부엌이 있으면 불길하다.
▼ 남동쪽에 부엌이 있으면 불길하다.
▼ 남쪽에 부엌이 있으면 흉하다.
▶ 남서쪽에 부엌이 있으면 길흉이 반반이다.
▼ 서쪽 부엌은 흉하다.
▼ 북서쪽에 부엌이 있으면 단명한다.
▼ 북쪽에 부엌이 있으면 남녀가 단명하고 불길하다.

(32) 서쪽에 대문이 있고 남서쪽에 안방이 있다
—**천을택**(天乙宅)—

이런 유형이 '택지재륭이성거(澤地財隆異姓居)'이다. 집안이 크게 일어나고 여자는 많되 남자는 귀하다. 처음에는 좋고 나중에는 나쁘다. 이런 유형도 부엌의 방위에 따라 길흉이 달라진다.

▲ 북동쪽에 부엌이 있으면 모든 일이 순조롭다.
▼ 동쪽 부엌은 흉하다.
▼ 남동쪽에 부엌이 있으면 흉하다.

▼ 남쪽에 부엌이 있으면 흉하다.

▼ 남서쪽에 부엌이 있으면 재산은 얼마간 불어나나 건강이 나쁘다.

▼ 서쪽 부엌은 남편과 아들에게 해롭다.

▲ 북서쪽의 부엌은 장수하며 길하다.

▼ 북쪽 부엌은 남녀 모두에게 좋지 않다. 수명이 짧고 흉하다.

※이상의 32가지가 서사택 가상이다. 서사택의 방위, 이를테면 북서쪽·남서쪽·북동쪽·서쪽의 방위에 대문과 주방과 부엌이 있으면 삼길택(三吉宅)으로 친다. 오래도록 복을 누릴 수 있는 가상으로 풀이된다.

제5부 관상법(觀相法)

제1장 관상에 대하여

관상법을 말할 때에는 으레 이규보의 「경설(鏡說)」을 떠올린다. '거울은 얼굴을 비쳐보는 것으로 불길한 것이 묻어있지 않는가' 하는 것 때문이다. 그러므로 군자는 거울을 대할 때마다 거울의 맑은 본성을 취해 자신을 맑게 하여 세상을 비친다고 한 것이다. 거울은 닦지 않으면 흐려진다. 그러므로 본성을 비쳐볼 수 없게 된다. 운명이라는 것 역시 마찬가지다. 거울 속에 드러난 자신의 운명의 얼굴을 보며 명수(命數)가 어떻게 달라지는가를 살피는 것이다.

제1절 점쟁이의 역사

돈을 받고 남의 길흉을 살펴주는 사람이 점쟁이다. 한 걸음 더 나아가 고대 사회에서는 예언자적 기능까지도 갖춘 장인이 점쟁이다. 이러한 점쟁이를 고구려에서는 사무(師巫), 신라에서는 일

관(日官), 백제에서는 일자(日者)라 하였다.

그렇다면 관상은 어떤가? 이것 역시 일종의 점법이다. 얼굴 생김이나 안면의 골격, 손발의 형상과 색택(色澤;빛나는 윤기), 추벽(皺襞;찌그러지고 주름이 잡힘), 흑자(黑子;점), 반문(斑紋;얼룩무늬) 등의 특징을 살펴 다가올 흉한 일을 피하고 길한 쪽으로 나아가게 하는 법술이다.

제2절 인상학은 어느 때부터일까

인상학은 주(周)나라 때로 거슬러 올라간다. 노나라의 태사 숙복(叔服)이 공손교(公孫敎)라는 재상의 두 아들에 대한 상을 보았는데, 예언이 적중하여 관상법의 시조로 삼게 되었다. 또한 한신의 상을 보아주고 권세를 누린 허부(許負)도 빼놓을 수 없는 관상가로서 자리매김을 하고 있다. 남북조 시대에는 인도에서 중국으로 들어와 선종을 일으킨 달마(達摩)의 『달마상법』이 있고, 송나라가 일어나기 직전 마의도사(麻衣道士)가 『마의상법』을 창안한 것도 범상치 않다. 그러므로 관상학에서는 위의 두 가지를 이대 상전(相典)이라 부른다.

제2장 인상을 관찰하는 방법

제1절 형을 살핀다

일반적으로 관상을 보는 데에는 먼저 관상을 보러 온 자의 출생지를 알고 그것으로 오행을 구분하는 일이다. 이러한 오형의 구분은 다음과 같다.

(1) **목형**(木形) ― 몸이 마르고 곧다. 골절은 딱딱하고 얼굴은 길고 빛깔은 푸르다. 눈은 맑고 성격은 어질다.

(2) **화형**(火形) ― 위는 뾰족하고 아래는 넓다. 성질이 조급하고 빛깔은 붉다.

(3) **토형**(土形) ― 두텁고 무겁다. 빛깔은 누렇고 배는 늘어졌으며 등은 튀어나왔다.

(4) **금형**(金形) ― 기운은 맑고 빛깔은 희다. 방정하여 깨끗하고 곧다.

(5) **수형**(水形) ― 살이 찌고 뼈는 모가 없으며 황색이다.

제2절. 오관(五官)을 본다

오관은 귀·눈썹·눈·코·입을 가리킨다. 이곳의 생김새로서 길흉을 살피는 것이다.

(1) **귀** ―『마의상법』에서는 다음과 같이 비결(秘訣)을 인용하여 말한다.

<귀가 올려붙어 있으면 명성이 남의 귀에까지 전파되고 양쪽 귀가 어깨까지 늘어지면 귀한 것을 말할 수 있다. 귀가 얼굴보다 희면 이름이 천하에 가득하고 바둑돌 같은 귀는 자수성가하고 귀가 검고 떨어지는 꽃잎 같으면 고향을 떠나 가산을 잃는다. 귀가 얇아 종이와 같으면 요절한다.>

이어서 다음과 같이 기록하고 있다.

<귓바퀴가 복숭아처럼 붉으면 성격이 영롱하고 양쪽의 귀가 토끼의 귀처럼 쫑긋하면 가난하고 쥐의 귀를 가졌다면 일찍 죽

는다. 귀가 뒤집혔거나 윤곽이 없으면 조상의 공덕을 모두 날리게 되며, 귀의 아래쪽에 살이 붙으면 의식이 풍요롭다. 그러나 귀가 얇고 뿌리가 없으면 반드시 요절한다. 이문(耳門)이 넓으면 총명하고 귀에 뼈가 솟으면 수명이 짧다.>

그런가하면 이렇게도 설명한다.

<귀가 짐승의 것을 닮았다면 스스로 평안하고 방지할 것을 알아야 한다. 귀에 털이 있으면 장수하고 부귀를 누리기도 하지만 혹은 재앙에 빠지기도 한다. 귀의 윤곽이 분명하고 귓밥이 늘어져 있으면 일생 동안 인과 의로써 생활한다. 귀가 위로 뾰족하면 아래의 귀로 살기가 많다. 그러나 아래로 뾰족하고 색이 없으면 좋지가 못하다>

(2) **눈썹** ─ 눈썹은 높이 나고 드물며 깨끗하고 윤기가 나면 좋다. 관상에서는 눈을 화려한 꽃으로 비유한다. 눈을 보아 어리석고 현명함을 판단하는 데 사용한다. 그러므로 눈썹은 당연히 맑고 섬세하고 평평하며 넓어야 한다. 『마의상법』에서는 다음과 같이 지적하고 있다.

<눈썹 속에 검은 사마귀가 있으면 총명하고 귀하다. 이마 가운데 있으면 귀하다. 눈썹 가운데 흰털이 있으면 장수하며 눈썹 위에 곧은 줄이 많은 자는 부귀하며 눈썹 위에 가로줄이 있으면 가난하고 괴롭다.>

이러한 눈썹의 모양으로서 성격도 어렵지 않게 진단할 수가 있다. 즉,

<눈썹이 활처럼 휘어진 자는 성격이 차분하고 야망이 없다. 눈썹이 초생달과 같으면 총명함이 뛰어나다. 눈썹이 늘어진 실 같으면 음탕하고 자식이 없으며 눈썹이 통통하고 나비의 눈썹처럼 굽었다면 지나치게 색을 좋아한다.>

그런가하면 이렇게도 말한다.

<눈썹이 눈보다 더 길면 충직하여 관록을 먹는다. 또한 눈썹이 짧으면 심성이 고독하다. 눈썹의 머리가 서로 붙어 있으면 형제 간에 우의가 없으며 눈썹의 털에 가마가 있으면 형제가 많다. 눈썹의 머리에 주름이 끊어졌으면 기가 막히고 진전하지 못한다.>

(3) 눈 ― 눈은 흑백이 분명하여야 좋다. 『마의상법』에는 다음과 같이 기술되어 있다.

<눈이 봉황이나 난새의 눈과 같으면 높은 벼슬길에 오른다. 그러나 눈이 세모꼴이면 반드시 악인이다. 눈알이 불룩하게 튀어나오면 요절하고 붉은 실선이 눈알을 관통하면 액화가 다가온다. 눈이 매섭고 위엄이 있으면 만인에 귀의하고 눈이 양의 눈과 같으면 골육간에 다툰다.>

그런가하면 이렇게도 씌어 있다.

<눈이 싸우는 닭 눈과 같으면 사납게 죽으며, 눈이 뱀의 눈과 같으면 사납고 악독하여 형벌을 받는다. 눈 꼬리가 하늘로 쳐졌다면 복록이 이어지고 여인의 양쪽 눈에 흰창이 있으면 외간 남자와 통정한다. 눈 밑에 잠을 자는 듯한 누에 모양이 있으면 여자는 귀한 아들을 낳는다. 눈 밑에 물기가 반짝이면 간음을 하고 후회한다. 오른쪽 눈을 소녀(小女)라하여 남편을 두렵게 한다. 왼쪽 눈이 소남(小男)인데 아내를 두렵게 한다.

(4) 코 ― 좋은 코는 콧등의 준두가 가지런하고 난대와 정위가 튼튼한 것을 가리킨다. 『마의상법』에는 이렇게 씌어 있다.

<콧대가 이마까지 솟으면 온 천하에 이름을 날린다. 코의 기둥에 뼈가 없으면 타향에서 죽는다. 코끝이 뾰족하거나 삐뚤어져 있으면 그 사람의 마음도 삐뚤어진다.>

그런가하면 코의 기둥에 대해선 이렇게 쓰여 있다.

<코의 기둥이 높고 위태로우면 형제의 덕이 미약하다. 코의 기둥이 곧지 않으면 계속 사기를 칠 사람이다. 코 기둥이 밖으로 나왔으면 비방을 받거나 흉한 해를 입는다. 코의 위에 검은 사마귀가 있으면 병이 음부에 있고, 코 위에 가로줄이 있으면 우환과 액운이 그치지 않는다.>

코의 모양상 특성으로 살피면 다음과 같다.

<코가 쓸개를 매달아놓은 듯 하면 몸이 귀하게 될 것이다. 콧구멍이 들여다보이면 쌓아둔 재물이 없다. 코끝이 뾰족하고 엷으면 궁벽하다. 코끝에 사마귀가 있으면 음부에도 있으며, 코의 위와 아래에 사마귀가 있으면 음부의 좌우도 마찬가지다.>

(5) 입 — 입술은 붉고 이가 희다. 아랫입술이 다같이 두툼하고 윤기가 나는 것을 귀히 여긴다. 『마의상법』에서는 이렇게 쓰여 있다.

<입은 단정하고 두터워서 망령되고 거짓되지 않는 것을 구덕(口德)이라 한다. 입이 검붉으면 막힌다. 입이 열려 다물어지지 않고 이가 드러난 사람은 기회가 주어지지 않은 사람이다. 입에 검은 사마귀가 있으면 술이나 음식이 따른다.>

그런가하면 이런 내용도 있다.

<입안에 주먹이 들어갈 정도라면 장군이나 정승이 된다. 입이 활 같으면 벼슬이 삼공에 오른다. 입에 입술이 보이지 않으면 무관으로 높은 지위에 오른다.>

입술의 형태에 대해서는 다음과 같이 지적한다.

<귀한 사람은 입술이 붉고 주사(朱砂)를 뿌린 것 같다면 부귀가 넉넉하다. 빈천한 입은 쥐와 같아서 항상 검푸른 빛으로 집과 재산을 날린다. 입술에 주름이 많으면 굶어 죽는다.>

제3절 오악(五嶽)

흔히 '오악을 살핀다'고 한다. 관상법에서는 이마를 형산(衡山; 남악), 턱은 항산(恒山;북악), 코는 숭산(崇山;중앙), 오른쪽 볼은 태산(泰山;동악), 왼쪽 볼은 화산(華山;서악)이다.

이러한 오악 중에서 가장 중요하게 보는 것이 중악이다. 서악과 중악은 서로 잘 응하면 좋은 것이지만, 중악이 낮으면 길하지 못하다. 중악을 살피는 관상법에서는 다음과 같은 특성이 있다.

<중악이 뾰족하고 얇으면 중년에 실패한다. 또한 이마가 벽처럼 뾰족하면 좋지 않은 것은 동과 서가 서로 조화를 이루지 못하기 때문이다. 그러나 이마가 튀어나온 것은 좋다.>

제4절 육부(六府)

육부는 두 개의 보골과 관골·이골을 말한다. 각각의 부위는 흠이 없고 충실하며 떨어져 홀로 드러내지 않으면 재산이 모인다. 『영대비결(靈臺秘訣)』에는 다음과 같이 말한다.

<육부에는 다 살이 도톰하게 쪄서 모습이 팽팽하여야 하나, 그냥 팽팽한 상태에서 낮아 보이는 것은 결코 좋지 않다.>

제5절 삼재(三才)

삼재는 이마·턱·코를 가리킨다. 이마는 천(天)이라 하여 귀(貴)함을 살핀다. 하늘은 넓고 둥글다. 그러므로 사람의 귀한 것을 하늘에 비유하여 설명한다.

코는 인(人)이라하여 목숨(壽)을 살핀다. 사람은 부지런해야
하므로 목숨을 두었다는 뜻으로 사용한다.

턱은 지(地)라하여 부(富)함을 살핀다. 땅은 모나고 넓고자 하
는 것이다. 그러므로 땅에 부를 두었다는 것으로 설명한다.

제6절 삼정(三停)

이것은 얼굴을 상정(上停)·중정(中停)·하정(下停)으로 나누
어 살피는 방법이다.

• **상정**(上停) ― 머리카락이 난 곳에서부터 눈썹까지이다. 이
곳이 길면 나이가 들어 길하고 창성하다.

• **중정**(中停) ― 눈썹에서 준두까지다. 길면 군주에 가깝다.

• **하정**(下停) ― 준두에서 지각까지 이른다. 길면 어렸을 적에
길하고 상서롭다.

『마의상법』에서는 다음과 같이 말한다.

<상정이 길면 젊어서 좋고 번창하며, 중정이 길면 군왕과 가
까이 하며, 하정이 길면 늙어서 길하다. 무릇 삼정이 평등하면 부
귀하고 영화를 누리며 삼정이 균등하지 못하면 고아가 되거나
요절하기가 쉽다.>

그러므로 사람을 볼 때는 삼정을 살피라고 권면한다. 이마는
높고 모름지기 이문(耳門)은 너그러워야 하는 것이다.

제7절 오성(五星)과 육요(六曜)

一. 오성(五星)

오성이란, 얼굴 부위에 오행을 붙인 명칭이다. 부위 설명은 다음과 같다.

(1) **목성**(木星) ― 왼쪽 귀를 뜻한다. 안쪽으로 향한 것이 좋다. 오복이 함께 풍요하다.

(2) **화성**(火星) ― 이마를 뜻한다. 둥그스름한 것이 좋다. 학예가 뛰어나다.

(3) **토성**(土星) ― 코를 뜻한다. 모름지기 두터운 것이 좋다. 그것은 오래 살 수 있다는 점 때문이다.

(4) **금성**(金星) ― 오른쪽 귀를 뜻한다. 희어야 좋다. 관리라면 그 직위를 끝까지 얻을 수 있다.

(5) **수성**(水星) ― 입을 가리킨다. 붉은 것을 얻어야 한다. 붉다(紅)는 것은 삼공을 뜻한다.

二. **육요**(六曜)

육요는 얼굴의 자기(紫氣)・나후(羅睺)・계도(計都)・월패(月孛)・태음(太陰)・태양(太陽)의 부위를 뜻한다.

(1) **자기**(紫氣) ― 인당에 있다. 모름지기 둥글어야 좋다. 둥글면 높은 자리에 나아간다.

(2) **나후**(羅睺) ― 왼쪽 눈썹이다. 모름지기 길어야 한다. 길면 천록을 먹는다.

(3) **월패**(月孛) ― 산근(山根)이다. 곧아야 한다. 곧은 것은 의식을 들 수 있다.

(4) **태음**(太陰) ― 오른쪽 눈이다. 검어야 한다. 검으면 관직을 가질 수 있다.

(5) **태양**(太陽) ― 왼쪽 눈이다. 광채가 있어야 한다. 왼쪽 눈은

복록이 강해져야 한다.

(6) **계도**(計都) — 오른쪽 눈썹이다. 두 개의 눈썹이 성기고 검어야 하며 눈을 지나쳐 귀밑머리까지 닿으면 벼슬을 할 상이다. 자식이나 부모가 다 귀하게 된다.

제8절 관상의 십이궁(十二宮)

얼굴 전체를 열둘로 나눈 것으로 명궁(命宮)·재백궁(財帛宮)·전택궁(田宅宮)·남녀궁(男女宮)·노복궁(奴僕宮)·처첩궁(妻妾宮)·질액궁(疾額宮)·천이궁(遷移宮)·관록궁(官祿宮)·복덕궁(福德宮)·상모궁(相貌宮) 등을 가리킨다.

(1) **명궁**(命宮) — 두 눈썹 사이다. 폭이 넓고 청수하면 학문을 크게 이룬다. 복과 수를 누리지만 어지러운 무늬가 많으면 고향을 떠나 아내와 이별한다. 또한 눈썹이 근접해 있으면 천하며, 이마가 좁고 눈썹이 없으면 빈곤하다.

(2) **재백궁**(財帛宮) — 콧날이다. 코가 곧으면 당연히 재운이 따른다. 콧날이 높고 두둑하면 부귀를 누린다. 또한 뾰족한 코는 가난하다. 콧구멍이 들여다 보이는 것은 빈한하다.

(3) **형제궁**(兄弟宮) — 두 눈썹을 가리킨다. 눈썹은 그 길이가 눈의 길이보다 길면 3형제나 4형제가 충실히 자란다. 눈썹에 수기가 있고 단정하여 초생달과 같으면 형제가 화목한다. 만약 짧고 거칠면 형제는 이별한다.

(4) **전택궁**(田宅宮) — 눈을 위주로 살핀다. 눈의 흰자위에서 붉은 줄이 검은 자위까지 뻗치면 초년에 전답을 팔아먹는다. 칠흑같이 검은 눈을 가지면 산업이 번창한다.

(5) **남녀궁**(男女宮) — 두 눈썹의 아래이다. 누당이 고루 평만

하면 자손에게 복록에 있고 번창한다. 두 눈꺼풀이 마르면 전택을 지니지 못한다.

(6) **노복궁**(奴僕宮) — 아래턱을 의미한다. 이곳은 두둑하면 여러 사람을 거느리고 뾰족하고 한쪽으로 치우쳐 있으면 은혜를 입고도 원수처럼 대한다. 턱이 낮고 경사지면 은혜를 원수로 갚는다.

(7) **처첩궁**(妻妾宮) — 두 눈썹에서 두 귀까지를 가리킨다. 이곳은 어미(魚尾) 또는 간문(奸門)이라 한다. 광택이 있는 것이 좋다. 음푹 들어가 있으면 아내를 잃고 검은빛이 침침하면 부부간에 이별수가 있다.

(8) **질액궁**(疾額宮) — 두 눈 사이의 들어간 곳이다. 산근(山根)이라고도 한다. 높고 풍만하고 빛이 나면 수를 누린다. 사마귀나 흠집이 있고, 낮고 움푹 들어가 있으면 병이 잦다.

(9) **천이궁**(遷移宮) — 두 눈썹의 꼬리 위에서 머리털이 나 있는 부분이다. 이곳은 천창(天倉)이라고도 한다. 풍요하고 빛깔이 화려하면 우환이 없다. 이곳이 나고 들어가면 평생 살 곳이 없다.

(10) **관록궁**(官祿宮) — 이마 중앙이다. 이마의 빛이 깨끗하면 영화가 있으나, 흉터나 오목하거나 사마귀가 있으면 재액을 면하기 어렵다.

(11) **복덕궁**(福德宮) — 이마의 중심 양옆이다. 삼정 중의 천정에 속한다. 그 기운이 아래턱을 비롯하여 이목구비와 이마가 상응한다. 그러나 눈썹이 거칠면 인덕이 없다. 이마가 넓고 뾰족하면 노년에 이르도록 발전이 없다.

(12) **상모궁**(上貌宮) — 얼굴 전체를 가리킨다. 먼저는 이마와 턱과 눈 아래의 관골을 살핀다. 이곳이 차서 풍만하면 부귀와 영화를 누린다. 또한 이마와 코와 턱이 고루 평균하면 오랫동안 현

달을 유지한다. 이마는 초년, 코는 중년, 턱과 입이 말년의 길흉
을 보는 곳이다. 이곳이 움푹 패었거나 끊긴 것은 흉하고 좋지가
않다.

제9절 사학당(四學堂)과 팔학당(八學堂)

一. 사학당(四學堂)

사학당이란 눈·이마·양쪽 치아·이문(耳門)을 가리킨다.
(1) **눈** — 관학당(官學堂)이라고도 한다. 눈은 길고 맑은 것이
어야 상서롭다. 특히 눈은 관직의 지위를 주관한다.
(2) **이마** — 녹학당(祿學堂)이며 '액(額)'이라고도 한다. 이마는
넓고 길어야 좋다. 벼슬과 수명을 관장한다.
(3) **양쪽 치아** — 내학당(內學堂)이라 하며 치아는 고루 빽빽
해야 한다. 이런 사람은 충성스럽고 신의가 있다. 이가 성기고 결
함이 있으면 주로 미치거나 망령된 사람이다.
(4) **이문(耳門)의 앞** — 외학당(外學堂)이라고도 한다. 이곳은
풍만하고 윤기가 나야 좋다. 만약 어둡고 침침하면 지각이 둔하
여 어리석다.

二. 팔학당(八學堂)

팔학당은 머리·액각·인당·안광·귀·이·혀·양쪽 눈썹의
여덟 부위다.
(1) **머리**는 고명부학당(高明部學堂)이다. 둥글고 머리뼈는 솟
아 올라야 한다.

(2) **액각**(額角;이마와 모서리)은 고광부학당(高廣部學堂)이다. 밝고 윤택하여 뼈가 두둑하게 솟아 올라 모가 나야 한다.

(3) **인당**(印堂)은 광대부학당(光大部學堂)이다. 평평하고 맑으며 흠이 없어야 한다.

(4) **안광**은 명수부학당(明秀部學堂)이다. 검은 빛이 많으며 사람을 숨겨 감춰야 한다.

(5) **귀**는 총명부학당(聰明部學堂)이다. 귓바퀴는 붉고 하얗고 노란색을 띠어야 좋다.

(6) **치아**는 충신부학당(忠信部學堂)이다. 이는 가지런하고 빽빽하며 하얗기가 흰눈 같아야 한다.

(7) **혀**는 광덕부학당(廣德部學堂)이다. 혀는 길어서 코 끝에 이르고 붉고 주름이 있어야 한다.

(8) **설상**은 광덕부학당(廣德部學堂)이다. 중간이 단절되고 물굽이처럼 휘어져 둘이 같아야 한다.

제10절 구주팔괘(九州八卦)

'구주팔괘'는 얼굴을 구주로 나누어 살피는 것이다.

(1) **양주**(楊州) — 이방(離方)이다. 풍만하면 의식이 족하다. 그리고 이곳에 흠이 있으면 진퇴가 많다.

(2) **기주**(冀州) — 감방(坎方)이다. 풍만하면 전택이 많다. 결함이 있으면 재화가 많다.

(3) **예주**(豫州) — 중앙이다. 풍만하면 복과 수가 많다. 결함이 있으면 길고 오래 가지를 못한다.

(4) **양주**(梁州) — 태방(兌方)이다. 풍만하면 신의가 두텁다. 흠이 있으면 인정이 야박하다.

(5) **청주**(靑州) — 진방(震方)이다. 풍만하면 재물이 족하다. 결함이 있으면 성패가 많다.

(6) **연주**(兗州) — 간방(艮方)이다. 풍만하면 항상 안태하다. 결함이 있으면 빈천이 많다.

(7) **서주**(徐州) — 손방(巽方)이다. 풍만하면 아이와 여자가 많다. 결함이 많으면 슬프고 상처가 많다.

(8) **형주**(荊州) — 곤방(坤方)이다. 풍만하면 학문과 기술이 넉넉하다. 결하면 지식과 견식이 적다.

(9) **옹주**(雍州) — 건방(乾方)이다. 풍만하면 관록이 족하다. 결함이 있으면 시비가 많다.

제3장 마의상법(麻衣相法)

제1절 상골(相骨;골격)

뼈의 마디는 금석(金石)을 본뜬 것이다. 높고 기르지 않아야 하고 둥글면서 거칠지 않아야 한다. 몸이 야윈 사람은 뼈가 드러나지 않아야 한다. 뼈는 양(陽)이며 살은 음(陰)이다. 비결에서는 다음과 같이 말한다.

<귀인의 뼈마디는 가늘고 둥글고 긴 것이다. 뼈 위에 근육이 없고 살은 향기로워야 한다. 임금의 뼈가 신하와 더불어 서로 응한다. 도움을 받으면 지위가 없는 것을 근심하지 말아야 한다.>

여기에서 몇 가지 특기할만한 점을 지적하면 다음과 같다.

첫째, 어깨에서 팔꿈치까지가 용골(龍骨)이다. 임금(용골)은 길고 커야 한다.

둘째, 어깨에서 팔목까지가 호골(虎骨)이다. 이곳은 신하를 상징한다. 이 호골은 짧고 가늘어야 한다.

셋째, 관골이 귀밑머리까지 들어간 것을 역마골(驛馬骨)이라고 한다. 왼쪽 눈의 위를 일각골(日角骨)이라 하고 오른쪽 눈 위를 월각골(月角骨)이라 한다. 뼈와 귀가 가지런한 것을 장군골(將軍骨)이라 한다.

넷째, 일각이 메마르고 둥근 것이 용각골(龍角骨)이다. 두 도랑 밖이 거오골(巨鰲骨)이다.

제2절 상육(相肉;살집)

사람의 살은 피를 만들고 뼈를 감춘다. 그러므로 형상적으로 토(土)다. 이러한 사람의 살은 풍부하되 결코 남아서 흐느적거리는 여유가 있어서는 안된다. 왜냐하면 흐느적거리는 것은 음(陰)이 양(陽)을 이기는 것이 되기 때문이다. 비결에서는 다음과 같이 강조한다.

<귀인은 살이 섬세하고 매끄럽기가 이끼 같아야 한다. 붉고 하얗게 빛나며 응고되었으면 부와 귀가 따른다. 또한 손으로 만지면 솜과 같아야 하고 따뜻해야만 평생 동안 재액이 따르지 않는다. 살이 단단하고 피부가 거칠면 생명이 짧다. 또한 검은빛이 많고 붉은 빛이 적다면 막힘이 많다. 또한 몸 전체에 털이 난 사람은 성격이 급하고 강직하다.>

제3절 상두발(相頭髮;머리)

사람의 머리는 몸 전체에서 가장 존귀한 곳이다. 또한 모든 뼈의 윗자리이며 양기가 모이며 오행의 근본이 되는 곳이다. 상두발에 대하여 비결에는 다음과 같이 지적하고 있다.

<좌우 머리가 편벽된 자는 부모를 위하기 어렵다. 그러므로 벼슬을 하고 수명을 누리는 것은 스스로가 해를 연장시키는 것과 같다. 머리털이 성기고 피부가 얇다면 이는 가난할 상이며, 뇌의 뒤가 산을 이은 듯 뼈가 솟으면 부귀가 흐른다.>

제4절 상액(相額;이마)

사람의 이마를 화성(火星)이라 하는 데, 여기에는 천정 · 천중 · 사공의 자리가 함께 이마에 있다. 이마의 뼈는 융성해야 한다. 비결에서는 다음과 같이 말한다.

<이마 앞이 불쑥 솟아 오르고 융성하고 두터우면 결정적으로 벼슬을하여 관직과 봉록이 오른다. 좌우가 편벽되고 이지러진 사람은 참으로 천박한 상이다. 어려서부터 부모와 이별하게 된다. 인당이 윤택하고 뼈가 일어나 높으면 젊어서 천록을 먹는다.>

제5절 논면(論面;얼굴)

사람의 얼굴은 오장육부와 서로 통하도록 되어 있으며 천지인(天地人) 삼재의 상이 이루어진다. 이런 곳이 이지러지고 바르지 않다면 천박한 상이다. 얼굴에 세 곳, 즉 이마와 양쪽 관골이 튀어나온 사람은 남자는 자식을 이겨 가난하고 여자는 남편을 이겨 천박한 것이다. 또한 눈썹에 대해 비결은 말한다.

<눈썹은 인륜의 자기성이다. 모서리가 높고 성기며 수려하다.

일생 동안 위에 오르고 관록을 먹고 영화를 누린다. 만약 긴 눈썹이 있으면 90세를 넘기고 수심어린 모습에 짧고 촉박하면 부동산이 적다.>

제6절 배와 배꼽의 상

배는 둥글고 긴 것이 좋다. 소의 여물통처럼 튀어나오기만 하고 길지 않으면 좋지 않다. 크고 평평한 용기처럼 생긴 배는 좋지가 않다. 그러나 30세 이후에 이렇게 되면 좋으나 30세 전에 딱딱하지 않으면 장생을 하지 못한다.

배가 작고 팽팽하고 하복부가 크면 대부의 형이다. 크더라도 하복부가 처져 있으면 명예가 있다. 배가 위쪽에 위치하면 의식을 곤란 받는다. 배꼽이 위쪽에 붙어 있으면 어리석고 천하다. 여자의 배꼽이 얕으면 아이를 생산할 수가 없다. 그런가하면 여자의 배꼽에 털이 있으면 훌륭한 아들을 낳는다.

제4장 논수와 논족

제1절 논수(論手)

'손'은 그 쓰임새가 물건을 잡는 것이다. 비결(秘訣)에 의하면 손을 관찰하는 방법에 이런 것이 있다.

첫째는 손을 내려 무릎 보다 긴 사람은 세상의 영웅호걸이며, 손이 허리를 넘지 못하면 가장 빈천하다.

둘째는 손가락이 섬세히고 긴 자는 총명하고 준수하다.

셋째는 손바닥의 네 귀퉁이가 풍성하게 일어나 중앙으로 쏟아지는 자는 부자가 된다. 네 귀퉁이에 살이 얇고 중앙이 평평한 자는 재물을 없앤다.

넷째는 손이 얇고 깎인 자는 가난하며 손이 길고 두터운 자는 부자가 된다. 손이 거칠고 단단한 자는 지극히 천한 사람이다. 손이 부드럽고 가는 자는 청빈하다.

一. 손바닥의 무늬

손바닥에 있는 무늬, 이른바 논장문(論掌紋)은 나무의 결을 본뜬 것이다. 손바닥의 무늬를 논함에 있어, 무늬가 있는 사람이 좋으며 없다면 비천하다. 손바닥의 무늬가 깊고 가는 것은 길하고, 무늬가 거칠고 얕은 자는 천하다.

손바닥 위에 세 가지의 무늬가 있는 자는 가장 위의 획이 하늘과 응하니 군왕(또는 아버지)을 상징한다. 중간의 줄은 사람에 응하는 데 가난하고 부자가 되는 것을 나타낸다. 또 가장 아래의 줄은 땅에 응하는데 신하와 어머니를 상징하며, 여기에서는 수명과 요절을 주관한다.

이러한 세 곳의 무늬가 빛이 나며 맑고 무늬가 끊어진 곳이 없다면 녹봉이 있을 상이다. 무늬가 세로로 많은 경우는 재앙이 많다. 가로 무늬가 흩어져 있다면 모든 일이 되는 게 없다.

무늬가 어지럽게 끊어졌다면 일생동안 가난하게 지낸다. 무늬가 흩어진 겨와 같으면 일생 동안 쾌락을 느낀다. 또한 동전에 구멍을 뚫은 것과 같은 무늬가 있으면 재물은 더욱 늘어난다.

거북 무늬가 있으면 장군이나 정승이 된다. 물고기 무늬가 있으면 차관 정도의 벼슬을 하고, 반달 모양의 무늬가 있고 수레바퀴 모양의 무늬가 있으면 경사가 있다.

우물 정(井)자 무늬가 있으면 복을 받으며, 열십(十) 자 무늬가 있으면 관리가 된다. 일반적으로 손바닥 무늬는 좋은 것이지만 속이 파괴되었다면 성취됨이 없다.

二. 손등의 무늬

손등의 무늬는 사람을 화합하게 하는 묘수가 깃들어 있다. 다섯 손가락이 모두 위의 두 마디가 가지런한 것은 용문(龍紋)이다. 이것은 천자의 스승이 된다. 그 다음인 아래 마디는 공작이나 후작이 되고 가운데 마디는 정승자리다. 비결에는 다음과 같은 내용이 있다.

<손등에 다섯 손가락이 다 가로무늬가 둘려져 있으면 제후나 왕의 지위에 오른다. 이상한 무늬에 검은 사마귀가 있다면 재주와 기예가 있으므로 고귀하게 된다. 만약 나는 새의 글자체가 있다면 청백리가 된다.>

제2절 논족(論足)

발은 위로는 몸을 싣고 아래로는 몸체를 운영한다. 그러므로 아주 중요한 것이다. 발은 땅을 본떴다. 이러한 것으로 인하여 발의 곱고 추한 것을 분별하여 귀하고 천한 것을 살핀다. 비결엔 다음과 같이 말한다.

<발은 모나고 넓고 둥글고 기름지며 유연해야만 부귀할 상이다. 발은 좁지 않고 얇고 가로로 되어 있으면서 짧고 거친 것은

빈천할 상이다. 발바닥에 무늬가 없다면 비천하다. 발바닥에 검은 사마귀가 있다면 관록을 먹는다. 발이 큰 데도 얇다면 비천하다. 또한 발바닥에 거북이가 들어갈 만큼 패어 있다면 부귀를 누린다. 발가락이 긴 자는 충성한다. 또 발바닥의 네 모서리가 두터우면 큰 부자가 된다.>

제6부 성명학(姓名學)

제1장 작명과 해명

제1절 이름의 의의(意義)

사람은 죽어서 이름을 남기고 호랑이는 죽어 가죽을 남긴다고
했다. 그만큼 사람에게 있어 이름은 곧 그 사람 자신인 것이다.
이름(名)이라는 것은 '저녁(夕)'에 누구인지를 '입(口)'으로 부르
거나 대답한다는 뜻이다. 이름은 다른 의미로는 기호이다. 존재
를 나타내는 표시이다.

제2절 이름은 어떻게 지어야 하나

一. 부르기 쉽고, 듣기 좋게

이름은 무엇보다 부르기 쉽고 듣기가 좋아야 한다. 외견상으로
듣기가 좋지 않다면 이것을 결코 옳지가 않다. 예를 들어 이런

이름들이다.

<예> 고무신(高無新), 장도리(張道里), 조물주(趙物主), 마신다(馬新多), 임신중(任娠中) 등이다.

二. 뜻이 좋은 글자를 택해야

이름 자로 사용할 글자는 뜻이 상사러운 것만을 취택하여야 한다. 옛날에는 아이들이 잔병 등으로 목숨을 잃는 것이 잦기 때문에 그런 이름 자를 사용했었다.

<예> 개똥이, 개똥쇠, 똥례 등이다.

三. 불용문자(不用文字)와 벽자(僻字)는 피해야

한자 가운데 잘 쓰지 않는 글자들은 이름으로 쓰는 것은 피해야 한다. 이른바 불용문자다. 또한 다음의 글자는 가능한 이름에서 피하는 것이 좋다

乭(돌) — 천하고 단명의 암시를 준다.

福(복) — 사주에 복성이 있을 때 사용한다. 그렇지 않으면 복을 해친다.

龍(용) — 사주에 용(辰)이 있을 때 사용한다. 그렇지 않을 때는 불길한 암시를 준다. 특히 개(戌)띠와 돼지(亥)띠는 피해야 한다.

壽(수) — 장수를 바라는 뜻에서 사용하지만, 운기의 흐름은 그 반대다.

愛(애) — 이 글자 역시 글자의 본뜻과는 차이가 있을 정도로 운기가 반대로 작용한다.

雲(운) ― 형제간에 우애가 없으며 재물은 흩어지기 쉽다. 다만 아호나 상호에는 써도 무방하다.

梅(매) ― 과부나 화류계 여인으로 전락하기가 쉽다.

花(화) ― 부부의 운이 불길하다.

吉(길) ― 천한 인품으로 이끌어간다.

童(동) ― 인품이나 사람됨이 바르지 않다.

春(춘) ― 잠시 대성할 수 있으나 허영심이 많아 실패한다.

星(성) ― 자신의 수를 다하지 못할 수리

子(자) ― 사주에 자가 필요할 때에만 사용한다. 말띠(午)나 양띠(未)는 사용하지 않는다.

玉(옥) ― 총명하고 인품이 수려하나 수를 다하기가 어렵다.

順(순) ― 부부의 운이 야박하다.

風(풍) ― 모든 재산이 하루아침에 날아갈 버린 수다.

極(극) ― 부모의 덕이 없고, 가난하다.

分(분) ― 과부수가 있다.

四(사) ― 단명할 수다.

海(해) ― 파란이 많다.

滿(만) ― 먼저는 부자지만 나중엔 가난해진다.

九(구) ― 조난 당할 암시의 수다.

馬(마) ― 비천하다.

了(료) ― 종말을 뜻함

寅(인) ― 사주에 인이 필요한 경우에만 사용한다. 원숭이띠(申)와 닭띠(酉)는 피해야 한다.

敏(민) ― 불화를 가져온다.

龜(구) ― 이 글자의 수리는 단명한다.

伊(이) ― 고독하다.

勝(승) — 좌절되기 쉽다.

大(대) — 동생이 쓰면 형을 이기려 든다.

鶴(학) — 만년이 고독하다.

長(장) — 동생이 쓰면 형이 좋지 않다.

新(신) — 시작은 있되 꼬리가 없다.

眞(진) — 모든 일이 허사다.

孝(효) — 조실부모한다.

泰(태) — 동생이 쓰면 형이 좋지 않다.

千(천) — 육친의 덕이 없다.

完(완) — 중풍이나 반신불수의 암시가 있다.

喜(희) — 슬픔과 손재수가 있다.

元(원) — 장자가 사용하는 것은 무방하며 여성은 불길하다.

南(남) — 남자는 무방하나 여성은 과부수다.

姬(희) — 고생만 하고 손해만 본다.

紅(홍) — 단명한다.

光(광) — 어두운 그림자를 유도한다.

地(지) — 매사에 재액이 따른다.

命(명) — 재액이 따른다.

月(월) — 고독하다.

夏(하) — 파란이 많다.

冬(동) — 일을 꾸미지만 이루어지지 않는다.

川(천) — 실패의 암시가 있다.

日(일) — 나쁜 암시가 있다.

山(산) — 슬픔이 그치지 않는다.

雪(설) — 빨리 이루어지고 빨리 망한다.

笑(소) — 일이 잘 이루어지지 않는다.

石(석) ― 중도에 좌절한다.

榮(영) ― 매사에 여의치 않다.

銀(은) ― 굴곡이 심하다.

松(송) ― 고독을 면하기 어렵다.

美(미) ― 고독을 면하기 어렵다.

挑(도) ― 질병의 암시가 있다.

淸(청) ― 건강이 좋지 않다.

德(덕) ― 말년이 고독하다.

文(문) ― 말년이 고독하다.

實(실) ― 과부 수가 있다.

初(초) ― 불행이 그치지 않는다.

鐵(철) ― 흉한 암시가 있다.

仁(인) ― 불행의 암시가 있다.

女(여) ― 고독의 암시가 있다.

明(명) ― 굴곡이 심하다.

珍(진) ― 여성은 과부수가 따른다.

錦(금) ― 고독을 상징하는 수다.

庚(경) ― 폐질의 나쁜 암시를 유도한다.

四. 생일별로 피해야 하는 글자

(1) **갑일생**(甲日生) ― '경'이나 '무'소리가 나는 글자. 庚・敬・慶・戊・武・茂

(2) **을일생**(乙日生) ― '신'이나 '기' 소리가 나는 글자. 辛・信・新・己・基・氣

(3) **병일생**(丙日生) ― '임' 또는 '경' 소리가 나는 글자. 壬・任

254 내 운명이 보인다

姙 · 庚 · 敬 · 慶

　(4) **정일생**(丁日生) — '계' 또는 '신' 소리가 나는 글자. 癸 · 啓
· 桂 · 辛 · 信 · 新

　(5) **무일생**(戊日生) — '갑' 또는 '임' 소리가 나는 글자. 甲 匣
· 壬 · 姙 · 妊 · 任

　(6) **기일생**(己日生) — '을' 또는 '계' 소리가 나는 글자. 乙 · 癸
· 啓 · 契 · 桂 · 溪

　(7) **경일생**(庚日生) — '병' 또는 '갑' 소리가 나는 글자. 丙 · 炳
· 柄 · 秉 · 甲 · 匣

　(8) **신일생**(辛日生) — '정' 또는 '을' 소리가 나는 글자. 靜 · 貞
· 政 · 廷 · 禎 · 乙

　(9) **임일생**(壬日生) — '무' 또는 '병' 소리가 나는 글자. 戊 · 武
· 茂 · 丙 · 秉 · 柄

　(10) **계일생**(癸日生) — '기' 또는 '정' 소리가 나는 글자. 基 ·
己 · 氣 · 廷 · 禎 · 晶

　(11) **자일생**(子日生) — '오' 소리가 나는 글자. 五 · 午 · 吳 ·
吾 · 悟 · 梧

　(12) **축일생**(丑日生) — '미' 소리가 나는 글자. 美 · 渼 · 未 ·
味 · 米 · 彌

　(13) **인일생**(寅日生) — '신' 소리가 나는 글자. 信 · 身 · 申 ·
辛 · 新 · 伸

　(14) **묘일생**(卯日生) — '유' 소리가 나는 글자. 柔 · 有 · 由 ·
裕 · 唯 · 兪

　(15) **진일생**(辰日生) — '술' 소리가 나는 글자. 術 · 戌 · 述

　(16) **사일생**(巳日生) — '해' 소리가 나는 글자. 亥 · 海 · 解

　(17) **오일생**(午日生) — '자' 소리가 나는 글자. 者 · 慈 · 滋 ·

子

    (18) **미일생**(未日生) ― '축' 소리가 나는 글자. 祝·丑·軸·逐

    (19) **신일생**(申日生) ― '인' 소리가 나는 글자. 寅·人·因·印

    (20) **유일생**(酉日生) ― '묘' 소리가 나는 글자. 卯·苗·妙

    (21) **술일생**(戌日生) ― '진' 소리가 나는 글자. 鎭·眞·珍·辰·進·振

    (22) **해일생**(亥日生) ― '사' 소리가 나는 글자. 司·士·事·私·斯

제2장 수리에 의한 작명법

제1절 원형이정(元亨利貞)

    (1) 원격(元格) ― 1세에서 23세까지(초년운)…①
    (2) 형격(亨格) ― 24세에서 35세까지(장년운)…②
    (3) 이격(利格) ― 36세에서 47세까지(중년운)…③
    (4) 정격(貞格) ― 48세에서 임종까지(말년운)…④

9	15	12
柳	寬	順
A	B	C

위의 이름 중에서 수리에 의한 작명법을 사용하면 다음과 같
다. 이 방법은 초년 · 장년 · 중년 · 말년의 수리를 통털어서 좋은
수리로 이름이 이루어지도록 하는 데에 목적이 있다.

유관순(柳寬順)이라는 이름에서,

초년운에 해당하는 원격은 B+C이므로 27이다.

장년운에 해당하는 형격은 A+B이므로 24이다.

중년운에 해당하는 이격은 A+C이므로 21이다.

말년운에 해당하는 정격은 A+B+C이므로 36이다.

제2절 수리의 길흉

일반적으로 초년이나 장년 · 중년 · 말년을 통털어서 2, 4, 9,
10, 12, 14, 19, 20, 22, 27, 28, 30, 34, 40, 42, 43, 44, 46, 49 등의
수는 불행이 생긴다. 질병을 비롯하여 조난이나 고독 빈곤을 가
져온다.

이에 반하여 1, 3, 5, 7, 8, 11, 13, 15, 16, 17, 18, 24, 25, 29, 31,
32, 35, 37, 38, 41, 45, 47, 48 등의 수는 행운을 가져온다. 그런가
하면 21, 23, 33, 39의 수는 남자에게는 좋으나 여자에게는 나쁜
수이다.

제3절 수리의 오행

수리 오행은 천간(天干)을 이용하여 오행으로 표시하는 것을
말한다.

甲乙丙丁戊己庚辛壬癸(갑을병정무기경신임계)에서　甲(갑)을
1, 乙(을)을 2……등으로 하여 10까지 수를 주고, 다시 거기에서

갑을(1·2)은 목(木), 병정(3·4)은 화(火), 무기(5·6)는 토(土), 경신 (7·8)은 금(金), 임계(9·10)는 수(水)로 나타낸다.

一. 천간의 자의(字意)

그렇다면 여기에서 '천간'의 자의(字意)에 대해 살펴볼 필요가 있다.

甲(갑) : 만물이 시작되는 성장을 뜻한다. 두꺼운 껍질을 벗겨 싹이 터 크게 자란 나무를 뜻한다.

乙(을) : 만물이 처음 세상에 나와 자라나는 어린 모습이다. 화 초와 같은 나무에 속한다.

丙(병) : 이글거리는 하늘의 태양과 같다. 용광로에서 뜨겁게 이글거리는 불을 뜻한다.

丁(정) : 만물을 포근하게 감싸주는 인정과 같다. 화롯불이나 황촉불 등이 여기에 속한다.

戊(무) : 만물의 모태랄 수 있는 흙을 뜻하는 것이다. 대지와 같은 넓은 땅을 말한다.

己(기) : 만물이 성장하여 완숙에 이르는 것처럼 안정됨을 뜻 한다. 기름진 흙을 의미한다.

庚(경) : 땅에 묻힌 쇳덩이를 뜻한다.

辛(신) : 쇳덩이 상태에서 연금 되어 여러 형태로 모양이 바뀐 장식품을 말한다.

壬(임) : 크게 흐르는 강물을 말한다. 가끔은 비구름을 뜻하기 도 한다.

癸(계) : 시냇물을 말한다.

二. 오행의 상생과 상극

다음으로 알아야 할 것이 오행(목화토금수)의 상생(相生)과 상극(相剋)이다. **먼저 상생 관계를 살펴보면,**

▲ 나무(木)는 쪼개져 태워짐으로써 불(火)을 살린다. 그러므로 목생화(木生火)이며

▲ 불(火)은 모든 걸 태우면 흙(土)으로 돌아가 더해 준다. 그러므로 화생토(火生土)라 했으며

▲ 흙(土)은 그 속에서 금(金)을 만든다. 그러므로 토생금(土生金)이라 하였고

▲ 금(金)은 대기를 냉각시켜 물(水)을 만든다. 그러므로 금생수(金生水)라 하였으며

▲ 물(水)은 나무(木)를 길러 주는 영양소가 된다. 그러므로 수생목(水生木)이라 하였다.

다음으로 오행의 상극 관계를 살펴보면,

▼ 나무는 흙을 뚫고 가르는 목극토(木剋土)며

▼ 흙은 물의 흐름을 막는 토극수(土剋水)이며

▼ 물은 불을 끄는 적대 관계인 수극화(水剋火)며

▼ 불은 쇠를 녹이니 화극금(火剋金)이며

▼ 쇠는 나무를 베고 자르는 적대 관계니 금극목(金剋木)이다.

三. 여러 가지의 수리

우리가 작명할 때나 혹은 운수 점을 칠 때에 공망수(空亡數)에 빠졌다는 말을 듣는다. 이것은 작명을 할 때에 천격과 인격·지격 중의 어느 것 하나라도 수리가 10, 20, 30, 40 등과 같이 0으로

되거나 9, 19, 29, 39, 49처럼 수리가 떨어지면 흉한 일이 생긴다는 것이다. 이를테면 부모님이 일찍 돌아가시거나 형제 자매가 요절하며, 무엇을 하건 실패하고, 부부와 자식간의 사이가 원만하지 못한 것 등이다.

수리를 분석해 보면 대체로 다음 같은 결론을 얻을 수 있다.

• 재물이 넉넉한 수리는 24, 32, 33 등이다.

• 성격이 원만한 수리는 5, 6, 11, 15, 16, 24, 31, 32, 35 등이다. 대체로 대인관계가 원만하여 상하로 신뢰와 존경을 받는다.

• 리더가 되는 수리는 3, 16, 21, 23, 31, 33 등으로 통솔력을 갖춘 훌륭한 시도자가 된다.

• 예술가의 수리는 13, 14, 26, 33, 38 등이다. 예술적 재능이 풍부하고 유미주의적인 감정 흐름이 깊다.

• 단명하고 부상·고난의 수리는 4, 9, 10, 19, 20, 34, 44 등이다. 이 수리들은 가장 나쁜 것으로 살상과 재앙이 따른다.

• 파괴적인 수리는 20, 36, 40 등으로 도덕적으로 타락하거나 성격이 파탄한 자가 여기에 포함된다.

四. 수리의 비밀

수리의 신령스런 작용에 의해 '81' 수리가 어떤 비밀을 담고 있는지 살펴본다.

〈1〉 우주의 기본 수이며 만물의 출발을 나타낸다. 마치 아침해가 떠오르는 듯 최대의 권위의 길상을 암시하고 있다. 이 수가 격(格; 元·亨·利·貞을 말함)을 구성할 수는 없으나 이름자의 사대 운격에 다소의 결함이 있다 해도 구제를 받을 수 있다. 죽을 때까지 복록을 받을 수 있는 운수이다.

⟨2⟩ 좋지 않다. 매사에 고단하고 평생 동안 평안한 날을 찾을 수 없다. 지혜는 있으나 하는 일마다 고난이 따른다. 시작은 있으나 실천력이 따르지 않고 독립할 기백까지 보이지 않는다. 이런 수리는 마치 기차가 오는 건널목에 머뭇거리며 서 있다가 쏜살같이 지나가는 기차에 봉변을 당할 운수다.

⟨3⟩ 노력 여하에 따라 자신의 꿈을 실천하고 집안을 일으킬 수리다. 매우 길하며 복록이 넘친다. 기상으로 볼 때는 만인을 통솔하는 장군과 같은 수리라 할 수 있다. 이런 수리를 가진 여인은 어떤 문제가 닥치더라도 슬기롭게 해결점을 찾아낼 수 있는 분복을 가지고 있다. 성품은 온화하고 기지가 뛰어나다.

⟨4⟩ 이 수리는 대개 의지가 박약하고 봉변을 당하거나 조난 등의 위험이 따른다. 일상생활에서도 생활 패턴이 너무 급하게 변하므로 아무리 때를 만났다 해도 그것을 성공으로 이끌진 못한다. 여성은 중년 이후 병고로 고생하며 끝없이 고난이 이어진다. 상황에 따라 단명을 초래하는 일을 만나다.

⟨5⟩ 정감이 풍부하고 원만하게 화합하는 수리다. 대체로 이런 수리는 성격이 원만하고 마음이 온후하다. 재력과 권위가 넘친다. 가정은 화목하고 언제나 융성 하는 수리다. 여성도 마찬가지다. 어떤 일을 해도 성공한다. 재능과 슬기로움이 넘치고, 자식 교육에도 열심을 보여 훌륭하게 가르치는 운세다.

〈6〉 정감이 풍부하다. 하늘의 은덕을 힘입고 땅의 상서로움을 함께 느끼며 부동의 신념으로 어떤 일이든 돌파한다. 그러나 술과 여자를 가까이 하면 크게 낭패를 당한다. 부귀와 영달을 누릴 수 있는 좋은 수리지만 여성은 바람을 피우는 경우가 의외로 많다. 이 수리는 언제까지나 자기 성찰이 필요하다.

〈7〉 성격이 강하고 정력이 왕성하다. 의지가 강한 게 흠일 수 있다. 필승과 진취적인 기백은 빼어나지만 온유함이 부족하다. 여성은 눈물을 잘 흘린다. 여성은 다소 남성적이어서 언행이 거친 게 흠이다. 여인에겐 강한 수리므로 결혼을 늦게 하면 좋다.

〈8〉 의지가 강하고 인내력도 강하다. 천성적으로 총명하고 이 역시 온유함이 부족하다. 지나치게 강하면 부러질 위험이 있다는 것을 염두에 두어야 한다. 지나치게 저돌적이고 강한 것은 오히려 해롭다. 이런 수리는 출판업이나 제지업에 종사하면 성공한다. 이 수리는 노력가이다.

〈9〉 패망으로 전락하는 수리다. 마치 더러운 물에 떠 있는 나무 조각과 같다. 제삼자의 도움을 받아 부귀와 재산이 들어오지만 그것이 수포로 돌아갈 공산이 크다. 부부 운은 아주 좋지 않다. 몸에 이상이 생기거나 조난·화재·병사로 쓰러질 수리의 작용이 있다. 고비를 넘긴다 해도 불운 속에 평생을 고생한다.

〈10〉 머리가 뛰어나다. 머리로 하는 일이면 손안에 쥔 것을 펼칠 때처럼 수월하게 처리할 수 있다. 특히 사교적인 면도 뛰어나다. 그러나 일을 처리하는 과정에서 허점이 많아 암담한 결과를 초래할 때가 많다. 육친과의 이별 수가 있으나 그것을 극복하면 크게 발전한다. 중년에 요절할 수가 보인다.

〈11〉 만물이 새로워지는 형상으로 초목이 햇볕을 충분히 섭취할 운수다. 자질이 있고 순량하여 무럭무럭 자라난다. 이 수리를 가진 사람은 가문을 일으키거나 사회를 따뜻하게 미담의 주인공이 된다. 신망을 얻으며 순조로운 운수며, 생각지도 않은 인연으로 혼인을 하게 된다. 남자는 여난을 조심해야 한다.

〈12〉 의지가 박약하고 헛된 환상을 좇는다. 계획은 무성하게 세우나 결과는 미약하다. 언제나 자신의 하는 일에 만족을 모르고 불만 투성이다. 이 수리를 가진 사람은 헛된 욕심 때문에 자신을 망치고 이름을 더럽힌다. 여성은 여러 가지 일이 겹쳐 궁지에 빠진다. 뜻밖에 간음하거나 과부가 될 수리다.

〈13〉 재능이 뛰어나고 박학 다식하다. 세상을 살아가는 방법에 있어서도 남다른 데가 있어 성공한다. 대세를 관조하는 안목은 뛰어나지만 교만한 게 흠이다. 여성의 경우는 작은 것을 가지고 큰 것을 이루는 타입이다. 덕망 있는 남성을 배우자 삼아 가문을 흥성 시킨다. 집안을 순조롭게 하는 순리다.

〈14〉 지혜가 뛰어나 닥쳐오는 일을 슬기롭게 처리한다. 모든 계획은 시작만 있고 결과가 좋지 않다. 이 수리는 실패를 비롯하여 빈곤과 병마에서 벗어날 길이 없다. 여성은 가족과 사이가 좋지 않다. 항상 곳곳에 고독이 함께 한다. 이런 수리는 노력하는 것보다 이름을 바꾸는 게 좋다.

〈15〉 자상하고 덕망이 있는 수리다. 초년은 어려운 일이 닥치나 자립하여 대성을 이룬다. 대인관계가 원만하여 만인으로부터 추앙을 받는다. 어떤 직업을 택해도 성공한다. 이러한 여성에겐 특별한 도움이 필요 없다. 대체로 애교와 건강이 넘치는 현모양처의 수리다. 아무리 가난하더라도 부를 얻는다.

〈16〉 이 수리는 정감이 풍부하고 모든 게 원만하다. 대체로 강함과 유연함이 공존한다. 대체로 인망이 두텁고 품은 꿈을 성취한다. 이 수는 부친의 유업을 이어받아 가문을 일으키는 운세도 함께 한다. 여성은 아주 이상적인 결혼을 이룬다. 재운도 풍부하고 장수하여 만년이 넉넉하여 좋다.

〈17〉 뜻을 세우고 그 길로 매진한다. 어떠한 고난이나 위험이 닥쳐도 극복해 낸다. 자립을 하는 강한 인내력과 투지를 지니고 있다. 너무 완강하여 대인관계에 손해가 나는 경우가 생긴다. 만약 자신의 결점을 스스로가 깨우친다면 그것이야말로 최대 강점이 된다. 여성은 이 수리일 경우엔 늦게 결혼하면 길하다.

〈18〉 어떤 어려운 고비가 있을 지라도 이를 극복해 나가는 진취력이 있다. 남의 비위를 맞출지 몰라 때론 오해를 산다. 여성은 머리 회전이 빠르나 고집이 세다. 관직이며 재물 운은 모두가 왕성하다. 때론 엉뚱한 소득 원이 생기지만 사양할 줄 알아야 한다. 그러나 자신의 지모에 의지하여 난관을 극복하면 목적을 관철시킬 수 있다.

〈19〉 단도직입적으로 말해 노력하는 것만큼 소득이 없다. 겉으론 큰 소득이 생기는 것처럼 보이나 그것은 일시적이다. 재주 있고 유능하지만 중도에서 좌절하기 쉽다. 신병이나 단명을 불러올 수 있다. 여성은 특히 건강이 좋지 않다. 개명을 하는 것이 장차를 위해 이롭다.

〈20〉 이 수리는 10처럼 공망수다. 재난을 당하거나 횡액·변사 등의 사고를 면하기 어렵다. 성공의 기쁨이 사라지기도 전에 또 다른 불행에 접하게 된다. 신체는 허약하고 병고에 시달리며 만사가 이루어지는 법이 없다. 여성이라면 즉시 개명하는 것이 좋다. 재앙과 고난이 함께 한다는 것을 잊어서는 안 된다.

〈21〉 이것은 꽃봉오리가 막 피어나는 스타일이다. 처음에는 괴로우나 나중에는 자기 이름을 널리 알리는 수리다. 탁월한 지략으로써 지도자의 위치에 있다. 한 발 한 발 전진하면 입신하고 가문을 일으킨다. 여자가 이런 수리일 때는 불길하다. 여성의 경우 부부의 금실이 좋으면 슬하에 자식이 없다.

〈22〉 어떤 일을 할 때, 원만하게 풀린 듯 하지만 반드시 방해수가 나타난다. 몸과 마음에도 장애가 나타난다. 하고자 하는 만사가 헛수고로 돌아가니 낙담이 크다. 여성의 경우는 심신이 고단하다. 실패와 좌절을 겪으며 이상적인 생활을 하기가 어렵다. 대부분 부부 생활도 형식적일 수밖에 없다.

〈23〉 아침해가 떠오르듯 욱일 승천하는 기상이다. 사업하는 사람은 비록 처음은 미약하더라도 나중엔 크게 이뤄 내는 지도자의 위치에 있다. 출신이 미천하더라도 큰 뜻을 이룬다. 이 수리는

남성의 수다. 그러므로 여성이 이 수리를 가질 때는 그 영향력이
너무 강렬하여 사회생활은 좋으나 과부가 된다.

〈24〉 지모와 지략이 뛰어난 수리다. 맨손으로 사업을 시작해도
반드시 성취시키는 야망과 노력의 수리다. 많은 재물과 영화를
보장할 수 있다. 다시 말해 영화와 복록을 보장할 수 있는 아주
좋은 수리다. 여성의 경우는 점진적으로 오는 영동력으로 인해
때론 운명이 어긋난 경우가 생긴다.

〈25〉 대업을 달성하고 건강이 충만한 수리다. 빈주먹으로 시작
해도 재물과 명예를 얻을 수 있다. 자신감이 충만한 것은 좋지만,
이로 인해 가정 생활에 문제를 일으킬 수 있다. 여성의 경우는
매력과 지모를 겸비하는 운세를 받았으나 너무 오만에 빠지거나
겸손하지 않은 점에 주의할 필요가 있다.

〈26〉 이 수리는 한마디로 영웅 운이라고 할 수 있다. 예술적인
재능은 뛰어나고 의협심이 강하다. 그러므로 어떤 어려움이 닥쳐
도 그걸 돌파해 나가는 힘이 뛰어나다. 그러나 이 수리는 중년에
요절하거나 방탕하여 가정이 깨뜨려 지거나 음란과 조난으로 위
기에 처한다. 이 수리는 만년이 비참하다.

〈27〉 이 수리 역시 중도에 좌절을 맛본다. 부귀와 영예를 한
몸에 지니지만 대부분 일찍 성공하였다가 실패를 빨리 겪는다.
타인에게 비방이나 협잡 등의 공격을 받으므로 흥망성쇠가 무쌍
하다. 여성은 아무리 좋은 계획을 세워도 허사로 돌아간다. 특히
이 수리의 여성은 거짓말을 잘 한다.

〈28〉 가정이 파탄 나고 변사를 당할 수 있는 조난의 수리다. 일평생 번거롭게 허덕이지만 결코 악운을 피할 수 없는 '조난의 수리'다. 움직일 때마다 재난이 노리고 있다 할 정도이며, 가정 역시 좋지 않다. 부부가 생이별을 하거나 좋지 못한 재난을 만난다. 일평생 행복하기는 어렵다. 여성의 경우는 갈팡질팡하여 과부 운에 빠진다.

〈29〉 활동력이 풍부하다. 마치 용이 물을 얻은 것 같고 바람을 타고 구름 위에 오르는 것처럼 활동적이나 불평 불만이 많은 것이 결점이다. 이 수리의 남성은 부인이 둘인 경우가 대부분이다. 어떤 일을 하든 만족을 모르고 극단까지 몰고 가므로 수습할 수 없는 경우에 이르는 것이 대부분이다.

〈30〉 이 수리 역시 공망수다. 모든 일에 길흉이 상접하여 반반이다. 그러므로 좋은 운을 만나면 악운을 피해 가지만 그렇지 않은 경우는 낭패를 당한다. 여성의 경우는 부동산이나 증권 등의 투기를 조심해야 한다. 이 수리의 여성은 자신의 결혼까지도 복권을 사는 것처럼 운에 맡긴다. 개명이 필요하다.

〈31〉 지혜와 인내 그리고 용기를 갖춘 수리다. 본래 이 수리는 학술이나 예술적인 면과 관계 깊다. 비록 빈주먹으로 시작해도 귀인의 도움을 받아 원하는 바를 성취한다. 여성에게 있어서는 배우자를 고를 때 인물 본위가 된다. 즉 명예나 지위가 아니라 인간성을 보기 때문에 남성을 조력하여 성공시킨다.

〈32〉 순풍에 돛달고 항해하는 격이다. 이 수리의 특징은 복권에 당첨되거나 뜻밖의 행운을 잡는다. 이를테면 모처럼 좋은 기회를 잡아 성공하는 수리다. 그러다 보니 차츰 오만에 빠지거나 방종할 우려가 있다. 누구에게나 늘 감사하는 마음을 버리지 말아야 한다. 여성에게도 항상 요행수가 따라 다닌다.

〈33〉 재능과 지덕을 겸비하여 많은 사람으로부터 존경과 추앙을 받는 수리다. 그러나 워낙 수리가 극과 극을 달리기 때문에 도처에 도사린 함정을 조심하여야 한다. 이러한 수리는 운세가 지나치게 강하므로 보통 사람으로선 감당하기가 쉽지 않다. 이런 수리의 여성은 쉽게 고독하고 과부가 된다.

〈34〉 파괴와 파멸을 부르고 만사가 재앙의 연속인 수리다. 그러다 보니 아무리 화합하려 해도 가정은 깨지고 몸과 이름을 더럽히어 망치게 된다. 평생을 사는 동안 성공은 잠깐이고 재물의 손실이 겹쳐 궁핍함을 면치 못한다. 여성에게도 아주 나쁘다. 병고나 떠날 날이 없고 근심 걱정이 태산이다. 개명이 필요하다.

〈35〉 문화와 예술 방면에 깊은 인연이 있는 수리다. 이 방면으로 나가면 성공을 보장받을 수 있다. 자신의 노력보다 주위 사람들의 조력에 힘입어 대성한다. 여성은 결혼 전엔 많은 남성들에게 흠모의 대상이 된다. 그러나 결혼하면 사회 활동보다는 가정으로 돌아가 남편을 조력하는 것이 무난하다.

〈36〉 파란이 중첩하고 조난과 역경이 끊이지 않은 수리다. 호협하고 의협적인 기질이 많은 사람으로부터 추앙을 받으나 그에 상반되는 운기로 인해 파탄의 길을 걷게 된다. 여성으로서는 다른 사람을 도와주는 것은 좋으나 그것이 본업이 되었을 때는 좋지 않다. 이를테면 자신의 아궁이에 불이 났는데 일본의 지진이 난 것을 걱정하는 것 등이다.

〈37〉 담대하고 과단 하여 온화하다. 명성이 사해에 떨치는 영웅 수다. 부귀 장수하며 만인의 신망을 얻는다. 지나치게 권위 의식을 갖고 무소불위의 힘을 휘두르거나 독단적으로 행동하면 전체로부터 고립 당하는 위험에 빠진다. 여성은 너무 과신함으로 과부가 되기 쉽다. 항상 겸손함과 상냥함을 잃지 않아야 한다.

〈38〉 문학이나 예술 방면에 인연이 깊은 수리다. 이 방면으로 나가면 일취월장한다. 그러나 권위를 내세워야 하는 입장에서는 통솔력이 부족하다. 여성의 입장에서는 계획을 세우는데는 비상하지만 통솔력이 부족한 것이 흠으로 지적된다. 중년에 운이 쇠퇴하는 것도 깊이 생각해 볼 문제다.

〈39〉 용이 승천할 때 비바람이 일어나는 것처럼, 매사에 좋은 일이 겹친다. 파죽지세로 몰아가는 좋은 운과 부귀 · 장수의 복운을 가지고 있으나 상대적으로 아주 흉한 운을 지니고 있다. 그러므로 행동에 조심해야 한다. 길흉이 반반이므로 반드시 행복 뒤에 불행이 숨어 있다는 것을 명심해야 한다.

〈40〉 이 역시 공망수다. 임기응변이 뛰어나 세운 목적을 이룰 수 있어도 덕망이 부족하여 비방을 받는다. 그러므로 항상 선행하여 이웃을 돌아보는 자기 성찰의 시간이 필요하다. 그것만이 자신에게 닥친 액업을 멀리할 수 있다. 이 수리의 여성은 고독하다. 다만, 그 고독을 여하히 소화해 내느냐가 중요하다.

〈41〉 재능과 지덕을 겸비한 좋은 수리다. 세상 변화에 민감하고 그것에 대처할 수 있는 능력과 안목이 두드러진 게 특성이다. 천부적인 길운이라 할 수 있다. 이 수리의 여성은 덕을 갖춘 쪽이 많다. 대체로 부부 운도 무난하다. 게으른 사내도 이 수리의 여성을 만나면 부지런해지고 차분한 성격으로 변모된다.

〈42〉 아는 것이 많고 재능이 뛰어나다. 세상 돌아가는 이치에도 밝다. 그러나 노력과 정력이 모이지 않고 분산되는 것에 유의할 필요가 있다. 전심 전력으로 나아간다면 성공 하지만 유유부단하면 실패와 좌절을 불러들인다. 여성에게는 예능계 쪽으로 나가는 것이 바람직하지만 그다지 좋은 수리는 아니다.

〈43〉 패가 망신하고 방탕하며 재난이 함께 하는 수리다. 안개 깔리는 밤의 꽃처럼 겉으론 고상한 듯 보이나 의지력이 박약하여 신용을 잃는다. 그런가하면 색정을 지나치게 좋아하여 크게 낭패를 당한다. 이 수리의 여성은 불륜의 색깔을 띄고 있다. 자신을 한시라도 조절하지 못하면 평생을 색욕의 그릇에서 벗어나지 못한다.

〈44〉 하는 일마다 고난과 실패를 맛보는 수리다. 모든 일이 허탄하고 허망하게 돌아간다. 잠시라도 재난이 그치질 않아 실의와 좌절에 빠져 고생한다. 다시 말해 이 수리는 마(魔)가 끼었다고 할 수 있다. 어떤 일을 할 때에 이 수리의 여성이 끼여들면 당장에 분위기가 흐려지고 파탄이 일어난다.

〈45〉 천하를 경륜할 수 있는 지략과 운수가 함께 하는 좋은 수리다. 지모와 덕망이 공존하고 세상을 내다보는 안목도 뛰어나다. 간혹 파란 곡절을 만나는 일이 생기지만 마지막에는 부귀와 번영이 극에 이른다. 이 수리의 여성은 연애나 직장·결혼 등에 있어서도 순간 포착이 뛰어나 좋은 기회를 놓치지 않는다.

〈46〉 빈 공산에 서서 달빛을 벗삼아 구경하는 격이다. 한 마디로 때를 얻기 어려운 스타일이다. 평생을 기구하게 좌절이 기복이 많으며 의지가 박약하고 패가망신한다. 어떤 일을 도모해도 결론을 좋게 얻기는 어렵다. 이 수리의 여성은 보기와는 달리 허약하다. 중년 이후 건강에 주의를 요한다.

〈47〉 의식주에 걱정이 없으며 하늘이 내려 준 복을 향유할 좋은 수리다. 매사가 순조롭고 재운이 있다. 자손에까지도 좋은 운이 미친다. 이런 수리는 정치가가 되면 성공이 빠르다. 이 수리의 여성은 중년 이후 좋은 운을 만나게 된다. 재운도 풍부하고 화기애애하면 가정을 원만하게 꾸민다.

〈48〉 지모가 출중하고 만인의 추앙을 받는 수리다. 눈앞에 작은 이익에 만족하지 않고 앞날을 내다보는 혜안이 있다. 그런 점에서 많은 사람으로부터 존경과 흠모를 받는다. 이 수리의 여성은 남편 제일주의다. 현숙한 여인으로서 남편을 내조하고 어진 어머니로서 자식을 양육한다. 번성하는 좋은 운수다.

〈49〉 길흉을 예측할 수 없는 수리다. 길할 때는 좋은 일이 따르지만 흉한 일이 생기면 연이어 좋지 않은 일이 밀어닥친다. 길흉이 이웃하는 운기이다. 이 수리는 전반의 생이 평안하면 후반생이 버겁고, 후반생이 안락하면 전반생이 힘들다. 이 수리의 여성은 소설이나 영화 속의 인물이 자신이라고 착각하는 암시가 있다.

〈50〉 이 수리 역시 공망수다. 처음은 좋으나 끝이 보이지 않는다. 한때 부귀와 영달을 누리기도 하나 결국은 패가 망신하고 만년이 불운하다. 이런 수리의 여성은 어떤 일에 대해 머뭇거려서 치명적인 손해를 보게 된다. 또한 실천력이 부족하여 자신에게 닥친 일들을 모두 우연으로 돌리며 위안 삼으려 한다.

〈51〉 처음은 지극히 미약하고 볼품이 없어도 나중은 불굴의 노력으로 좋은 결과를 얻는다. 그러나 일에 대한 변화가 심하고 파란 만장하다. 좋은 일과 궂은 일이 종이 한 장 차이로 일어난다. 대체로 부부 운도 좋지 않다. 이런 수리의 여성은 항상 빈천한 분위기를 풍긴다. 결혼 생활에 있어서도 과부가 된다.

〈52〉 어떤 일을 하더라도 성공한다. 자손 대대로 이름을 얻을 수 있는 좋은 수리다. 대세를 파악하는 안목이 탁월하여 한 번 기회를 잡으면 놓치지 않는다. 나쁘게 보면 잔꾀에 능하다. 이 수리의 여성은 크고 작은 일에 약삭빠르다. 상대를 사전에 철저히 탐색하므로 선견지명이 탁월하다.

〈53〉 겉으로는 화려해 보이지만 항상 액화를 내포하고 있어 위태롭다. 이 수리 역시 전반과 후반의 생이 길흉이 상충한다. 가산을 탕진하고 비애에 빠질 운수로 잘 해야 평온을 유지한다. 이 수리의 여성은 허영과 사치가 심하다. 사탕발림식 교제를 하기 때문에 낭패 당하는 경우가 생긴다. 수양이 필요하다.

<54> 무엇을 모은다는 것보다는 흩어지고 깨어지는 수리다. 만사가 알 길이 없고 내일을 알 수가 없다. 연거푸 밀어닥치는 재액으로 인하여 우울하고 번민하며 비명 횡사할 운수다. 만년은 크게 역경에서 벗어나기가 어렵다. 이 수리의 여성도 흉한 암시가 가득하다. 하루 빨리 개명이 필요하다.

<55> 이 수리는 길흉이 반반이다. 좋은 쪽으로 유도되면 이무기가 용이 되지만, 흉한 쪽이면 고작 지렁이가 될 뿐이다. 항상 불안한 상태며 일을 추진해도 실천력이 부족하여 결과를 좋게 얻을 수 없다. 이 수리의 여성은 한 번 쯤은 투기나 도박에 이득을 얻을 수 있지만 계속했을 때엔 큰 손해를 입는다.

<56> 이 수리는 의지가 박약하고 인내심이 부족하다. 덕망을 가지고 있으나 입신하기가 어렵다. 아무리 노력을 해도 뜻을 이루기 어렵고 평생을 비운 속에 지낸다. 이런 수리의 여성은 허약하고 용기가 없다. 이럴까 저럴까 망설이다 시간만 허비한다. 머뭇거리다가 주저앉아 버린다는 뜻이다.

<57> 이미 고사되기 직전의 나무가 봄을 만나 소생의 기미를 느끼는 수리다. 나쁜 상황에 빠졌다가 그것이 좋은 운으로 뒤바뀌지만, 중년 이후 큰 환난에 직면하게 된다. 여성에게 있어서는 스스로가 감당하기 힘든 고난이 닥친다. 그러나 낙심 않고 슬기롭게 대처한다면 재난을 최소화시킬 수 있다.

〈58〉 먼저는 좋지 않은 일로 고생하지만 나중엔 좋은 운이 돌아온다. 꾸준한 인내 없이 감당하기가 쉽지 않다. 그러나 사나운 풍랑을 헤쳐 나가면 큰 보람을 얻는 것처럼 난관을 극복한 이후에 얻는 보람은 크다. 여성에게 있어서도 길흉이 반반이다. 도량이 넓은 남성을 선택하는 게 무엇보다 중요하다.

〈59〉 액난이 끝없이 닥치고 실의와 비탄에 빠질 수리다. 용기도 없고 인내심도 부족하여 재능도 없다. 한 번 실의에 빠지면 도무지 재기가 불능이다. 역경 속에서 일생을 마치는 경우가 허다하다. 여성인 경우는 자신을 스스로 비하시키는 못난 버릇을 없애야 한다. 그러한 자멸감은 찾아온 운을 스스로 소멸시켜 버린다.

〈60〉 항상 불안한 상황에 놓이고, 그러한 상태 속에서 방황한다. 이를테면 조각배가 망망대해에 표류하는 것과 같은 이치다. 고난과 단명을 피할 길 없다. 이런 수리의 여성은 모든 사람이 자기와 같다고 믿은 탓이 큰 낭패를 당한다. 두서 살 먹은 어린애가 물가에서 노는 격이다. 이런 상황에서 환난을 당하지 않는 것은 운기 탓이다.

〈61〉 천부적으로 행복을 누릴 수 있는 수리지만 남들에게 공손하지를 못한 것이 큰 약점이다. 그것이 때로는 사교성이 부족하다고 손가락질을 받는다. 항상 주위와 인화에 신경을 써야 한다. 이런 수리의 여성은 오만하다는 손가락질을 받는다. 그러나 생각지도 않은 좋은 일이 생기기도 한다. 사업은 동업을 피하는 게 좋다.

〈62〉 모든 기운이 쇠하고 내외가 불안한 수리다. 일신의 모든 기운도 비운 쪽으로 기운다. 이러한 상황에 놓이면 마침내 하늘을 원망하게 된다. 이 수리는 다른 사람을 위해 봉사하는 일에 종사하는 것은 금물이다. 이 수리의 여성은 사치품이나 액세서리를 자주 바꾼다. 다른 사람이 고른 것보다는 자신이 고른 것을 최상으로 친다.

〈63〉 부귀와 영화가 한눈에 보이는 좋은 수리다. 이런 수리에도 흉한 일이 따르기 마련이지만 특별한 흠집이 보이지 않는다. 이 수리는 자신도 모르는 사이에 영광의 자리에 오르는 대길괘다. 여성인 경우는 슬하에 많은 자녀를 둔다. 아내나 어머니로서 손색이 없다. 자녀에게도 좋은 수리가 영향을 끼친다.

〈64〉 매사가 불안정하고 파탄과 파괴하는 수리다. 그렇다고 어떤 계획성을 갖고 그러는 것이 아니다. 행동 자체가 무모할 수밖에 없다. 고독과 어려움 속에서 비탄에 빠진다. 특히 단명 등의 흉사에 빠진다. 여성에게는 자매 운이나 부모와 자식 운도 좋지 않다. 얼굴을 맞대면 우선 싸우는 수리다.

〈65〉 떠오르는 태양이 하늘 높이 떠오르는 격이다. 사회적인 위치도 명망을 얻을 수 있는 자리에 있다. 부귀 영화가 한 몸에 있고, 그 운은 자녀에게까지 미친다. 결혼 운이 좋다. 이 수리의 여성 역시 배우자 운이 좋다. 초반에 약간 어려움이 닥칠 수 있으나 중년 운이 크게 좋아 문제될 것이 없다.

〈66〉 진퇴양난에 빠져 궁지에 빠질 수리다. 앞에는 산, 뒤는 절벽이니 도무지 장차가 눈에 들어오지 않는다. 선후배 사이에서

배신을 당하고 결혼하면 부부 사이도 불화한다. 이 수리는 여성에게 있어서 자포자기에 빠지게 한다. 그런다고 해서 짜증을 내거나 성급하게 덤비면 결과는 좋지 않다.

〈67〉 어둔 밤이 지나고 새 아침을 맞이한다. 신망도 두텁고 가세는 번창하여 부귀 영화가 손안에 쥔 구슬이다. 아주 좋은 수리다. 바른 길로만 나가면 크게 성공할 수리다. 무엇보다 결단력이 부족 되는 걸 막아야 한다. 여성에게 있어서는 백화가 난무하는 좋은 격이다. 온유와 평온이 함께 한다.

〈68〉 기계 공학 쪽으로 손을 대면 크게 성공한다. 특히 발명품의 개발에 뛰어나다. 이런 수리는 아이디어맨으로 장래를 약속받을 수 있으며, 연애나 가정 생활에서도 창의적이다. 이런 수리의 여성은 남편을 믿고 따른다. 다소 부족한 면이 있는 남자라도 아끼고 보호하므로 큰 문제는 발생하지 않는다.

〈69〉 무기력하고 병약한 운수다. 항상 방황하고 안정을 찾지 못하고 불안 속에서 허덕인다. 결혼하면 부인을 잃게 되고, 설령 자식을 낳는다 해도 단명하다. 이런 수리의 여성은 괜히 다른 사람에게 미움을 받는다. 결혼하면 기이하게도 남편은 병약하여 심신이 불편하다. 여성에게 있어서는 아주 한심한 수리다.

〈70〉 기운이 쇠퇴하고 근심과 고난이 그치지 않은 수리다. 손을 움직이면 다리가 부러지는 엉뚱한 일에 휘말린다. 단명과 흉사로 인해 평생을 고통 속에서 보내는 공망수다. 이런 수리의 여성은 행복과는 거리가 멀다. 다른 사람에게 깊은 상처를 주면서 자신만 행복해 지려는 얌체 같은 행위를 한다.

〈71〉 부귀 영달을 약속 받을 수 있으나 사고력 부족으로 손에 들어온 행운을 놓친다. 좋은 수이기는 하나 때를 잘못 선택하여 좋은 기회를 놓친다. 이 수리의 여성은 재운을 만나게 된다. 이름도 날리고 그로 인해 좋은 운을 얻으나 목적을 향해 가는 진취력이 부족하다. 여성은 돈을 벌수록 걱정이 늘어난다.

〈72〉 겉으로는 행복해 보이지만 내부에는 좋지 못한 일이 도사리고 있다. 전반이 어느 정도 화락해 보이지만 후반은 비색 하기 이를 데 없다. 길흉이 상반된다. 이 수리의 여성은 자신이 좋았던 시기를 생각하며 답보 상태에 젖는다. 한 발짝 앞으로 나아가지 못하는 운이다. 개명하는 것이 좋다.

〈73〉 길흉이 반반이다. 계획은 무성하나 실천력이 부족하여 성공을 장담할 수 없다. 초반 운은 미약하나 점점 강성해져 중년 이후의 운기가 좋다. 물론 이것은 생각만 가지고서는 안되고, 실천력이 뒷받침되었을 때의 얘기다. 여성은 자기보다는 한 단계 위의 곳에 집중해 있다. 당연히 현실적으론 불만이다.

〈74〉 아무 것도 할 수 없는 무능력자의 수리다. 이른바 폐인의 수리다. 재주는 있지만 현실 감각이 떨어지므로 무능력자로 보일 수밖에 없다. 개명을 하는 것이 바람직하다. 이 수리의 여성도 불행하기는 매 한가지다. 좋은 일은 하나에 아흔 아홉이 나쁜 일이다. 한시라도 빨리 개명하는 것이 좋다.

〈75〉 앞으로 나아가는 데는 지장이 없으나 뒤로 물러서는데 애로점이 많다. 안정된 생활을 얻을 수 있으나 지나치게 욕심내는 것은 불행을 자초한다. 이 수리는 좀더 자중할 필요가 있다. 이 수리의 여성은 적당한 선에서 자신의 행복을 찾아야 한다. 이른바 자성을 필요로 하는 수리이므로 자기 성찰이 필요하다.

〈76〉 항상 문 앞에 고생이 진을 치고 있다. 이른바 좌절을 밥 먹듯 하고 실패와 이별·상해의 암시가 동행한다. 강한 의지력으로 불운을 밀어내고 좋은 운으로 바꿀 수 있다. 개성과 역량에 따라 불운이 좋은 운으로 뒤바뀐다. 이런 수리의 여성은 첫째로 건강에 주의하고 인격 수양에 최선을 다해야 한다.

〈77〉 길흉이 반반이다. 나쁜 일 속에 좋은 일이 생긴다. 중년 이후의 운이 나빠 점점 비참해진다. 좋은 운이 손끝에 잡힐 듯 하면서도 끝내 잡히질 않는다. 그러는 중에 세월만 무심하게 지나가 버린다. 이런 수리의 여성은 어릴 때엔 집안 어른들로부터 사랑이 극진하다. 그러나 후반을 불운하게 보내게 된다.

〈78〉 이 역시 길흉이 반반이다. 중년 이전에는 활기찬 생활이나 이후에는 점차 운이 기울어 고생을 면할 길이 없다. 천부적인 소양이 있다 해도 그것을 써먹을 기회를 찾지 못한다. 이른바 결단력이 부족한 것도 문제다. 이런 수리의 여성은 용모도 예쁘고 재능도 있지만 혼인과 동시에 불행해질 여지가 있다.

〈79〉 정신력이 박약하고 매사에 맺고 끊음이 부족해 신용을 잃는다. 육체는 건강하나 하는 일없이 세월만 허송한다. 하루도 마음 편할 날이 없다. 단잠을 이루지 못하고 안절부절못한다. 한 마디로 심신이 온전치 못하다. 이런 수리의 여성은 자신의 이름에 불만을 가지고 있어서 평생 동안 정신 건강에 해롭다.

〈80〉 순탄치 못할 수리다. 이 역시 공망수이기 때문이다. 단명을 초래하고 도처에 함정이 도사리고 있다. 이런 수리의 남성은 일찍 출가하여 입산 수도를 하는 쪽이 현명한 길이다. 이런 수리의 여성은 좋지 않은 일이 닥칠 때는 다른 사람보다 몇 배로 흉운이 작용한다. 시기를 놓치는 것도 그 한가지다.

〈81〉 9에 9를 곱한 수로 운기력이 둘도 없이 왕성하다. 사실 81의 수를 가진 이름은 드물다. 일반적으로 81의 수는 시작 수인 1의 영동력을 갖고 82는 2의 영동력을 갖기 때문에 최초의 1의 수리의 적용을 받는 것으로 생각해도 무난하다. 이런 수리의 여성 역시 남성과 호운의 차이가 없다.

제3장 소행에 의한 작명법

좋은 이름을 어떻게 지어야 하는가의 문제다. 먼저는 좋은 이름자를 얻기 위해선 음양 배열이 바른가를 따져야 한다. 다음은 삼원 오행으로 보는 성명학에 대해 설명하고자 한다.
▶성자(姓字)가 〈음〉일 경우는, ●○○ ●●○ ●○●
▷성자가 〈양〉일 경우는, ○●● ○○● ○●○
◀성자가 ○○○이나 ●●●으로 되는 것은 절대 피해야 한다.
앞서 설명한 대로 건위천(乾爲天)의 괘는 원형이정이다.

제1절 부호로 표시

A B C 柳 寬 順	성자(姓字)······················A 이름 위 글자··················B 이름 아래 글자···············C

제2절 원형이정(元亨利貞)의 작용

격	별칭	계 산 법	운	비 고
원	지격	B+C	전운	유소년 시대 및 숭년의 운
형	인격	A+B	주운	평생의 운
이	천격	A+C	부운	형격과 배합에 따라 영향을 줌
정	총격	A+B+C	후운	일생의 종합적인 운세

제3절 수리와 오행

수	1·2	3·4	5·5	7·8	9 10
오 행	木	火	土	金	水

제4절 음에 의한 작명법

오행	자 음	조 사	음
木	ㄱ, ㅋ	가, 카	牙音(어금니 소리)
火	ㄴ, ㄷ, ㄹ, ㅌ	라, 다, 라, 타	舌音(혓소리)
土	ㅇ, ㅎ	아, 하	喉音(목구멍 소리)
金	ㅅ, ㅈ, ㅊ	사, 자, 차	齒音(잇소리)
水	ㅁ, ㅂ, ㅍ	마, 바, 파	脣音(입술 소리)

제6절 삼원 오행

3 원 5 행		
9	15	12
柳	寬	順
A	B	C
天	人	地
利	亨	元
A+C	A+B	B+C
1(21)	4(24)	7(27)
木	木	金

제6절 이름자 건강학

스스로의 이름을 삼재로 맞춰 오행으로 분류한 결과를 가지고 자신의 건강을 체크해 본다.

一. 목운부(木運部)

▲木木木 건강하고 장수한다. 발생할 수 있는 질병은 정신 질환과 약물중독을 조심해야 한다.

▲木木火 건강하다. 발생할 수 있는 질환은 심장병이다. 콩팥이 약하다. 위출혈도 체크해 볼 필요가 있다. 여성은 자궁암에 주의해야 한다.

▲木木土 위장과 간이 손상될 우려가 있다. 또한 수족에 상처를 입을 우려도 있다. 신경통으로 고생할 수가 있다.

▲木木金 체질이 약하다. 눈병을 비롯하여 방광 뇌염 등에 극

히 조심해야 한다.

▲木木水 병에 대한 저항력이 높다. 귀와 뼈에 대한 질환을 조심하고 대장암이나 신경계통의 질환에 주의가 필요하다.

▲木火木 몸과 마음이 건강하여 장수한다. 과로로 인한 빈혈과 피부병에 각별 유의하여야 한다.

▲木火火 병이 찾아올 징조가 농후하다. 고혈압을 비롯하여 심장병 · 간장 질환에 예방이 필요하다.

▲木火土 건강하고 무병장수가 무난하다. 위출혈과 심장병을 조심해야 한다. 여자는 수시로 자궁암의 검진이 필요.

▲木火金 신경계통의 일을 중단하고 안정이 절대 필요하다. 피부병과 치질이 올 수 있으며 마비 증세가 찾아온다.

▲木火水 심장을 비롯하여 각종 폐질환에 특별 유의해야 한다. 눈병을 비롯하여 신경통과 관절염도 요주의

▲木土木 습관성 위장병 · 폐장과 비장에 찾아 드는 질환에 대처해야 한다. 고혈압 · 결석 · 암도 올 수 있다.

▲木土火 심장을 비롯하여 위장에 질환이 있다. 호흡기 질환에 특히 유의해야 한다.

▲木土土 눈은 마음의 창이라 한다. 특히 눈병에 주의를 요한다. 폐와 위에도 문제점이 많다.

▲木土金 뇌신경 질환에 주의를 요한다. 위장 · 폐장에 관해서도 주의를 요한다.

▲木土水 정신착란 · 간병 · 신경쇠약 · 방광염 · 신장 · 심장마비 등에 주의를 요한다. 위장도 약하다.

▲木金木 위장 · 황달 · 정신병 · 신경쇠약 · 불면증 · 근육위축증이나 코에 관계되는 질환에 주의해야 한다.

▲木金火 비염 등의 코에 관계되는 질환이나 정신착란 · 신경

쇠약·두통·우울증의 질환에 조심해야 한다.

▲木金土 심신불안을 비롯하여 두통·신경쇠약·신경통을 경계해야 한다.

▲木金金 정신병을 비롯하여 안질·풍병에 특히 유의하여야 한다. 뇌염과 폐질에 주의를 요한다.

▲木金水 가장 주의를 요하는 질병은 신경통과 뇌일혈이다. 안질과 위장병에 걸릴 위험도 다분하다.

▲木水木 콩팥과 방광에 이상이 오는 것을 경계해야 한다. 심장병과 정신이상으로 발전하는 것도 요주의.

▲木水火 정신병·빈혈·심장병·임파선 계통 등의 질환을 경계해야 하며 피부병과 인후병이 올 수 있다.

▲木水土 콩팥 질병에 특히 유의하여야 한다. 여성의 경우엔 난소암과 월경불순을 체크해 볼 필요가 있다.

▲木水金 신경계통의 질환에 무방비 상태다. 무엇보다 신경강화에 주력해야 한다.

▲木水水 심장마비·콩팥 질병·당뇨병 등에 특히 유의하여야 한다. 정기적인 검사로 암에 대한 대책을 세워야 한다.

二. **화운부**(火運部)

▲火木木 신장병이 찾아오면 당연히 양기 부족 증세에 허덕인다. 여성의 경우는 신경통과 자궁암에 유의해야 한다.

▲火木火 전체적으로 강건한 체질이다. 그러나 위하수와 간병에 조심해야 한다.

▲火木土 건강한 체질이다. 그러나 신경 계통의 질환이 올 수 있으므로 주의를 요한다. 여성은 자궁암의 정기 검진이 필요하

다.

▲火木金 고혈압과 뇌일혈에 특히 조심해야 한다. 신경쇠약은 아주 간단하고 가벼워도 큰 병으로 발전할 수 있다.

▲火木水 방광 결석이나 신장병 등에 특히 주의를 요한다. 여성은 수란관폐색이 찾아올 수 있다.

▲火火木 전체적으로 건강하고 장수를 누리는 체질이다. 다만 심장병과 폐혈증의 검진이 필요하다.

▲火火火 심장과 혈압에 이상이 오는 체질이다. 여성은 불면 증과 월경불순으로 고생한다.

▲火火土 신장과 심장에 이상이 있는 체질이다. 여성은 안질 과 월경불순으로 고생한다.

▲火火金 호흡기와 폐질환에 이상이 오는 체질이다. 과로로 인한 치질과 심장 질환에도 주의를 요한다.

▲火火水 심장병을 비롯하여 고혈압·뇌일혈에 특히 주의를 요하는 체질이다.

▲火土木 위궤양·위염·위장병 등의 계통에 항상 신경을 써 야 하는 체질이다. 신경쇠약과 고혈압으로 발전할 소지가 크다.

▲火土火 대체적으로 무병 장수할 체질이다. 특별히 신경을 써야 한다면 빈혈과 파상풍이다.

▲火土土 무병·장수할 체질이다. 대체적으로 신경계통과 수 족잔폐에 대한 체크가 필요하다.

▲火土金 위출혈과 폐질환, 그리고 뇌일혈과 뇌진탕에 특히 주의를 요하는 체질이다.

▲火土水 심장 계통에 질환이 찾아오는 체질이다. 고혈압과 뇌일혈 등의 질환에도 자주 체크해 볼 필요가 있다.

▲火金木 신장병과 암 등에 자주 체크해야 할 체질이다. 사지

가 뒤틀리고 심장에 질환이 오다 보니 자상 위험이 다분하다.

▲火金火 신경쇠약이 정신병으로까지 발전할 소지가 많은 체질이다. 안질이 오고 근시의 취약점이 있다.

▲火金土 호흡기 질환에 자주 이상이 오는 체질이다. 뇌일혈에 걸릴 위험이 다분하다.

▲火金金 폐질환과 심장병·위장에 취약점이 있다. 류마치스나 피부 반점에 노출되어 있다.

▲火金水 심장과 폐장이 특히 좋지 않다. 따라서 폐병이나 심장·신장병을 자주 체크해야 할 체질이다.

▲火水木 신장과·폐 그리고 신장이 좋지 않다. 남자는 양기 부족 증세가 현저하다. 여성은 월경이 불순하다.

▲火水火 심장이 좋지 않음으로 여러 질환이 발생한다. 악몽을 꾸고 정신병이 찾아온다. 여성의 역시 월경이 불순하다.

▲火水土 신장병·심장병·위출혈에 노출된 체질이다. 특히 만성 대장염에 주의를 요한다.

▲火水金 폐질환과 고혈압·방광염에 노출된 체질이다. 잦은 두통과 악몽으로 고생한다.

▲火水水 폐질환과 심장병·관절염 등에 약한 체질이다. 여성은 부인병으로 병원 출입이 잦다.

三. 토운부(土運部)

▲土木木 위장 질환에 무방비로 노출된 체질이다. 여성은 자궁암과 신경통으로 병원 출입을 한다.

▲土木火 위장이 아주 좋지 않다. 게다가 황달기가 있어 눈이 멀 위험 여지가 많다. 늑골 병에도 주의를 요한다.

　▲土木土　정신병·뇌일혈·폐질환에 약한 체질이다. 간염·두통 등의 신경성 질환으로 병원 신세를 진다.

　▲土木金　뇌 계통의 질환에 잦은 이상이 오는 체질이다. 위장과 비장도 약하다.

　▲土木水　신경계통의 질환에 노출된 상태. 이 계통의 질환엔 즉시 손을 써야 우환을 막을 수 있다.

　▲土火木　신경실상으로 불리는 쇠약 증세가 찾아온다. 위장도 튼튼하지 못하고 폐질환에도 노출되어 있다.

　▲土火火　정신병과 심장 질환에 약한 체질이다. 체질적으로 주색을 삼가야 그나마 건강을 유지할 수 있다.

　▲土火土　고혈압과 두통 증세가 심각하다. 심장이 아주 약하다. 정신병으로 발전할 여지가 있다.

　▲土火金　호흡기 질환에 유의할 필요가 있다. 정신착란·간염·반신불수의 위험에 노출되어 있다.

　▲土火水　신장과 심장이 좋지 않은 체질이다. 뇌염과 뇌일혈에도 경고등이 켜졌다. 여성은 자궁암 검진을 정기적으로 받는 것이 좋다.

　▲土土木　신경과민과 간암·위장 질환에 주의를 요하는 체질이다. 신경통과 신경성 질환에 유의해야 할 필요가 있다.

　▲土土火　강건한 체질이다. 평생을 건강하게 보낼 수 있는 체질이다. 다만, 지나친 탐음(貪淫)으로 성기능이 쇠약해 질 수 있다.

　▲土土土　결함을 찾아볼 수 없는 체질이다. 심장병·악성 질환·고혈압에 주의를 요한다.

　▲土土金　건강한 체질이다. 특별히 조심해야 할 것은 위장 질환이나 동맥경화다.

▲土土水 신장과 방광에 결함이 있다. 정신병과 신경쇠약·신경통·고혈압에 주의해야 한다.

▲土金木 신경쇠약과 위장 질환이 문제다. 구토와 각혈이 올 수 있다. 노이로제·불면증·우울증에 각별 주의를 요한다.

▲土金火 호흡기 질환과 신경통·빈혈증에 노출되어 있는 체질이다. 정신이 혼미하여 깨닫지 못하고 점차 시력을 잃는다.

▲土金土 건강과 장수를 누릴 수 있는 체질이다. 다만 위장 질환과 심장이 약하므로 건강 관리에 유의해야 한다.

▲土金金 폐질환을 비롯하여 위출혈·심장병 등처럼 호흡기 계통에 취약점이 있으므로 무엇보다 금연이 절대로 필요하다.

▲土金水 신장과 위장이 약하다. 신장병과 위출혈에 대한 사전 방비가 절실하다. 뇌일혈 등도 쉽게 간과해선 안된다.

▲土水木 신장·위장·폐장이 모두 좋지 않다. 체질적으로 날마다 병원 신세를 진다. 여성은 부인병과 폐혈증에 각별 유념해야 한다.

▲土水火 순환기 계통에 질환이 있다. 천식을 비롯하여 고혈압·안질 등도 찾아온다.

▲土水土 신장병·신장결석 등의 신장 계통에 무방비로 노출되어 있다. 신경쇠약으로 인해 정력 감퇴의 원인 제공을 한다.

▲土水金 신경통·수잔잔폐·폐암·늑골병·정신병 등이 찾아올 수 있는 체질이다. 선천적으로 건강이 나쁘다.

▲土水水 신장이 특히 약하다. 찾아올 수 있는 질환으로는 방광 결석·위출혈·치루·신장병 등이다.

四. 금운부(金運部)

▲金木木 간장·신장·위장이 좋지 않은 체질이다. 정신 질환으로 고생하겠으며 복막염과 고환염도 검진이 필요하다.

▲金木火 폐질환이 크게 일어날 암시가 있다. 폐병과 폐암이 그것이다. 당뇨와 내분비장애에 주의를 요한다.

▲金木土 신경계통의 질환으로 오랫동안 고생할 체질이다. 특히 뇌질환과 위장 질환이 찾아온다.

▲金木金 신경계통의 질환으로 한동안 고생하겠으며 그로 인해 말더듬이가 되거나 신경쇠약으로 인해 정력 감퇴 현상이 일어난다.

▲金木水 간장과 담낭이 부실하여 조루와 양기 부족으로 고생한다. 우울증과 신경쇠약으로 인해 정신병으로 발전할 소지가 있다.

▲金火木 신경쇠약이 정신병으로 발전할 여지가 많다. 폐·뇌질환·천식으로 고생한다. 여성은 난소염의 검진이 필요하다.

▲金火火 신경 상태가 아주 좋지 못하다. 점차 정신병으로 발전할 여지가 많다. 뇌일혈에도 주의를 요한다.

▲金火土 역시 신경계통의 질환에 주의해야 할 체질이다. 협심증과 고환이 부풀어오르는 증세의 기미가 보인다.

▲金火金 우선적으로 신경계통이 좋지 않고, 유방암·간암 등에도 노출되어 있다. 나이들수록 당뇨에 대한 철저한 대비가 필요하다.

▲金火水 심장병·심장마비·정신병·악몽·신경통·신경쇠약·손발이 붓는 병으로 고생한다.

▲金土木 위장과 비장이 특히 좋지 않다. 위암·간암·폐암 등의 검진을 자주 해봐야 한다. 여성은 자궁암에 요주의.

▲金土火 심장병·뇌일혈·지랄병·신경통·폐병·신장병

· 위장 질환 등이 좋지 않다. 그러므로 이런 체질은 급사할 위험
이 높다.

▲金土土 건강하고 장수할 수 있는 체질이다. 여성은 갑상선
종과 헛배부르는 증세에 걸리기 쉽다.

▲金土金 건강도 좋고 장수할 체질이다. 그러나 폐암·간암
등의 위험이 보이고 복막염이 찾아올 기미가 보인다.

▲金土水 신장·방광이 좋지 않다. 심장이 두근거리는 증세
·심장병 등이 점차 정신병으로 발전한다.

▲金金木 신경계통의 질환에 적신호가 켜진 체질이다. 관절염
이나 뇌막염·당뇨병 등의 병증도 엿보인다.

▲金金火 폐장과 심장이 좋지 않다. 악성과 폐병 등의 위험이
따르고 복막염 증세도 나타난다.

▲金金土 신장염과 위장 질환이 엿보인다. 과민성 비염으로
인해 성기능 감퇴로 양기 부족과 조루 증세가 나타난다.

▲金金金 폐가 약하다. 정신병과 천식·뇌염·심장병 등이 나
타날 조짐이 있으며, 여성에게는 암과 부인병 증상이 있다.

▲金金水 대장과 신장이 약하다. 이로 인해 신장병이 생기며
양기 부족으로 인한 조루 증상이 찾아온다.

▲金水木 폐가 약하다. 신경쇠약으로 인한 정신 위축 증상이
현저하다. 여성은 부인병으로 곤란을 겪으며 허리와 등이 시리
다.

▲金水火 폐가 약하다. 이로 인해 폐병·각혈·천식 등의 질
환으로 고생한다. 가슴이 두근거리고 정신병까지 겹쳐 급사의 위
험이 있다.

▲金水土 신장과 심장에 질환이 오는 체질이다. 여성은 위암
과 자궁암의 조짐이 있다.

▲金水金　선병질형 체질이다. 그러나 보기와는 달리 허약한 곳은 많지 않다. 여성은 신장염과 자궁암 조짐이 있다.

▲金水水　폐병·천식 등의 질환으로 볼 때 호흡기 질환에 이상 체질로 보인다. 그러나 고혈압·심장마비·부신암 등의 위험 신호가 보인다.

五. 수운부(水運部)

▲水木木　건강하고 장수할 수 있는 체질이다. 특히 주의해야 한다면 간암과 위암이다. 술·담배를 조심해야 한다.

▲水木火　몸은 허약하고 잔병이 끊이지 않는다. 여성은 신경성 쇠약과 월경불순이 찾아온다.

▲水木土　심신이 강건하다. 위장 질환·신경통으로 인한 양기 부족 증세가 찾아온다.

▲水木金　폐가 약하다. 신경쇠약·신경통·간암 등에도 건강이 노출되어 있다.

▲水木水　신장 계통의 질환에 이상이 오는 체질이다. 그러나 전반적으로 건강과 장수를 누릴 수 있다.

▲水火木　심장 계통의 질환에 이상이 오는 체질이다. 심신 불안정으로 인해 정신분열증을 일으켜 목숨이 위태로울 수 있다.

▲水火火　심장에 질환이 오는 체질이다. 자폐증에 의해 스스로 목숨을 끊을 위험이 따른다.

▲水火土　심장마비·고혈압·뇌일혈·안질·신경통·자궁암 등등으로 합병증세가 보인다.

▲水火金　폐병·천식·폐암·위출혈·피부병·심장마비·신경통·빈혈 등으로 인해 자살이나 변사 등의 암시가 보인다.

▲水火水 심장 질환·심장마비·뇌일혈 등에 걱정이 되는 체질이다. 여성은 자궁암에 주의를 요한다.

▲水土木 위와 신장에 질환이 발생할 수 있는 체질이다. 신경통과 뇌신경 계통의 질환이 찾아와 급사의 위험이 있다.

▲水土火 신장병·심장병·안질·신경통·중풍이 올 수 있는 체질이다. 특히 뇌경색 등의 질환에 주의해야 한다.

▲水土土 신장을 비롯하여 방광·비장 등에 질환이 발생할 수 있는 체질이다. 특히 신경쇠약으로 인한 정신병에 주의를 요한다.

▲水土金 위장병·정신병·신경통·신장병 등등 거의 오장에 대한 질환이 거의 찾아온다. 무엇보다 예방하는 것이 중요하다.

▲水土水 위장·비장·방광·정신 질환에 유의해야 한다. 여성은 부인병과 실면증이 온다.

▲水金火 호흡기 계통에 취약점이 있다. 또한 빈혈·맹장염·언어 장애·악몽 등으로 고생한다.

▲水金土 대체적으로 건강하고 무병하다. 그러나 나이가 들수록 천식과 신장 질환에 특히 주의를 요한다.

▲水金金 무병·장수할 체질이기는 하지만 나이들수록 신장 계통의 질환으로 고생할 수 있다. 양기 부족 등의 후유증이 따른다.

▲水金水 정신병 계통의 질환에 취약점이 있으며 폐질환이나 늑막염으로 고생한다.

▲水水木 간장을 비롯하여 신장 계통의 질환에 많은 취약점이 있다. 여성에겐 지라병과 자궁암에 노출되어 있다.

▲水水火 심장 질환에 주의해야 할 체질이다. 또한 뇌신경 계통에도 노출되어 있다. 위통과 위출혈도 주의를 요한다.

▲水水土 심장과 신장이 취약하다. 또한 호흡기 계통의 질환으로 상당 기간 고생하게 된다.

▲水水金 폐와 신장·심장 등에 취약점이 보인다. 물론 건강 관리를 여하히 하느냐에 따라 예방할 수 있다.

▲水水水 신장 계통의 질환으로 고생한다. 특히 요도염으로 장기간 애를 먹는다. 이것이 치명적인 난치병으로 발전할 수 있다.

제4장 작명을 위한 한자

제1절 성(姓)에 쓰이는 한자

一. 2획
卜(점칠 복), 丁(고무래 정), 乃(이어 내), 力(힘 력), 刀(칼 도), 又(또 우)

二. 3획
千(일천 천), 弓(활 궁), 干(방패 간), 凡(평범할 범), 山(뫼 산), 也(잇기 야), 大(클 대)

三. 4획
方(모양 방), 卞(성 변), 毛(터럭 모), 王(임금 왕), 元(으뜸 원), 孔(구멍 공), 尹(성 윤), 文(글월 문), 夫(지아비 부), 太(클 태), 公(공변될 공), 仇(원수 구), 午(낮 오), 天(하늘 천), 化(화할 화), 井(우물 정), 牛(소 우), 日(날 일), 어질 인(仁), 木(나무 목), 巴(나눌 파), 才(재주 재), 中(가운데 중), 水(물 수)

四. 5획

石(돌 석), 玉(구슬 옥), 片(조각 편), 丘(언덕 구), 玄(검을 현), 平(평평할 평), 田(밭 전), 申(납 신), 白(흰 백), 史(역사 사), 皮(가죽 피), 召(부를 소), 弘(클 홍), 占(점 점), 永(길 영), 功(세울 공), 臣(신하 신), 台(세울 태), 北(북녘 북), 冊(책 책), 包(안을 포), 令(명령 령), 瓜(외 과), 只(지금 지), 禾(벼 화), 司(사령 사)

五. 6획

朴(소박할 박), 朱(붉을 주), 全(온전할 전), 吉(길할 길), 牟(길 모), 安(편안할 안), 任(맡길 임), 伊(저 이), 米(쌀 미), 印(찍을 인), 守(지킬 수), 先(먼저 선), 好(좋을 호), 宅(집 택), 羽(날개 우), 在(있을 재), 圭(별이름 규), 光(빛 광), 有(있을 유), 列(벌릴 렬), 仰(부를 앙), 老(늙을 로)

六. 7획

吳(오나라 오), 呂(음률 려), 杜(막을 두), 成(이룰 성), 延(맞을 연), 余(나 여), 李(오얏 리), 宋(송나라 송), 辛(매울 신), 車(차 차), 汝(너 여), 池(못 지), 采(나물 채), 甫(맡길 보), 何(어찌 하), 吾(나 오), 良(좋을 량), 君(군주 군), 佐(이를 좌), 谷(골 곡), 克(이길 극), 見(볼 견), 姜(성 강)

七. 8획

金(쇠 김), 其(갖출 구), 林(수풀 림), 松(솔 송), 孟(맏 맹), 房(방 방), 沈(깊을 심), 明(밝을 명), 卓(탁자 탁), 昔(옛 석), 周(두루 주), 昇(이길 승), 奉(받들 봉), 表(겉 표), 宗(마루 종), 知(알 지), 承(이을 승), 門(문 문), 於(어조사 어), 忠(충성 충), 長(길 장), 叔(아재비 숙), 斧(도끼 부), 奇(기이할 기), 虎(범 호)

八. 9획

柳(버들 유), 兪(그럴 유), 姜(성 강), 男(남녘 남), 咸(다 함), 秋
(가을 추), 河(강 하), 禹(우나라 우), 泗(사수 사), 宣(베풀 선), 韋
(가죽 위), 施(베풀 시), 奏(연주할 주), 泰(클 태), 炭(석탄 탄), 相
(서로 상), 則(곧 즉), 姚(예쁠 요), 要(중요할 요), 思(생각 사), 昭
(밝을 소)

九. 10획

洪(넓을 홍), 高(높을 고), 唐(당나라 당), 骨(뼈 골), 桂(계수나
무 계), 徐(천천히 서), 殷(은나라 은), 孫(손자 손), 馬(말 마), 晋
(나라 진), 芮(꽃술 예), 宮(궁전 궁), 翁(노인 옹), 貢(공물 공), 時
(때 시), 袁(옷길 원), 桑(뽕나무 상), 桓(다할 환), 耿(취사 경), 訓
(훈계 훈), 曺(성 조), 凉(맑을 량)

十. 11획

許(말씀 허), 魚(고기 어), 張(베풀 장), 梁(맑을 양), 扈(뒤따를
호), 崔(높을 최), 章(글 장), 胡(오랑캐 호), 范(넘칠 범), 康(편안
할 강), 曹(성 조), 邦(나라 방), 異(다를 이), 梅(매화 매), 啓(이를
계), 那(이를 나), 麻(마 마), 畢(다할 필), 國(나라 국), 尉(다할
위), 邢(형나라 형), 商(장사 상), 苗(싹 묘)

十一. 12획

景(경치 경), 尋(찾을 심), 能(능할 능), 黃(누르 황), 邵(밝을
소), 馮(성 풍), 閔(다할 민), 堯(요나라 요), 童(아이 동), 智(지혜
지), 程(다할 전), 彭(다할 팽), 順(순할 순), 勝(이길 승), 曾(갖출
증), 邱(다할 구), 斯(이 사), 森(빽빽할 삼), 荀(사람 이름 순), 庾
(곳집 유)

十二. 13획

廉(성 렴), 溫(따뜻할 온), 琴(거문고 금), 楊(버들 양), 賈(값

가), 楚(초나라 초), 睦(친목할 목), 莊(씩씩할 장), 阿(언덕 아), 郁(빛날 욱), 新(새 신), 敬(존경할 경), 登(오를 등), 頓(둔할 둔), 慈(너그러울 자), 路(길 로)

十三. 14획

裵(성 배), 連(이을 련), 趙(조나라 조) 愼(신중할 신), 鳳(봉새 봉), 箕(기나라 기), 槐(금괴 괴), 端(끝 단), 菊(국화 국), 種(종류 종), 與(줄 여), 甄(다할 진), 兢(다할 긍), 碩(클 석), 福(복 복), 壽(목숨 수)

十四. 15획

葛(칡 갈), 郭(성 곽), 劉(성 유), 魯(노나라 노), 董(성 동), 葉(잎새 엽), 漢(한나라 한), 價(값 가), 廣(넓을 광), 德(큰 덕), 標(나타낼 표)

十五. 16획

陳(진나라 진), 都(도읍 도), 龍(용 룡), 陰(음지 음), 潘(불사를 반), 錢(돈 전), 盧(성 노), 陸(육지 육), 燕(제비 연), 道(길 도), 穆(온화할 목), 陶(질그릇 도), 諸(제반 제), 閻(마을 염), 謂(이를 위)

十六. 17획

韓(나라 한), 蔡(나라 채), 蔣(과장풀 장), 鞠(구부릴 국), 謝(사례 사), 獨(홀로 독), 陽(볕 양), 鮮(신선할 선), 澤(못 택), 鄒(추나라 추), 聰(총명할 총), 鄕(시골 향), 彌(두루 미)

十七. 18획

簡(편지 간), 魏(위나라 위), 禮(예절 예), 載(지을 재), 歸(돌아갈 귀)

十八. 19획

薛(성 설), 龐(어지러울 방), 鄭(정나라 정), 羅(성 라), 離(다를 이), 南宮(남녁 남, 궁 궁)

十九. 20획

嚴(엄할 엄), 還(돌아올 환), 鮮于(고을 선, 어조사 우)

二十. 21획

釋(주석 석), 隨(따를 수), 顧(돌아올 고)

二十一. 22획

蘇(성 소), 邊(갓 변), 權(권세 권), 蘆(갈대 로), 襲(엄습할 습), 隱(숨길 은)

제2절 이름에 많이 쓰이는 한자

一. 1획

一(한 일), 乙(새 을)

二. 2획

二(두 이), 乃(이어 내), 人(사람 인), 入(들 입), 力(힘 력), 卜(점 복), 又(또 우), 丁(고무래 정)

三. 3획

三(석 삼), 上(윗 상), 万(일만 만), 久(오랠 구), 夜(잇기 야), 于(어조사 우), 凡(무릇 범), 千(일천 천), 土(흙 토), 士(선비 사), 夕(저녁 석), 大(큰 대), 女(계집 녀), 子(아들 자), 小(작을 소), 山(뫼 산), 川(내 천), 己(몸 기), 干(하늘 간), 工(장인 공), 弓(활 궁)

四. 4획

四(넉 사), 中(가운데 중), 丹(붉을 단), 云(이를 운), 互(서로 호), 井(우물 정), 介(낱 개), 今(이제 금), 仁(어질 인), 允(진실로

윤), 元(으뜸 원), 內(안 내), 公(귀 공), 化(화할 화), 午(낮 오), 升
(되 승), 友(벗 우), 曰(이를 왈), 壬(북방 임), 太(클 태), 之(이를
지), 丑(소 축), 予(나 여), 仍(그대로 잉), 卞(법 변), 孔(통할 공),
尤(가장 우), 天(하늘 천), 夫(지아비 부), 少(젊을 소), 尹(다스릴
윤), 巴(파초 파), 心(마음 심), 文(글 문), 斗(말 두), 方(모 방), 日
(날 일), 月(달 월), 木(나무 목), 水(물 수), 牛(소 우)

五. 5획

五(다섯 오), 丘(언덕 구), 且(또 차), 世(세상 세), 丙(남녘 병),
以(써 이), 仕(벼슬 사), 仙(신선 선), 充(찰 충), 出(날 출), 右(오
른쪽 우), 可(오를 가), 古(옛 고), 司(맡을 사), 史(사기 사), 台(별
태), 召(부를 소), 外(바깥 외), 巨(클 거), 左(왼 좌), 平(고를 평),
弘(클 홍), 必(반드시 필), 末(끝 말), 正(바를 정), 民(백성 민), 永
(길 영), 玄(검을 현), 玉(구슬 옥), 生(날 생), 田(밭 전), 由(말미
암을 유), 甲(갑옷 갑), 白(흰 백), 目(눈 목), 石(돌 석), 立(설 립),
北(북녘 북), 主(임금 주), 申(펼 신), 用(쓸 용), 本(밑 본), 令(하
여금 령), 功(공 공), 市(저자 시), 幼(어릴 유), 戊(천간 무)

六. 6획

六(여섯 육), 丞(도울 승), 任(맡을 임), 仲(버금 중), 光(빛 광),
先(먼저 선), 全(온전 전), 共(한가지 공), 再(두번 재), 冲(화할
충), 吉(길할 길), 向(향할 향), 同(한가지 동), 圭(홀 규), 在(있을
재), 地(따 지), 多(많을 다), 好(좋을 호), 如(같을 여), 宇(집 우),
存(있을 존), 安(편안할 안), 守(지킬 수), 宅(집 택), 州(고을 주),
仰(우러러볼 앙), 伍(다섯 오), 休(쉴 휴), 兆(백성 조), 列(벌릴
렬), 米(쌀 미), 印(찍을 인), 式(법식 식), 年(해 년), 收(거둘 수),
旭(해돋을 욱), 早(일찍 조), 有(있을 유), 朱(붉을 주), 次(다음
차), 求(구할 구), 汀(물가 정), 灯(불빛 정), 牟(클 모), 百(일백

백), 竹(대 죽), 羊(양 양), 羽(깃 우), 老(늙을 로), 考(생각할 고),
而(말 이을 이), 臣(신하 신), 自(스스로 자), 至(이를 지), 舟(배
주), 行(다닐 행), 西(서녘 서)

七. 7획

七(일곱 칠), 亨(형통할 형), 佑(도울 우), 佐(도울 좌), 作(지을
작), 伯(맏 백), 佛(부처 불), 體(몸 체), 兌(별 태), 兵(병사 병), 冶
(불릴 야), 利(이로울 이), 助(도울 조), 君(임금 군), 吾(나 오), 均
(고를 균), 坂(언덕 판), 壯(장정 장), 孝(효도 효), 完(온전할 완),
廷(조정 정), 志(뜻 지), 伶(영리할 령), 伸(펼 신), 位(벼슬 위), 何
(어찌 하), 余(나 여), 初(처음 초), 判(판단할 판), 成(이룰 성), 攸
(넉넉할 유), 材(재목 재), 村(마을 촌), 杜(막을 두), 江(강 강), 汝
(너 여), 汐(물가 석), 池(못 지), 汎(띄울 범), 玎(옥소리 정), 甫
(클 보), 男(사내 남), 秀(빼어날 수), 究(궁리할 구), 良(어질 량),
言(말씀 언), 谷(골 곡), 辰(별 진), 里(마을 리), 豆(팥 두), 采(캘
채), 角(뿔 각), 求(구할 구), 李(오얏 리), 我(나 아), 告(알릴 고),
呂(음률 려), 杓(북루 표), 宋(송나라 송), 延(미칠 연), 步(걸음
보)

八. 8획

八(여덟 팔), 事(일 사), 享(누릴 향), 京(서울 경), 佳(아름다울
가), 並(아우를 병), 坪(들 평), 宙(집 주), 侍(모실 시), 奈(어찌
내), 府(마을 부), 弦(시위 현), 朋(벗 붕), 杰(인걸 걸), 玖(옥돌
구), 佶(바를 길), 供(받을 공), 使(하여금 사), 來(올 래), 其(그
기), 具(갖출 구), 典(법 전), 制(제도 제), 到(이를 도), 和(화할
화), 周(두루 주), 命(목숨 명), 坤(땅 곤), 坡(언덕 파), 奇(기이할
기), 奉(받들 봉), 始(비로소 시), 季(끝 계), 孟(맏 맹), 宜(마땅
의), 官(벼슬 관), 宗(마루 종), 秉(잡을 병), 定(정할 정), 尙(오히

려 상), 岸(언덕 안), 岩(바위 암), 幸(다행 행), 庚(나이 경), 忠(충
성 충), 承(이을 승), 易(쉬울 이), 昇(오를 승), 旺(왕성할 왕), 林
(수풀 림), 直(곧을 직), 金(쇠 금), 雨(비 우), 岡(언덕 강), 念(생
각할 넘), 扶(붙들 부), 昆(맛 곤), 昔(옛 석), 松(솔 송), 欣(기쁠
흔), 知(알 지), 長(길 장), 靑(푸를 청), 所(바 소), 政(정사 정), 昌
(창성할 창), 明(밝을 명), 東(동녘 동), 牧(먹일 목), 虎(범 호), 門
(문 문), 阜(언덕 부)

九. 9획

九(아홉 구), 俊(준걸 준), 亮(밝을 량), 保(지킬 보), 信(믿을
신), 勉(힘 쓸 면), 南(남녘 남), 厚(두터울 후), 哉(비롯할 재), 垠
(지경 은), 奎(별 규), 姬(계집 희), 姸(고울 연), 玟(옥돌 민), 垣
(별이름 원), 映(비칠 영), 宣(베풀 선), 冠(갓 관), 奐(클 환), 昱
(빛날 욱), 泫(물 깊을 현), 咸(다할 함), 律(법률 률), 柳(버들 류),
炤(밝을 소), 禹(우 임금 우), 胡(오래살 호), 度(법도 도), 是(이
시), 星(별 성), 柏(잣 백), 河(물 하), 法(법 법), 省(살필 성), 致
(이를 치), 重(무거울 중), 香(향기 향), 炫(밝을 현), 玧(붉은옥
윤), 屋(집 옥), 思(생각 사), 昶(빛날 창), 昭(밝을 소), 柄(자루
병), 泉(우물 천), 炳(빛날 병), 秋(가을 추), 表(바깥 표), 音(소리
음), 泰(클 태), 皇(임금 황), 者(놈 자), 要(구할 요), 性(성품 성),
春(봄 춘), 柱(기둥 주), 泳(헤엄칠 영), 治(다스릴 치), 相(서로
상), 美(아름다울 미), 貞(곧을 정), 飛(날 비)

十. 10획

十(열 십), 倫(인륜 륜), 哲(밝을 철), 娥(계집 아), 宰(재상 재),
恩(은혜 은), 書(글 서), 桂(계수나무 계), 洪(넓을 홍), 烘(빛날
홍), 俱(갖출 구), 剛(굳셀 강), 城(성 성), 家(집 가), 容(얼굴 용),
恭(공경 공), 時(때 시), 根(뿌리 근), 洋(물 양), 烈(매울 렬), 修

(닦을 수), 原(근원 원), 夏(여름 하), 宮(궁성 궁), 峯(봉우리 봉), 晃(밝을 황), 桓(굳셀 환), 活(살 활), 洛(물 락), 珍(보배 진), 玲(옥소리 령), 祐(도울 우), 素(본디 소), 芙(연꽃 부), 益(더할 익), 崇(높을 숭), 芝(지초 지), 貢(바칠 공), 眞(참 진), 祚(복 조), 芳(꽃방울 방), 起(일어날 기), 軒(마루 헌), 訓(가르칠 훈), 倖(다행 행), 師(스승 사), 悅(즐거울 열), 校(집 교), 記(적을 기), 馬(말 마), 紋(문채 문), 洵(물 순), 庭(뜰 정), 悟(깨달을 오), 殷(펼 전), 躬(몸 궁), 高(높을 고), 俸(녹 봉), 孫(손자 손), 徑(길 경), 晋(나라 진), 耆(늙은이 기)

十一. 11획

乾(하늘 건), 偉(클 위), 健(굳셀 건), 凰(새 황), 卿(벼슬 경), 啓(열 계), 國(나라 국), 基(터 기), 堂(집 당), 培(북돋을 배), 寅(범 인), 康(편안할 강), 彬(빛날 빈), 常(떳떳할 상), 慧(지혜 혜), 庵(집 암), 彩(빛날 채), 得(얻을 득), 敎(가르칠 교), 晨(새벽 신), 海(바다 해), 珠(구슬 주), 翌(다음날 익), 英(꽃부리 영), 埴(찰진흙 식), 敏(민첩할 민), 救(구할 구), 晩(늦을 만), 浩(넓을 호), 祥(복 상), 習(익힐 습), 參(셋 삼), 毫(붓 호), 晟(밝을 성), 皓(밝을 호), 朗(밝을 랑), 烽(봉화 봉), 第(집 제), 章(글 장), 商(장사 상), 將(장수 장), 梧(오동 오)

十二. 12획

傑(인걸 걸), 善(착할 선), 報(갚을 보), 勝(이길 승), 堯(요 임금 요), 弼(도울 필), 喜(기쁠 희), 堤(언덕 제), 惠(은혜 혜), 敦(도타울 돈), 晴(맑을 청), 曾(인격 증), 棟(기둥 동), 涯(물가 애), 淸(맑을 청), 爲(할 위), 景(빛 경), 智(지혜 지), 朝(아침 조), 棒(막대 봉), 淑(맑을 숙), 淨(깨끗할 정), 球(옥 구), 晶(수정 정), 普(넓을 보), 植(심을 식), 淵(못 연), 淳(순박할 순), 然(그럴 연), 現(나타날 현), 琇(옥돌 수), 登(오를 등), 盛(성할 성), 絢(무늬 현), 舜(순임금 순), 採(딸 채), 喬(큰나무 교), 悳(큰 덕), 詔(조서 조), 軫(별 진), 雅(밝을 아), 絡(경락 락), 集(모일 집), 理(이치 이), 發(필 발), 程(길 정), 統(거느릴 통), 草(풀 초), 梁(대들보 량), 富(넉넉할 부), 裕(넉넉할 유), 賀(하례 하), 迪(나아갈 적), 順(순할 순), 凉(서늘할 량), 琉(유리 류), 皓(밝을 호), 童(아이 동), 翔(날 상), 證(증거 증), 博(넓을 박), 復(돌아올 복), 詠(읊을 령), 貴(귀할 귀), 雄(수컷 웅), 黃(누를 황), 捧(받들 봉)

十三. 13획

圓(둥글 원), 意(뜻 의), 新(새 신), 業(업 업), 楚(초나라 초), 殿(집 전), 湘(물 이름 상), 熙(빛날 휘), 照(비칠 조), 園(동산 원), 敬(공경할 경), 暉(빛날 휘), 楫(돛대 즙), 椿(참죽나무 춘), 溫(따스랑 온), 渡(건널 도), 煌(빛날 황), 琴(거문고 금), 廉(청렴할 렴), 勢(건세 세), 會(모을 회), 督(살필 독), 楊(버들 양), 湖(물 호), 輝(빛날 휘), 煥(빛날 환), 琥(호박 호), 琢(구슬 탁), 睦(화목할 목), 義(옳을 의), 勤(부지런할 근), 琫(칼장식옥 봉), 鉉(솥귀 현), 詮(법 전), 詩(글귀 시), 琳(옥 림), 祿(녹 녹), 聖(성인 성), 湜(물 맑을 식), 農(농사 농), 鼎(솥 정), 靖(편안할 정), 愚(어리석을 우), 當(마땅 당), 經(길 경), 豊(넉넉할 풍), 琪(옥 이름 기), 載(실을 재), 頌(칭송할 송), 號(이름 호)

十四. 14획

嘉(아름다울 가), 實(열매 실), 愼(삼갈 신), 源(근원 원), 瑞(상서 서), 福(복 복), 綬(비단 수), 誠(정성 성), 輔(도울 보), 鳳(새 봉), 壽(목숨 수), 彰(밝을 창), 暢(화창할 창), 準(법도 준), 碩(클 석), 箕(키 기), 華(화려할 화), 赫(빛날 혁), 逢(만날 봉), 齊(가지런할 제), 夢(꿈 몽), 慈(너그러울 자), 榮(영화 영), 溶(흐를 용),

碧(벽옥 벽), 綺(비단 기), 郎(사내 랑), 連(이을 련), 銀(은 은)

十五. 15획

儀(거동 의), 廣(넓을 광), 慶(경사 경), 槿(무궁화 근), 範(법도 범), 萬(일만 만), 輝(빛날 휘), 漲(넘칠 창), 增(더할 증), 德(덕 덕), 瑩(옥돌 영), 漢(한나라 한), 羲(사람이름 희), 賢(어질 현), 逸(편할 일), 演(흐를 연), 寬(너그러울 관), 慧(지혜 혜), 樂(즐거울 락), 滿(가득할 만), 興(일 흥), 賞(상줄 상), 養(기를 양), 稷(피 직)

十六. 16획

儒(선비 유), 學(배울 학), 冀(바랄 기), 憙(기쁠 희), 勳(공 훈), 憲(법 헌), 樹(나무 수), 澄(맑을 징), 穆(화목할 목), 蓉(연꽃 용), 道(길 도), 錦(비단 금), 靜(고요 정), 璃(구슬 리), 潤(젖을 윤), 燁(빛날 엽), 篤(돈독할 독), 運(나를 운), 達(통달할 달), 錫(주석 석), 頭(머리 두), 壇(제단 단), 潭(못 담), 熹(성할 희), 글 한(翰), 整(정제할 정), 都(도읍 도), 陳(늘어설 진), 龍(용 룡), 默(조용할 묵)

十七. 17획

應(응할 응), 燦(빛날 찬), 蓮(연꽃 련), 韓(나라 한), 鮮(고을 선), 鍵(자물쇠 건), 營(지을 영), 檀(향나무 단), 禧(복 희), 鍾(쇠북 종), 鴻(클 홍), 駿(준마 준), 遠(멀 원), 懃(은근할 근), 澤(못 택), 聲(소리 성), 鞠(나라 국), 擇(가릴 택), 鍊(부릴쇠 련), 徽(아름다울 휘), 點(점 점)

十八. 18획

鎬(호경 호), 騏(얼룩말 기), 叢(떨기 총), 闊(넓을 활), 簡(편지 간), 濤(물결 도), 燾(비칠 도), 鎔(녹일 용), 顔(얼굴 안), 戴(일대), 濟(건널 제), 鎭(진압할 진), 馥(향기 복), 璨(찬란할 찬), 鐄(종소리 황), 覲(뵐 근), 曙(새벽 서), 禮(예도 예), 燿(비칠 요)

十九. 19획

寶(보배 보), 麗(아름다울 려), 鏡(거울 경), 識(알 식), 禱(알 도), 鏞(큰 쇠북 용), 證(증거 증), 璿(옥 선), 贊(도울 찬)

二十. 20획

嚴(엄할 엄), 瀞(맑을 정), 耀(빛날 요), 羅(비단 라), 勸(권할 권), 瀚(클 한), 覺(깨달을 각), 馨(꽃다울 형), 瓊(구슬 경), 鐘(쇠북 종), 壤(흙덩이 양)

二十一. 21획

隱(숨길 은), 躍(뛸 약), 鐸(목탁 탁), 鶴(학 학), 鶯(꾀꼬리 앵), 鐵(쇠 철), 瓏(환할 롱)

二十二. 22획

懿(아름다울 의), 蘇(깨어날 소), 權(권세 권), 瓔(옥돌 영), 歡(기쁠 환)

二十三. 23획

巖(바위 암), 蘭(난초 난), 顯(나타낼 현), 欒(둥글 란), 麟(기린 린)

二十四. 24획

觀(볼 관), 瓚(옥잔 찬), 鷹(매 응)

제5장 아이의 이름을 짓는 방법

아기의 이름을 정하는 것은 부모가 자식에게 줄 수 있는 가장 아름다운 최상의 선물이다. 그러므로 앞으로 인생이라는 길을 걸어가야할 아이에게 있어서는 축복되어야 하는 것이며, 이름이 부모의 욕심에 의한 일종의 도구와 같은 것이어서는 안된다. 특히 아이가 남자일 때에는 다음의 몇 가지로 생각해볼 수 있다.

제1절 아이가 남자일 때

一. 평범하게 무병장수를 바랄 때

일반적으로 상당수의 부모님들이 아이에게 갖는 소박한 바램이다. 이때의 이름은 다음의 수리 계산을 따른다.
A+B+C ― 16, 17, 18, 21, 31, 38, 45, 47

二. 큰 뜻을 품은 인물이 되기를 바랄 때

A+B+C ― 15, 16, 18, 21, 23, 31, 39

三. 스포츠맨이 되기를 바랄 때

A+B+C ― 17, 18, 21, 23, 25, 29, 31, 33, 27

제2절 아이가 여자일 때

一. 넉넉한 집으로 시집가기를 바랄 때

A+B+C — 15, 16, 24, 29

二. 평범하지만 행복한 가정을 바랄 때

A+B+C — 11, 15, 16, 24, 31, 35

三. 여장부가 되기를 원할 때

A+B+C — 13, 15, 17, 18, 21, 37, 39

권말부록

제1장 이사방쉬(移徙方位) 보는 법

제1절 월살별(月殺別)

여기에 해당이 되는 달에는 이사를 하게 되면 여러 가지 불상
사가 생기므로 이사를 하지 아니한다는 것이다.

1 · 5 · 9월 — 동북간 방향
2 · 6 · 10월 — 서북간 방향
3 · 7 · 11월 — 서남간 방향
4 · 8 · 12월 — 동쪽 방향

제2절 이사(移徙) 및 입택일(入宅日)

생기와 복덕을 맞추어 모든 흉일을 피하여 이사나 입택을 하
여야 한다. 그에 대한 일진은 다음과 같다.

갑자(甲子), 을축(乙丑), 병인(丙寅), 경오(庚午), 정축(丁丑), 을

유(乙酉), 경인(庚寅), 임진(壬辰), 계사(癸巳), 을미(乙未), 임인
(壬寅), 계묘(癸卯), 병오(丙午), 경술(庚戌), 계축(癸丑), 을묘(乙
卯), 병진(丙辰), 정사(丁巳), 기미(己未), 경신(庚申)
  • 기(忌) — 천적일(天賊日), 수사일(受死日), 월염(月厭), 가주
본명일(家主本命日), 충일(沖日), 건파평수일(建破平收日)

제3절 인동일(人動日)

인동일에는 사람을 데려오면 집안에 풍파가 일어난다. 가능한
한 이날을 피해야 한다.
매월 1일, 3일, 8일, 13일, 16일, 22일, 24일 등이다.

제4절 인격일(人隔日)

1월은 유일(酉日), 2월은 미일(未日), 3월은 사일(巳日), 4월은
묘일(卯日), 5월은 축일(丑日), 6월은 해일(亥日), 7월은 유일(酉
日), 8월은 미일(未日), 9월은 사일(巳日), 10월은 묘일(卯日), 11
월은 축일(丑日), 12월은 해일(亥日)

제5절 이사일 주당도

이사일의 주당도는 큰 달인 경우는 안(安) 자로부터 이(利) 자
로 순행하고, 작은 달의 경우는 천(天)자로부터 이(利)로 역행한
다. 이(利) · 안(安) · 천(天) · 부(富) · 사(師)는 길하고 재(災) ·
해(害) · 살(殺)은 불길하다.

<큰 달인 경우>

주 당	안(安)	리(利)	천(天)	해(害)	살(殺)	부(富)	사(師)	재(災)
길 흉	길	길	길	흉	흉	흉	흉	흉
날 자	1	2	3	4	5	6	7	8
	9	10	11	12	13	14	15	16
	17	17	18	19	20	21	22	23
	24	25	26	27	28	29	30	31

<작은 달인 경우>

주 당	천(天)	리(利)	안(安)	재(災)	사(師)	부(富)	살(殺)	해(害)
길 흉	길	길	길	흉	흉	흉	흉	흉
날 자	1	2	3	4	5	6	7	8
	9	10	11	12	13	14	15	16
	17	18	19	20	21	22	23	24
	25	26	27	28	29			

제6절 이사방위도(移徙方位圖)

집을 이사할 때는 좋은 방향과 나쁜 방향을 가려야 한다. 여기에는 남녀별로 구분 지어 보도록 되어 있는 데 그 경위를 살펴보면 다음과 같다.

남자는, 1세에 기진(起震)하여 2세에는 손(巽), 3세에는 입중궁(入中宮), 4세에는 건(乾), 5세에는 태(兌)이다. 그런가하면 여자는 1세에는 기곤(起坤)하여 2세에는 진(震), 3세에는 손(巽), 4세에는 입중(入中), 5세에 건(乾), 6세에 태(兌)이다.

(1) **천록방**(天祿方)으로 이사를 하면 하늘에서 녹을 주니 재물이 생기고 관록을 얻는다.

• 남자 — 17, 26, 35, 44, 53, 62, 71, 80
• 여자 — 18, 27, 36, 45, 54, 63, 72, 81

(2) **안손방**(眼損方)으로 이사를 하면 목숨을 잃거나 질병 등의 손재수가 들끓는다.
- 남자 — 18, 27, 36, 45, 54, 63, 72, 81
- 여자 — 19, 28, 37, 46, 64, 73, 82

(3) **식신방**(食神方)으로 이사를 하면 재물이 재물이 생기고 만사가 잘 풀어진다.
- 남자 — 10, 19, 28, 37, 6, 55, 64, 73
- 여자 — 11, 20, 29, 38, 47, 56, 65, 74

(4) **징파방**(徵破方)으로 이사를 하면 손재를 보고 도난을 당한다.
- 남자 — 11, 20, 29, 38, 47, 56, 65, 74
- 여자 — 12, 21, 30, 39, 48, 57, 66, 75

(5) **오귀방**(五鬼方)으로 이사하면 집안이 편안하지를 못하고 관재와 불상사가 생긴다.
- 남자 — 12, 21, 30, 39, 48, 57, 66, 75
- 여자 — 13, 22, 31, 40, 49, 58, 67, 76

(6) **합식방**(合食方)으로 이사를 하면 재물이 생기고 부귀가 쌍전한다.
- 남자 — 13, 22, 31, 40, 49, 58, 67, 76
- 여자 — 14, 23, 32, 41, 50, 59, 68, 77

(7) **친귀방**(親鬼方)으로 이사를 하면 관재와 불상사가 생긴다.
- 남자 — 14, 23, 32, 41, 50, 59, 68, 77
- 여자 — 15, 24, 33, 42, 51, 60, 69, 78

(8) **관인방**(官印方)으로 이사를 하면 관록을 얻고 재수도 좋다.
- 15, 24, 33, 42, 51, 60, 69, 78
- 16, 25, 34, 43, 52, 61, 70, 79

(9) **퇴식방**(退食方)으로 이사를 하면 가정 불화가 생기고 재물에 손실을 입게 된다.
- 남자 ─ 16, 25, 34, 43, 52, 61, 70, 79
- 여자 ─ 17, 26, 35, 44, 53, 62, 71, 80

제7절 이사를 가면 좋은 날

해당이 되는 달에 일진을 택하면 좋다.
- 1월 ─ 임진(壬辰), 병진(丙辰), 정미(丁未), 신미(辛未)
- 2월 ─ 갑자(甲子), 갑오(甲午), 을축(乙丑), 을미(乙未)
- 3월 ─ 병인(丙寅), 경오(庚午), 기사(己巳), 임인(壬寅)
- 4월 ─ 계묘(癸卯), 갑오(甲午), 병오(丙午), 경오(庚午)
- 5월 ─ 경신(庚申), 갑신(甲申)
- 6월 ─ 갑인(甲寅), 정유(丁酉)
- 7월 ─ 경술(庚戌), 갑술(甲戌)
- 8월 ─ 기해(己亥), 신해(辛亥), 계축(癸丑)
- 9월 ─ 갑오(甲午), 갑신(甲申), 병오(丙午)
- 10월 ─ 갑자(甲子), 경진(庚辰), 갑오(甲午), 무자(戊子), 임오(壬午)
- 11월 ─ 을축(乙丑), 계축(癸丑), 을미(乙未), 정축(丁丑), 정미(丁未)
- 12월 ─ 갑인(甲寅), 정묘(丁卯), 을해(乙亥), 기해(己亥), 신해(辛亥), 경인(庚寅)

제2장 혼례(婚禮)

제1절 혼인 예절

혼인은 두 성(姓)의 남녀가 만나 백년을 약속하며 평생을 함께 하기로 약속하며 식을 올리는 것을 의미한다. 이것은 무엇보다 중요한 일 중의 하나이다. 따라서 혼이은 다음과 같은 각별한 의미가 있는 것이다.

첫째, 혼인은 무엇보다 정신적 관계를 갖는다는 점이다. 서로 참아가며 도리를 지켜야 한다.

둘째, 혼인은 가정이라는 공동체를 만들어 간다는 점이다. 이것은 육체적인 관계를 형상하는 것을 말한다.

셋째, 혼인은 하나의 제도를 따른 것이다. 그러므로 사회가 정한 종합적인 규범을 지켜야 한다.

제2절 납채(納采)

납채는 사성(四星) 또는 사주(四柱)라고도 한다. 신랑집에서 신랑의 생년월일시(生年月日時)를 일정한 종이에 써서 편지와 함께 신부집으로 보낸다. 이것이 혼인을 청하는 의식인데 납폐로 대신하기도 한다.

사성은 일정한 간지를 다섯 번 혹은 일곱 번 접어 써서 붉은 보(紅褓)에 싸서 신부집으로 보내면 신부집의 주혼자는 의관을 정제하고 소반 위에 공손히 받아 서함(書函)을 열어보는 것이다.

제3절 납폐(納幣)

연길서장과 의양서장이 끝나면 신랑집에서 혼례식 전에 신부
집으로 신부집의 혼수와 예장(禮狀) 및 물목을 넣은 혼수함을 보
내는 데 이를 채단, 즉 납폐라 한다.

여기에는 천단과 홍단의 치마 저고리감과 다른 옷감도 넣어
보낸다. 봉채라 한다. 납폐서장을 쓰는 종이는 백지를 길이 36센
티, 폭을 60센티 정도로 하며 9간으로 접어 양쪽을 한간씩 비워
두고 7간에 쓰는 것이며, 근자에는 혼수아비 대신에 신랑의 친구
들이 함을 메고 간다.

납폐의 서간문은 보통 혼인서간문보다 간지의 크기를 약배로
한다. 봉투의 후면에는 근재배 상장 모생원 친가 근봉(謹再拜 上
狀 某生員 親家 謹封)이라 쓴다.

제4절 폐백(幣帛)

혼례가 끝나고 신랑집이나 예식장의 폐백실에서 행한다. 신부
가 신랑의 가족을 처음으로 대하는 것으로, 폐백에는 대추와 꿩
쓴다. 대추는 시부에게 꿩은 시모에게 드리는 데 시모만 계시면
꿩만 쓰고 시부모가 안계시면 폐백은 드리지 않는다. 꿩을 구하
기가 힘든 요즘에는 닭을 대신하여 쓴다.

폐백 때에 대추를 쓰는 것은 신선의 선물, 또는 장수를 의미하
는 데 대추를 던져 주는 것은 며느리가 아들을 낳기를 것을 뜻하
는 의미다.

사당폐백(祠堂幣帛)은 제사를 드리고 하는 폐백이다. 이것은
살아계신 부모님에게 드린 후에 하는 폐백으로, 사당에서 하거나
또는 집에서 사진을 대신 걸어두고 한다.

폐백을 드릴 때에 시부모가 신부에게 하는 교훈이나 예물은

'너는 이제부터 우리집 사람이 되었으니 모든 것을 우리집 가법에 맞추어 해야 한다'는 것을 의미한다. 그리고 폐물이나 비단, 돈 같은 것을 던져준다.

제5절 현대의 결혼

一. 약혼(約婚)

약혼은 혼인을 약정한 남녀가 양가의 친척 등을 모시고 '혼인할 것을 약속하는 첫 계단'에 올라와 있음을 나타내는 첫걸음이다. 그러므로 약혼 선물은 가격이 비싼 것보다는 그 속에 따뜻함이 깃들어 있는 것을 택해야 한다. 통상적으로는 이날 약혼식과 병행하여 반지를 교환한다. 즉, 약혼반지 뒤에는 서로의 이름 첫자와 약혼 일자를 새겨 넣는다. 또는 1921년에 미국의 보석상 연합에서 정한 탄생석을 선물한다.

1월 ― 석류석(石溜石;가네트) : 정결, 우애, 충실

2월 ― 자수정(紫水晶;아메지스트) : 성실, 평화

3월 ― 녹주석(綠柱石) 또는 혈석(血石;블러드스톤) : 침착, 용감

4월 ― 금강석(金剛石;다이아몬드) : 청정, 무구

5월 ― 녹옥(祿玉;에머랄드) : 행복, 매력

6월 ― 진주(眞珠) 또는 월장석(月長石;문스톤) : 건강, 장수

7월 ― 홍옥(紅玉;루비) 또는 마노(瑪瑙) : 사랑, 위엄, 정열

8월 ― 홍마노(紅瑪瑙;사도닉크스) 또는 감람석(橄欖石) : 부부의 화합

9월 ― 청석(靑石;사파이어) : 현명, 덕망, 성실

10월 — 단백석(蛋白石;오팔) 또는 전기석(電氣石) : 행복, 안
락

11월 — 황옥(黃玉;토파스) : 희망, 결백

12월 — 토이기석(土耳其石;터키석) : 성공

二. 결혼

요즘에는 가정의례준칙에 의거하여 간략하게 혼인을 치른다.
특별한 경우를 제외하고는 통상적으로 예식장을 이용한다.

(1) 혼례 복장

신랑 신부의 혼례 복장은 간편한 것으로 하되 신랑이 한복을
입을 때엔 반드시 두루마기를 입어야 한다.

(2) 혼례의 꽃

혼례식에는 신랑과 신부, 양가의 부모나 그 대리자는 꽃을 착
용한다. 그러나 하객은 화환 등을 보내지 아니한다.

(3) 혼례식순

혼례식의 식순은 다음과 같다.

1) 개식

2) 신랑입장

3) 신부입장

4) 신랑신부 맞절

5) 신랑신부 서약

6) 예물 증정

7) 성혼선언문 낭독

8) 주례사

9) 양가대표 인사

10) 신랑신부 인사
11) 신랑신부 퇴장
12) 폐식

三. 혼인 축하

결혼을 하게 되면 혼인식의 뒤를 이어 혼인을 축하하는 피로
연이 열리게 된다. 양가에서 마련한 음식점에서 식사를 대접하
면, 손님들은 결혼을 축하하며 선물이나 축의금 등을 준비한다.
축하의 문구는 다음과 같다.

<祝 結婚(축결혼)>, <祝華婚(축화혼)>, <祝聖婚(축성혼)>,
<祝儀(축의)>, <華燭盛典(화촉성전)>, <華燭之典(화촉지전)>

四. 결혼 기념일

1년 — 지혼식(紙婚式)
2년 — 고혼식(藁婚植)
3년 — 과혼식(菓婚式)
5년 — 목혼식(木婚式)
6년 — 화혼식(花婚式)
10년 — 석혼식(錫婚式)
15년 — 수정혼식(水晶婚式)
20년 — 도자기혼식(陶瓷器婚式)
25년 — 은혼식(銀婚式)
30년 — 진주혼식(眞珠婚式)
35년 — 산호혼식(珊瑚婚式)

40년 — 녹옥혼식(綠玉婚式;에머랄드혼식)

45년 — 홍옥혼식(紅玉婚式;루비혼식)

50년 — 금혼식(金婚式)

60년 — 회혼식(回婚式)

75년 — 금강석혼식(金剛石婚式)

제3장 각종 행사 서식

제1절 장수 서식(長壽書式)

장수를 기념하는 행사에 회갑연이 있다. 이 세상에 있을 때에
환갑(60세)을 살았다는 것이다. 그러므로 이때에는 후손들이 축
하의 의미로 술을 따르고 축하를 한다.

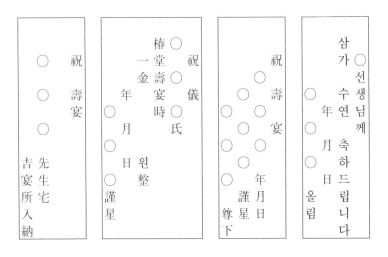

제2절 경조 문구(慶弔文句)

(1) 초상(初喪)
근조(謹弔), 부의(賻儀), 조의(弔儀), 향촉대(香燭代)
(2) 대소상(大小喪)
향전(香奠), 전의(奠儀), 비의(菲儀), 비품(菲品)
(3) 회갑연(回甲宴)
축의(祝儀), 축수연(祝壽宴), 축의(祝儀)
(4) 결혼식
축성혼(祝聖婚), 축화혼(祝華婚), 축결혼(祝結婚)

제3절 지방을 쓰는 서식

一. 서식의 여러 가지

(1) 고조부모
현고조비유인진주강씨 신위(顯高祖妣孺人晉州姜氏 神位)
현고조고처사(학생)부군 신위(顯高祖高處士(學生)府君 神位)
(2) 증조부모
현증조비정경부인진주강씨　신위(顯曾祖妣貞敬夫人晉州姜氏
神位)
현증조고정헌대부관찰사부군 신위(顯曾祖考正憲大夫觀察使府
君 神位)
(3) 조부모
현조비숙부인김해김씨 신위(顯祖妣淑夫人金海金氏 神位)

현조고통정대부현령부군 신위(顯祖考通政大府縣令府君 神位)

(4) 부모

현비유인진주강씨 신위(顯妣孺人晉州姜氏 神位)

현고처사(학생)부군 신위(顯考處士(學生)府君 神位)

(5) 부모전후취

현비유인밀양박씨 신위(顯妣孺人密陽朴氏 神位)

현비유인진주강씨 신위(顯妣孺人晉主姜氏 神位)

현고처사(학생)부군 신위(顯考處士(學生)府君 神位)

(6) 백중숙 당숙

현백(중숙)부처사(학생)부군 신위(顯伯(仲叔)父處士(學生)府君 神位)

현백(중숙)모유인경주정씨 신위(顯伯(仲叔)母孺人慶州鄭氏 神位)

(7) 남편

현벽처사(학생)부군 신위(顯辟處士(學生)府君 神位)

(8) 처

망(고)실유인동래정씨(亡(고)室孺人東萊鄭氏)

二. 가정의례 준칙에 따른 서식

(1) 부모의 경우

아버님 전주이씨 신위

아버님 신위

(2) 절사의 경우

선조 여러 어른 신위

(3) 배우자의 경우

망실 진주 강씨 신위
부군 신위
(4) 합사를 하는 경우
어머님 진주 강씨 신위
아버님 신위
할머님 밀양박씨 신위
할아버님 신위

판권
본사
소유

내 운명이 보인다

2018년 10월 20일 인쇄
2018년 10월 30일 발행

역 해 | 강 영 수
기 획 | 여해한문서당
펴낸이 | 최 원 준

펴낸곳 | 태 을 출 판 사
서울특별시 중구 다산로38길 59(동아빌딩내)
등 록 | 1973. 1. 10(제1-10호)

ⓒ2009, TAE-EUL publishing Co.,printed in Korea
※잘못된 책은 구입하신 곳에서 교환해 드립니다.

■ **주문 및 연락처**
우편번호 0 4 5 8 4
서울특별시 중구 다산로38길 59 (동아빌딩내)
전화 : (02)2237-5577 팩스 : (02)2233-6166

ISBN 978-89-493-0540-0   03150